COACHSULTING REVOLUTION I

비즈니스 코칭과 경영 컨설팅의 시너지

유용린 · 최광면 공저

CoachSulting Revolution

- 비즈니스 코칭과 경영 컨설팅의 시너지 -

초판 1쇄 인쇄 ㅣ 2025년 7월 1일

초판 1쇄 발행 ㅣ 2025년 7월 7일

저　자 ㅣ 유용린, 최광면

펴낸 곳 ㅣ 지공재기

편집·디자인 ㅣ 부카

교정 교열 ㅣ 서이화

출판등록 ㅣ 제25100-2022-000025호

본　　사 ㅣ 경기도 용인시 처인구 포곡읍 포곡로 123번길 7

　　　　　전화_031-334-2919

　　　　　이메일_golddiesel@naver.com

ⓒ ISBN 979-11-985699-7-4　03320

- 이 책에 수록된 내용은 저작권법의 보호를 받는 저작물이므로 무단전재와 복제를 금합니다.

- 잘못 만들어진 책은 구입처에서 바꿔 드립니다.

CoachSulting Revolution
- 비즈니스 코칭과 경영 컨설팅의 시너지 -

프롤로그: 변화하는 세상, 새로운 접근법의 탄생

오늘날 비즈니스 환경은 그 어느 때보다 빠르게 변화하고 있다. 기술의 발전, 글로벌 경쟁, 세대 간 가치관의 변화, 예상치 못한 위기들이 조직과 개인에게 끊임없는 적응과 혁신을 요구한다. 이러한 상황에서 기존의 전통적인 접근법만으로는 복잡한 문제를 효과적으로 해결하기 어려워졌다.

한편에는 해결책을 제시하고 방향성을 명확히 안내하는 컨설팅이 있다. 컨설팅은 전문성과 경험을 바탕으로 최적의 솔루션을 제공하지만, 때로는 조직의 특수한 상황과 구성원들의 자발적 참여를 이끌어내는 데 한계를 보인다. 다른 한편에는 질문과 성찰을 통해 내면의 답을 찾도록 돕는 코칭이 있다. 코칭은 개인과 조직의 잠재력을 끌어내지만, 때로는 구체적인 방향성과 전문적인 해결책 제시가 필요한 순간에 아쉬움을 남긴다.

이 두 세계의 경계에서 'CoachSulting'이라는 새로운 접근법이 탄생했다. CoachSulting은 컨설팅의 전문성과 코칭의 질문 기술을 융합하여, 조직과 개인이 직면한 문제에 더욱 효과적으로 대응할 수 있는 통합적 방법론이다. 이는 단순히 두 영역을 기계적으로 결합한 것이 아닌, 각 상황과 맥락에 맞게 최적의 균형점을 찾아가는 유연한 접근법이다.

이 가이드북은 CoachSulting의 개념과 원리부터 실무적 적용 방법, 그리고 현장에서의 다양한 사례와 통찰까지 체계적으로 담아냈다. 조직 변화를 이끄는 리더, 전문 코치와 컨설턴트, 자기 성장을 추구하는 모든 이들에게 새로운 관점과 실용적인 도구를 제공할 것이다.

이 가이드북은 다음과 같은 6개 주요 섹션으로 구성되어 있다.
- 제1부: CoachSulting의 이해 (개념, 원리, 가치)
- 제2부: CoachSulting의 방법론 (프로세스, 핵심 역량, 균형)
- 제3부: CoachSulting의 실무 적용 (조직 변화, 전략 실행, 개인 성장)
- 제4부: CoachSulting의 실제 사례 (기업혁신, 팀 성과, 리더 개발)
- 제5부: CoachSulting의 미래와 발전 (디지털화, 윤리표준, 성장 경로)
- 제6부: CoachSulting의 프로세스와 도구, CoachSultant

이 가이드북은 코칭과 컨설팅의 단순한 결합이 아닌, 각 상황에 맞는 최적의 균형점을 찾는 유연한 접근법으로서의 CoachSulting을 강조하고 있다. 불확실성의 시대에 우리에게 필요한 것은 더 많은 답이 아닌, 더 나은 질문과 그에 맞는 전문적 안내이다. CoachSulting은 이 두 가지를 모두 제공함으로써, 지속 가능한 변화와 성장을 이끌어낼 것이다. 이 가이드북이 여러분의 여정에 유용한 나침반이 되기를 바란다.

출판사 추천의 글

이 책은 코칭과 컨설팅을 결합한 새로운 개념인 CoachSulting에 관한 내용을 다루고 있습니다. CoachSulting은 기업이나 개인의 성장을 돕는 비즈니스 전문가들에게 중요한 역할을 할 수 있는 방법의 하나입니다.

이 책은 CoachSulting의 개념과 원칙을 설명하면서, 이를 실제 현장에서 적용하는 데 필요한 도구와 전략을 제공합니다. 또한, 최신 트렌드와 데이터를 바탕으로, CoachSulting 분야의 도전 과제와 대응 방안에 대해서도 다루고 있습니다.

이 책은 누구나 쉽게 접근할 수 있는 콘텐츠와 함께, 실제 사례와 연구 결과를 기반으로 한 예시를 제공합니다. 이를 통해, CoachSulting의 개념과 실제 적용 방법을 이해하는 데 큰 도움이 됩니다.

마지막으로, 이 책은 CoachSulting 분야에 관심이 있는 비즈니스 전문가나 학생, 그리고 개인적인 성장을 추구하는 사람들에게 적극적으로 추천합니다. CoachSulting은 변화하는 현대사회에서 더 이상 미룰 수 없는 역할을 하고 있으며, 이 책을 통해 여러분도 CoachSulting의 전문가로 성장할 수 있기를 기대합니다.

지공재기

목차

제1부 CoachSulting의 이해

1장 CoachSulting의 탄생 배경 ········· 15
- 비즈니스 환경의 변화와 새로운 요구 ········· 16
- 컨설팅과 코칭의 한계와 가능성 ········· 18
- 융합적 접근의 필요성 ········· 21

2장 CoachSulting의 개념과 원리 ········· 25
- CoachSulting의 정의와 본질 ········· 26
- 코칭과 컨설팅의 핵심 차이점 ········· 28
- 통합적 접근법의 이론적 기반 ········· 31

3장 CoachSulting의 가치와 효과 ········· 37
- 지속 가능한 변화 창출 ········· 38
- 조직역량의 내재화 ········· 39
- 맞춤형 솔루션과 자기 주도적 실행력 ········· 41
- CoachSulting 효과의 측정과 평가 ········· 43

제2부 CoachSulting의 방법론

4장 CoachSulting 프로세스의 이해 ········· 47
- 진단과 발견 단계 ········· 48
- 설계와 계획 단계 ········· 51
- 실행과 지원 단계 ········· 54
- 평가와 발전 단계 ········· 57

5장 CoachSulting을 위한 핵심 역량 ········· 61
- 전문성과 통찰력 ········· 62
- 질문과 경청의 기술 ········· 64
- 맥락 이해와 시스템적 사고 ········· 66
- 관계 형성과 신뢰 구축 ········· 68

6장 코칭적 접근과 컨설팅적 접근의 균형 ... 71
- 상황별 최적의 접근법 선택 ... 72
- 자문 모드와 질문 모드의 전환 ... 75
- 권위와 동등성 사이의 균형 ... 78
- CoachSulting에서의 균형점 유지하기: 통합적 접근 ... 82

제3부 CoachSulting의 실무 적용
7장 조직 변화를 위한 CoachSulting ... 87
- 변화관리와 CoachSulting ... 88
- 리더십 개발과 팀 역량 강화 ... 91
- 조직 문화 변화와 인재 육성 ... 94
- 조직 변화를 위한 CoachSulting 실행 원칙 ... 97
- CoachSulting 도구 및 기법 ... 101

8장 전략과 실행의 통합 ... 105
- 비전과 목표 설정의 균형 ... 106
- 전략적 사고와 실천적 행동의 연결 ... 108
- 성과 측정과 지속적 개선 ... 110

9장 개인 성장을 위한 CoachSulting ... 113
- 역량 개발과 경력 관리 ... 114
- 의사결정과 문제해결 ... 117
- 자기 인식과 행동 변화 ... 120
- 통합적 개인 성장을 위한 CoachSulting 프레임워크 ... 123

제4부 CoachSulting의 실제 사례
10장 기업혁신 사례연구 ... 129
- 대기업의 디지털 전환 ... 130
- 중소기업의 지속 가능 성장 ... 133

- 스타트업의 스케일업 도전 ·· 136
- CoachSulting 사례 비교 분석 ···································· 139
- CoachSulting 적용을 위한 시사점 ······························ 140
- 실천 워크시트: 자사 상황에 맞는 CoachSulting 접근법 설계 ····· 141

11장 팀 성과 향상 사례연구 ·· 143
- 다기능 팀의 협업 개선 ·· 144
- 리더십 팀의 의사결정 최적화 ··································· 146
- 원격 팀의 성과관리 ·· 148
- 사례연구의 종합적 시사점 ······································· 150

12장 리더 개발 사례연구 ·· 151
- C 레벨 경영진의 리더십 전환 ··································· 152
- 중간 관리자의 역량 강화 ··· 154
- 차세대 리더 육성 ··· 156

제5부 CoachSulting의 미래와 발전

13장 디지털 시대의 CoachSulting ··································· 161
- 기술 활용과 가상 CoachSulting ······························· 162
- 데이터 기반 CoachSulting의 가능성 ·························· 165
- AI와 인간 CoachSultant의 협업 ································ 168
- 디지털 CoachSulting의 윤리적 고려사항 ···················· 172

14장 CoachSulting의 윤리와 표준 ··································· 173
- 전문가 책임과 경계 설정 ··· 174
- 다양성과 포용성의 실천 ·· 176
- 지속적 학습과 역량 개발 ··· 178
- 사례연구: 윤리적 CoachSulting의 실제 ······················ 181

15장 CoachSultant로 성장하기 ······································· 183
- CoachSultant의 역량 개발 경로 ································ 184

- 지식과 경험의 축적 방법 ·· 186
- 실천 커뮤니티와 상호 학습 ···································· 189
- CoachSultant로서의 평생 성장 ································ 193

제6부 CoachSulting 프로세스, 도구, CoachSultant

16장 CoachSulting 프로세스 ································ 197
- CoachSulting 프로세스 ··· 198
- AUDIT 모델 ·· 212
- CoachSulting 성과 평가 ·· 216

17장 CoachSulting 도구 ······································ 221
- CoachSulting 기본 도구 ·· 222
- CoachSulting 전문 도구 ·· 237
- 유용한 구조적 사고 도구 ······································ 274

18장 CoachSultant ··· 281
- CoachSultant의 역할과 책임 ·································· 282
- CoachSultant의 필수 역량 ····································· 286
- CoachSulting 분야와 진행 ····································· 288

제1부
CoachSulting의 이해

1장 CoachSulting의 탄생 배경

- 비즈니스 환경의 변화와 새로운 요구
- 컨설팅과 코칭의 한계와 가능성
- 융합적 접근의 필요성

1.1 비즈니스 환경의 변화와 새로운 요구

1.1.1 가속화되는 변화의 시대
21세기 비즈니스 환경은 '변화'라는 단어만으로는 설명하기 어려울 정도로 급격한 전환의 시대를 맞이하고 있다. 디지털 기술의 비약적 발전, 글로벌 팬데믹, 기후 위기, 지정학적 불안정 등은 기업과 조직이 예측하고 대응해야 할 변수들을 기하급수적으로 증가시켰다. 특히 주목할 만한 변화 동인들은 다음과 같다.

- **디지털 전환(Digital Transformation)의 가속화**

인공지능, 빅데이터, 클라우드 컴퓨팅, 사물인터넷 등의 기술은 단순한 도구를 넘어 비즈니스 모델 자체를 근본적으로 변화시키고 있다. 2020년대에 들어서며 이러한 디지털 전환은 선택이 아닌 생존의 필수 요소가 되었다.

- **일의 미래(Future of Work)의 재구성**

원격 근무와 하이브리드 근무 방식의 일상화, 긱 이코노미(Gig Economy, 기업이나 사용자가 필요에 따라 임시로 계약을 맺고 노동력을 공급하고 대가를 지불하는 경제 형태)의 확산, 자동화로 인한 직무 변화는 '일'이라는 개념 자체를 재정의하고 있다. 조직과 리더십은 이러한 변화에 맞춰 새로운 관리 방식과 문화를 발전시켜야 하는 과제를 안고 있다.

- **세대 가치관의 다양화**

Z세대와 밀레니얼 세대가 직장의 주요 구성원으로 부상하면서, 일의 의미, 조직에 대한 충성도, 리더십에 대한 기대가 변화하고 있다. 이들은 단순한 경제적 보상을 넘어 목적 지향적 일, 지속 가능성, 다양성과 포용성을 중시한다.

- **복잡성과 불확실성의 증가**

VUCA(Volatility, Uncertainty, Complexity, Ambiguity) 또는 BANI(Brittle, Anxious, Non-linear, Incomprehensible) 시대라 불리는 현재의 비즈니스 환경은 선형적 예측과 계획이 점점 더 어려워지고 있다. 기업과 조직은 더 높은 수준의 적응력, 회복탄력성, 창의성을 요구받고 있다.

1.1.2 조직과 리더의 새로운 요구

이러한 환경 변화 속에서 조직과 리더들은 다음과 같은 새로운 요구에 직면하고 있다.

- **신속한 적응과 학습**

빠르게 변화하는 환경에서 생존하기 위해 조직은 '학습하는 조직(Learning Organization)'으로 거듭나야 하며, 실험과 실패를 통한 학습, 지속적인 혁신이 필요하다.

- **복잡한 문제해결**

오늘날의 비즈니스 문제는 단순히 과거의 경험이나 모범 사례를 적용하는 것만으로는 해결하기 어려운 복잡한 성격을 띠고 있다. 이는 다양한 관점과 전문성을 통합한 창의적 접근을 요구한다.

- **인재 유치와 개발**

'인재 전쟁(War for Talent)'이라 불리는 상황에서 인재를 유치하고 유지하는 것은 조직의 핵심 과제가 되었다. 이는 단순한 보상 패키지를 넘어 성장 기회, 자율성, 목적의식을 제공하는 것을 의미한다.

- **지속 가능한 변화관리**

일회성 변화 프로젝트를 넘어, 지속적인 변화를 자연스럽게 받아들이고 추진할 수 있는 조직 문화와 역량이 필요하다. 이는 형식적인 변화관리를 넘어 구성원들의 내재적 동기와 주인의식을 요구한다.

- **전인적(Holistic) 리더십**

오늘날의 리더는 전략적 사고, 감성 지능, 시스템적 관점, 윤리적 의사결정 등 다양한 역량을 균형 있게 갖추어야 한다. 이는 기존의 지시와 통제 중심의 리더십으로는 충족시키기 어려운 요구이다.

이러한, 새로운 요구들은 기존의 단편적 접근법으로는 효과적으로 대응하기 어렵다는 인식을 확산시켰고, 이것이 CoachSulting이라는 새로운 접근법의 필요성을 부각시키는 배경이 되었다.

1.2 컨설팅과 코칭의 한계와 가능성

1.2.1 전통적 컨설팅의 강점과 한계

컨설팅의 강점

전통적 컨설팅은 다음과 같은 명확한 강점을 가지고 있다.

- **전문성과 지식 기반**

컨설팅은 특정 산업이나 기능 영역에 대한 깊은 전문 지식과 경험을 제공한다. 이는 복잡한 문제에 대한 통찰력 있는 분석과 해결책을 가능하게 한다.

- **체계적 분석과 방법론**

데이터 기반 분석, 벤치마킹, 프레임워크 적용 등 검증된 방법론을 통해 문제의 근본 원인을 파악하고 객관적인 해결책을 도출한다.

- **외부적 관점**

조직 외부에서 바라보는 신선한 시각과 객관성은 내부자들이 보지 못하는 문제점이나 기회를 발견하는 데 도움을 준다.

- **산업 트렌드와 모범 사례**

다양한 기업들과의 프로젝트 경험을 통해 축적된 업계 트렌드와 모범 사례에 대한 지식은 큰 가치를 제공한다.

- **변화 추진력**

외부 전문가의 권위와 영향력은 때로 내부에서 시작하기 어려운 변화를 추진하는 촉매제 역할을 한다.

컨설팅의 한계

그러나 전통적 컨설팅 모델은 다음과 같은 중요한 한계점도 가지고 있다.

- **실행 격차(Implementation Gap)**

많은 컨설팅 프로젝트가 우수한 전략과 권고안을 제시함에도 불구하고, 실제 실행과 지속적인 변화로 이어지지 않는 '서랍 속 보고서' 현상이 빈번히 발생한다.

- **맥락적 이해 부족**

표준화된 프레임워크와 솔루션은 종종 조직의 고유한 문화, 역사, 내부 역학 등 특수한 맥락을 충분히 고려하지 못하는 경우가 있다.
- **내재화 실패**

외부 전문가에게 의존하는 접근법은 종종 조직 내부의 역량 개발과 지식 내재화를 저해할 수 있다. 컨설턴트가 떠난 후 지속적인 개선이 이루어지지 않는 경우가 많다.
- **저항과 수용성**

외부에서 주도하는 변화는 종종 조직 구성원들의 저항에 직면하며, '우리가 발명하지 않았다(Not Invented Here, NIH)' 증후군을 유발할 수 있다.
- **복잡한 인간 요소의 간과**

많은 컨설팅 프로젝트는 기술적, 전략적 측면에 초점을 맞추며 변화의 인간적, 심리적, 문화적 측면을 충분히 다루지 못하는 경우가 있다.

1.2.2 코칭 접근법의 강점과 한계
코칭의 강점

코칭은 다음과 같은 고유한 가치와 강점을 제공한다.
- **자기 주도적 학습과 발견**

코칭은 답을 직접 제시하기보다 질문을 통해 내담자 스스로 답을 찾도록 유도함으로써, 더 깊은 통찰과 지속적인 학습을 가능하게 한다.
- **내재적 동기 유발**

외부에서 부과된 해결책이 아닌, 스스로 발견하고 결정한 방향은 더 강한 헌신과 실행력으로 이어진다.
- **맥락적 적합성**

개인이나 팀의 고유한 상황, 가치, 목표에 맞춘 접근은 표준화된 솔루션보다 현실적인 적용 가능성이 높다.
- **시스템적 관점**

효과적인 코칭은 개인, 팀, 조직의 상호작용을 총체적으로 바라보며, 지속 가능한 변화를 위한 시스템적 접근을 촉진한다.
- **정서적, 심리적 측면의 통합**

코칭은 기술적, 전략적 측면뿐만 아니라 변화 과정에서 발생하는 두려움, 저항, 불확실성 등 정서적 요소도 다룬다.

코칭의 한계

그러나 코칭 역시 다음과 같은 한계점을 가지고 있다.

- **전문 지식의 부족**

특정 산업이나 기능 영역에 대한 깊은 전문 지식이 필요한 경우, 순수한 코칭 접근만으로는 충분한 가치를 제공하기 어려울 수 있다.

- **시간 소요**

자기 발견과 내면화를 통한 변화는 일반적으로 더 많은 시간과 인내를 요구한다. 이는 급격한 변화나 위기 상황에서는 제약이 될 수 있다.

- **구체적 방향성 부재**

때로는 명확한 방향과 구체적인 해결책이 필요한 상황에서, 질문 중심의 접근만으로는 충분한 안내를 제공하지 못할 수 있다.

- **측정의 어려움**

코칭의 효과는 종종 정성적이고 장기적이어서, 단기적이고 정량적인 성과 측정이 어려운 경우가 많다.

- **조직적 영향력의 한계**

개인 또는 팀 수준의 코칭은 종종 더 넓은 조직적 맥락이나 구조적 제약을 변화시키는 데 한계가 있을 수 있다.

1.3 융합적 접근의 필요성

1.3.1 상보성(Complementarity)의 원리
CoachSulting의 기본 전제는 컨설팅과 코칭이 서로의 한계를 보완하고 강점을 강화하는 상보적 관계에 있다는 것이다. 이러한 상보성은 다음과 같은 측면에서 나타난다.

- **지식 전달과 역량 개발**

컨설팅의 전문 지식 전달과 코칭의 내재적 역량 개발이 결합될 때, 조직은 단기적인 문제해결뿐만 아니라 장기적인 학습 능력도 향상시킬 수 있다.

- **해결책 제시와 자기 발견**

때로는 명확한 해결책과 방향성이 필요하고, 때로는 스스로 답을 찾는 과정이 더 가치 있다. CoachSulting은 상황에 따라 이 두 접근을 유연하게 오가며 최적의 결과를 추구한다.

- **외부 전문성과 내부 지혜**

외부 전문가의 객관적 시각과 산업 지식은 내부 구성원들이 가진 맥락적 이해와 암묵적 지식과 결합될 때 가장 효과적인 해결책으로 이어진다.

- **전략과 실행의 통합**

컨설팅의 전략적 통찰과 코칭의 실행 지원 역량이 결합되면, '알고 있지만 행동하지 않는' 문제를 극복하고 실질적인 변화를 이끌어낼 수 있다.

- **이성과 감성의 균형**

데이터와 분석에 기반한 합리적 접근과 인간의 심리적, 정서적 측면을 고려한 공감적 접근이 균형을 이룰 때, 지속 가능한 변화가 가능해진다.

1.3.2 복잡한 문제에 대한 통합적 접근
오늘날의 조직이 직면한 대부분의 도전 과제는 단순한(Simple) 문제가 아닌 복잡한(Complex) 문제의 성격을 띠고 있다. 대니얼 카너먼 Daniel Kahneman의 표현을 빌리면, 이는 '태스크 환경의 불확실성이 높은' 상황이다. 이러한 복잡한 문제들의 특징은 다음과 같다.

- **다중 인과관계**: 하나의 명확한 원인이 아닌, 여러 요인이 복잡하게 얽혀 있다.

- **비선형성**: 작은 변화가 예상치 못한 큰 결과로 이어질 수 있으며, 과거의 패턴이 미래를 예측하는 데 제한적이다.
- **이해관계자의 다양성**: 다양한 관점과 이해관계를 가진 주체들이 관여되어 있다.
- **역동적 변화**: 문제 자체가 시간에 따라 지속적으로 변화한다.

이러한 복잡한 문제들은 단일 학문이나 접근법으로는 효과적으로 다루기 어렵다. CoachSulting은 다음과 같은 방식으로 복잡성에 대응한다.

- **다중 렌즈(Multiple Lenses)**: 같은 상황을 다양한 관점(전략적, 운영적, 재무적, 문화적, 심리적 등)에서 바라봄으로써 더 풍부한 이해를 가능하게 한다.
- **적응적 접근(Adaptive Approach)**: 고정된 방법론이 아닌, 상황의 변화에 따라 접근법을 지속적으로 조정하는 유연성을 제공한다.
- **집단 지성의 활용**: 외부 전문가의 지식과 내부 구성원의 경험을 결합함으로써, 더 풍부하고 실행 가능한 해결책을 도출한다.
- **실험과 학습의 순환**: 완벽한 해결책을 한 번에 제시하기보다, 가설 설정, 실험, 학습, 조정의 순환적 과정을 통해 점진적으로 개선해 나간다.

1.3.3 지속 가능한 변화를 위한 필수 요소

CoachSulting은 단순한 방법론적 융합을 넘어, 진정으로 지속 가능한 조직 변화를 위해 필요한 핵심 요소들을 통합한다.

- **전략적 명확성과 실행력**: 명확한 방향성과 구체적인 실행 계획이 동시에 필요하다.
- **외부 전문성과 내부 역량 개발**: 외부의 지식을 활용하면서도 내부 역량을 강화하는 균형이 중요하다.
- **시스템적 변화와 개인적 성장**: 조직 구조, 프로세스, 문화의 변화와 개인의 마음가짐, 행동, 역량 개발이 함께 이루어져야 한다.
- **단기 성과와 장기 지속성**: 가시적인 단기 성과를 창출하면서도 장기적인 역량과 문화를 구축해야 한다.
- **합리적 분석과 창의적 직관**: 데이터에 기반한 체계적 분석과 새로운 가능성을 탐색하는 창의적 사고가 모두 필요하다.

- **개인 책임과 조직적 지원**: 개인의 주인의식과 책임감을 강조하면서도 이를 뒷받침할 수 있는 환경과 지원 시스템이 구축되어야 한다.

CoachSulting은 이러한 다양한 요소들 사이의 균형점을 찾아가는 과정이며, 이를 통해 오늘날의 복잡한 비즈니스 환경에서 조직이 직면한 도전 과제에 더 효과적으로 대응할 수 있게 한다.

위에서 살펴본 바와 같이, 비즈니스 환경의 급격한 변화와 조직이 직면한 복잡한 도전 과제들은 기존의 단편적 접근법의 한계를 드러내고 있다. 컨설팅의 전문성과 코칭의 역량 개발 접근이 상보적으로 결합된 CoachSulting은 이러한 시대적 요구에 부응하는 새로운 패러다임으로서, 조직과 개인의 지속 가능한 성장과 변화를 이끌어내는 효과적인 방법론으로 자리매김하고 있다.

2장 CoachSulting의 개념과 원리
- CoachSulting의 정의와 본질
- 코칭과 컨설팅의 핵심 차이점
- 통합적 접근법의 이론적 기반

2.1 CoachSulting의 정의와 본질

2.1.1 CoachSulting의 정의

CoachSulting이란 코칭(Coaching)과 컨설팅(Consulting)의 핵심 요소를 전략적으로 통합한 하이브리드 접근법이다. 이는 단순히 두 분야의 기술을 번갈아 사용하는 것이 아니라, 각 상황과 맥락에 맞게 최적의 요소들을 융합하여 고객의 지속 가능한 성장과 문제해결을 촉진하는 전문적 실천을 의미한다.

CoachSulting은 다음과 같이 정의할 수 있다.

"CoachSulting은 전문가의 지식과 통찰을 제공하는 컨설팅적 요소와 질문과 성찰을 통해 내재된 역량을 끌어내는 코칭적 요소를 유기적으로 결합하여, 고객이 현재 직면한 문제를 해결하는 동시에 미래의 유사한 상황에 스스로 대응할 수 있는 역량을 개발하도록 지원하는 통합적 접근법이다."

CoachSulting의 본질적 특성

- **목적의 이중성**

CoachSulting의 가장 근본적인 특성은 '문제해결'과 '역량 개발'이라는 이중적 목적을 동시에 추구한다는 점이다. 컨설팅이 주로 문제해결에 초점을 맞추고, 코칭이 주로 역량 개발에 중점을 둔다면, CoachSulting은 이 두 가지를 동시에 달성하고자 한다.

- **균형과 유연성**

CoachSulting은 지시와 촉진, 전문가 조언과 질문 기반 접근, 외부 지식 제공과 내부 지혜 활성화 사이의 역동적 균형을 추구한다. 이는 고정된 균형이 아닌, 고객의 상황과 필요에 따라 유연하게 조정되는 것이 특징이다.

- **맥락적 적응성**

효과적인 CoachSulting은 고객의 조직 문화, 산업 특성, 개인적 특성, 문제의 복잡성 등 맥락적 요소를 세심하게 고려하여 접근 방식을 조정한다. 하나의 방법론을 모든 상황에 적용하기보다는, 각 상황에 가장 적합한 접근을 설계한다.

- **파트너십 기반**

CoachSulting은 전문가-고객 간의 일방적 관계가 아닌, 상호 존중과 협력에 기반한 파트너십을 형성한다. CoachSultant는 전문성을 가진 조력자로서, 고객과 함께 문제를 탐색하고 해결책을 공동으로 창출한다.

- **시스템적 관점**

CoachSulting은 개별 문제나 현상을 고립된 것으로 보지 않고, 조직과 환경의 전체 시스템 내에서 이해한다. 표면적 증상뿐만 아니라 근본 원인과 패턴을 파악하여 지속 가능한 변화를 추구한다.

CoachSulting의 실천 원칙

CoachSulting의 본질은 다음과 같은 핵심 실천 원칙으로 구체화할 수 있다.

- **맞춤형 접근**: 표준화된 솔루션이 아닌, 각 고객의 고유한 상황과 필요에 맞춘 접근법 설계
- **역량 강화**: 문제해결 과정에서 고객의 자기 주도성과 역량 개발을 촉진
- **지식 이전**: 전문적 통찰과 지식을 효과적으로 전달하여 고객의 자산으로 내재화
- **질문 기반 탐색**: 전문가 진단과 함께 강력한 질문을 통한 새로운 관점과 가능성 발견
- **실행 지원**: 계획 수립뿐만 아니라 실행 과정에서의 지속적인 지원과 조정 제공
- **성찰적 학습**: 경험으로부터의 학습을 촉진하여 지속적인 성장의 기반 마련

2.2 코칭과 컨설팅의 핵심 차이점

CoachSulting의 가치를 이해하기 위해서는 코칭과 컨설팅 각각의 고유한 특성과 차이점을 명확히 인식하는 것이 중요하다. 이 두 접근법은 서로 다른 철학, 방법론, 목적을 가지고 있으며, 이러한 차이를 이해할 때 효과적인 통합이 가능하다.

2.2.1 철학적 기반의 차이

컨설팅의 철학적 기반

- **전문가 지식 기반**: 컨설팅은 특정 분야에 대한 전문적 지식과 경험이 문제해결의 핵심이라고 본다.
- **분석적 접근**: 데이터와 증거에 기반한 분석을 통해 최적의 해결책을 도출한다.
- **솔루션 중심**: 최선의 해결책을 찾아 제시하는 것이 핵심 가치이다.
- **효율성 추구**: 시간과 자원을 효율적으로 활용하여 목표 달성을 추구한다.

2.2.2 코칭의 철학적 기반

- **내재적 잠재력 신뢰**: 개인과 조직은 자신의 문제를 해결할 수 있는 잠재력과 지혜를 내재하고 있다고 믿는다.
- **질문 기반 탐색**: 답을 제시하기보다 질문을 통해 새로운 인식과 발견을 촉진한다.
- **과정 중심**: 결과뿐만 아니라 그 과정에서의 학습과 성장을 중요시한다.
- **자기 주도성 강조**: 고객의 주체성과 자발적 변화를 핵심 가치로 삼는다.

2.2.3 역할과 책임의 차이

컨설턴트의 역할

- 문제를 진단하고 분석하는 전문가
- 최적의 해결책을 설계하고 제안하는 조언자
- 전문 지식과 경험을 기반으로 방향을 제시하는 안내자
- 산업 표준과 최신 트렌드를 전달하는 정보원

코치의 역할
- 질문을 통해 자기 인식을 높이는 촉진자
- 새로운 관점과 가능성을 탐색하도록 돕는 동반자
- 목표 설정과 실행을 지원하는 격려자
- 성찰과 학습을 촉진하는 거울

2.2.4 프로세스와 방법론의 차이
컨설팅 프로세스의 특징
- 문제 정의와 프로젝트 범위 설정
- 데이터 수집과 상황 분석
- 대안 개발과 평가
- 최적 해결책 제안과 실행 계획 수립
- 실행 지원 및 결과 평가

코칭 프로세스의 특징
- 관계 형성과 목표 탐색
- 현재 상황 인식과 내면 탐색
- 가능성 확장과 대안 생성
- 행동 계획 수립과 실천 의지 강화
- 실행과 성찰의 순환적 진행

2.2.5 성공 지표의 차이
컨설팅의 성공 지표
- 문제의 효과적 해결
- 측정 가능한 비즈니스 성과 개선
- 자원과 시간의 효율적 사용
- 산업 표준과 최선의 관행 적용

코칭의 성공 지표
- 자기 인식과 통찰의 확장
- 새로운 행동 패턴의 지속적 실천

- 자기 주도적 학습 역량 강화
- 장기적 성장과 발전

2.2.6 시간 관점의 차이
- **컨설팅**: 주로 현재의 문제해결과 단기-중기적 성과에 초점
- **코칭**: 현재 상황 개선과 함께 장기적 역량 개발과 지속 가능한 변화에 초점

2.3 통합적 접근법의 이론적 기반

CoachSulting은 여러 학문 분야와 실천 영역의 이론적 기반을 통합하여 그 근거를 마련한다. 이러한 이론적 토대는 CoachSulting이 단순한 방법론적 조합이 아닌, 체계적인 접근법으로 발전할 수 있게 한다.

2.3.1 성인 학습 이론과 CoachSulting
경험학습 이론(Experiential Learning Theory)
데이비드 콜브 David Kolb의 경험학습 이론은 CoachSulting의 중요한 이론적 토대이다. 이 이론에 따르면, 학습은 '구체적 경험 → 성찰적 관찰 → 추상적 개념화 → 능동적 실험'의 순환 과정을 통해 이루어진다. CoachSulting은 이 순환 과정의 각 단계를 촉진한다.
- **구체적 경험:** 고객의 현재 상황과 도전 과제를 깊이 이해
- **성찰적 관찰:** 코칭적 질문을 통한 다양한 관점에서의 상황 성찰
- **추상적 개념화:** 컨설팅적 분석과 전문 지식을 통한 개념적 이해 강화
- **능동적 실험:** 새로운 접근법의 실행과 적용을 지원

변형학습 이론(Transformative Learning Theory)
잭 메지로우 Jack Mezirow의 변형학습 이론은 성인의 의미 관점(Meaning Perspective)이 어떻게 변화하는지 설명한다. CoachSulting은 다음과 같은 변형학습의 요소를 통합한다.
- **혼란스러운 딜레마 직면:** 고객이 기존 방식으로 해결할 수 없는 도전 인식
- **비판적 성찰:** 기존 가정과 믿음에 대한 검토
- **새로운 관점 탐색:** 다양한 대안적 관점과 접근법 고려
- **새로운 역할과 행동 시도:** 변화된 관점에 기반한 실천

2.3.2 시스템 이론과 CoachSulting
복잡계 이론(Complexity Theory)
조직과 개인은 선형적이고 기계적인 시스템이 아닌 복잡적응계(Complex Adaptive Systems)의 특성을 보인다. CoachSulting은 이러한 복잡성을 인

식하고 다음과 같은 접근을 취한다.
- **맥락의 중요성 인식**: 문제와 해결책을 고립된 요소가 아닌 전체 시스템 내에서 이해
- **창발성(Emergence) 활용**: 답을 직접 제시하기보다 새로운 통찰이 창발할 수 있는 조건 조성
- **패턴 인식**: 표면적 증상 너머의 시스템적 패턴과 구조 파악
- **레버리지 포인트 식별**: 작은 개입으로 시스템 전체에 영향을 미칠 수 있는 지점 발견

조직개발 이론(Organization Development Theory)

조직개발 이론은 조직의 건강성과 효과성을 증진하기 위한 계획적 변화 과정에 초점을 맞춘다. CoachSulting은 다음과 같은 OD 원칙을 통합한다.
- **전체 시스템 접근**: 조직의 모든 수준과 요소를 고려한 통합적 관점
- **참여적 과정**: 변화 과정에 영향을 받는 구성원들의 적극적 참여 촉진
- **행동과학 지식 활용**: 인간 행동과 조직 역학에 대한 과학적 이해 적용
- **과정과 내용의 균형**: 무엇을 변화시킬 것인가(내용)와 어떻게 변화시킬 것인가(과정)의 균형

2.3.3 긍정심리학과 CoachSulting

강점 기반 접근(Strengths-Based Approach)

긍정심리학의 강점 기반 접근은 결함을 교정하기보다 강점을 발견하고 활용하는 데 초점을 맞춘다. CoachSulting은 이러한 관점을 다음과 같이 적용한다.
- **강점 발견**: 고객의 고유한 강점과 자원을 식별하고 인식하도록 지원
- **최적 활용**: 문제해결과 목표 달성을 위해 강점을 최적으로 활용하는 방법 모색
- **균형적 시각**: 약점과 한계를 부정하지 않으면서도 강점에 더 많은 에너지 투자

긍정 탐구(Appreciative Inquiry)

데이비드 쿠퍼라이더 David Cooperrider의 긍정 탐구 방법론은 '결핍'이 아닌 '가능성'에 초점을 맞춘다. CoachSulting은 다음과 같은 AI의 원리를 통합

한다.
- **긍정적 핵심 발견:** 조직과 개인의 최고 순간과 성공 경험에 주목
- **꿈과 비전 공유:** 가능성과 열망에 기반한 미래 비전 형성
- **설계와 실현:** 비전을 현실화하기 위한 구체적인 설계와 실행

2.3.4 인지 행동적 접근과 CoachSulting
인지행동 코칭(Cognitive-Behavioral Coaching)
인지행동 접근은 사고(인지)와 행동 간의 연결성에 주목하며, 비합리적 신념과 사고 패턴의 변화를 통한 행동 변화를 추구한다. CoachSulting은 다음과 같이 적용한다.
- **사고 패턴 인식:** 문제 상황에서의 자동적 사고와 해석 방식 탐색
- **대안적 사고 개발:** 보다 건설적이고 효과적인 사고방식 모색
- **행동 실험:** 새로운 사고에 기반한 구체적 행동 실천과 결과 관찰

해결중심 접근(Solution-Focused Approach)
문제의 원인보다는 해결책 구축에 초점을 맞추는 해결중심 접근은 CoachSulting에서 다음과 같이 활용된다.
- **예외 탐색:** 문제가 덜 발생하거나 잘 대처했던 상황에 주목
- **미래 지향적 질문:** 문제가 해결된 상태를 구체적으로 상상하고 묘사
- **작은 변화 강조:** 대규모 변화보다 실행 가능한 작은 변화의 시작과 확장

2.3.5 변화관리 이론과 CoachSulting
계획된 변화 모델(Planned Change Models)
커트 레빈 Kurt Lewin의 '해빙-변화-재동결' 모델이나 존 코터 John Kotter의 8단계 변화 모델과 같은 계획된 변화 이론은 CoachSulting의 중요한 이론적 기반이다.
- **변화 준비도 평가:** 조직과 개인의 변화 준비 상태 진단
- **저항 관리:** 변화에 대한 저항을 이해하고 건설적으로 다루는 방법
- **단계적 접근:** 변화 과정의 각 단계에 적합한 개입과 지원 제공

적응적 리더십 이론(Adaptive Leadership Theory)
로널드 하이페츠 Ronald Heifetz의 적응적 리더십 이론은 기술적 문제와 적응

적 도전을 구분하며, 후자에 대응하기 위한 새로운 리더십 접근을 제시한다. CoachSulting은 이를 다음과 같이 적용한다.
- **도전의 성격 진단**: 기술적 문제인지 적응적 도전인지를 구분
- **작업 환경 조성**: 적응적 도전에 대응하기 위한 안전하고 생산적인 환경 조성
- **긴장 관리**: 변화에 필요한 생산적 긴장을 유지하되 과도한 스트레스는 방지

2.3.6 CoachSulting의 통합적 이론 모델

위에서 살펴본 다양한 이론적 기반들은 CoachSulting에서 다음과 같은 통합적 모델로 구체화된다.

맥락적 역동성 모델(Contextual Dynamics Model)

이 모델은 고객의 상황, 문제의 특성, 조직 문화, 발달 단계 등의 맥락적 요소에 따라 코칭적 접근과 컨설팅적 접근의 비중을 조정하는 방법을 제시한다. 주요 차원으로는:
- 문제의 기술적/적응적 특성
- 고객의 역량과 준비도 수준
- 시간적 제약과 긴급성
- 조직 문화와 학습 스타일

역량 개발 연속체 모델(Capability Development Continuum)

이 모델은 CoachSulting 과정이 고객의 역량 개발과 자립성 강화를 위해 어떻게 진행되어야 하는지를 보여준다.
- **지시적 단계**: 명확한 방향과 전문적 조언 제공 (컨설팅 강조)
- **안내적 단계**: 옵션 제시와 함께 선택을 돕는 과정 (컨설팅과 코칭 혼합)
- **지원적 단계**: 고객 주도로 진행되며 촉진적 지원 제공 (코칭 강조)
- **위임적 단계**: 완전한 자립을 위한 간헐적 지원 (코칭 중심)

통합적 개입 매트릭스(Integrated Intervention Matrix)

이 모델은 다양한 상황에서 코칭적 요소와 컨설팅적 요소를 어떻게 통합할 수 있는지에 대한 구체적인 프레임워크를 제공한다.
- 전문 지식 제공 + 성찰적 질문

- 데이터 기반 분석 + 직관적 탐색
- 구조화된 방법론 + 창발적 과정
- 외부 관점 제시 + 내부 지혜 활성화

변화 지속성 모델(Change Sustainability Model)

이 모델은 CoachSulting을 통한 변화가 어떻게 지속될 수 있는지에 대한 이론적 틀을 제공한다.
- 인식 변화: 새로운 관점과 이해의 내면화
- 역량 구축: 필요한 지식과 기술의 개발
- 시스템 조정: 변화를 지원하는 구조와 프로세스 확립
- 문화적 내재화: 새로운 방식이 조직 문화의 일부로 자리 잡음

마무리: CoachSulting, 분리에서 통합으로

CoachSulting은 코칭과 컨설팅이라는 두 전문 분야의 단순한 조합이 아닌, 그 철학적 기반과 방법론적 요소들의 창의적 융합이다. 이는 현대 조직과 개인이 직면한 복잡한 도전에 대응하기 위한 진화된 접근법으로, '무엇이 효과적인가'에 대한 지식과 '어떻게 지속 가능한 변화를 이끌어낼 것인가'에 대한 지혜를 결합한다.

코칭과 컨설팅의 핵심적 차이를 이해하고, 각각의 강점을 상호보완적으로 활용함으로써, CoachSulting은 전문가 의존성을 줄이면서도 전문적 통찰을 효과적으로 전달하는 균형점을 찾아간다. 이러한 통합적 접근은 다양한 이론적 기반에 뿌리를 두고 있으며, 이를 통해 보다 체계적이고 효과적인 실천이 가능해진다.

궁극적으로 CoachSulting은 '전문가가 답을 제공한다'라는 전통적인 지식 전달 패러다임과 '모든 답은 내면에 있다'라는 자기 주도적 발견 패러다임 사이의 인위적 경계를 허물고, 각 상황에 가장 적합한 접근법을 유연하게 적용하는 새로운 패러다임을 제시한다. 이는 복잡성과 불확실성이 증가하는 현대 환경에서 지속 가능한 변화와 성장을 위한 효과적인 길잡이가 될 것이다.

3장 CoachSulting의 가치와 효과

- 지속 가능한 변화 창출
- 조직역량의 내재화
- 맞춤형 솔루션과 자기 주도적 실행력
- CoachSulting 효과의 측정과 평가

3.1 지속 가능한 변화 창출

3.1.1 변화의 지속성 문제
많은 조직이 변화 이니셔티브를 시작하지만 그 지속성에 실패한다. 연구에 따르면 조직 변화 프로젝트의 약 70%가 목표한 결과를 달성하지 못하거나 초기 성과 이후 원래 상태로 되돌아간다. 전통적인 컨설팅은 변화를 위한 청사진을 제공하지만, 그 변화가 조직에 진정으로 뿌리내리도록 하는 데는 한계가 있다.

3.1.2 CoachSulting의 지속 가능성 메커니즘
CoachSulting은 다음과 같은 메커니즘을 통해 변화의 지속 가능성을 높인다.
- **내재적 동기 활성화**

외부 전문가의 지시가 아닌, 구성원들의 자발적 참여와 내재적 동기를 끌어낸다. 코칭적 대화를 통해 '왜 변화해야 하는가'에 대한 개인적 의미를 발견하도록 돕는다.
- **점진적 변화와 즉각적 성과의 균형**

대규모 변화를 작은 단계로 나누고, 각 단계에서 가시적인 성과를 창출함으로써 변화 모멘텀을 유지한다. 이는 '작은 승리의 전략'으로, 변화에 대한 저항을 줄이고 지속적인 발전을 가능하게 한다.
- **학습 루프의 내재화**

실행-성찰-학습-조정의 순환 고리를 조직 내에 구축한다. 컨설팅 요소는 명확한 실행 방향을 제시하고, 코칭 요소는 성찰과 학습을 촉진하여 조직이 스스로 변화의 주체가 되도록 한다.

3.1.3 사례: A 기업의 디지털 전환
A 기업은 여러 차례 디지털 전환 시도에 실패한 후, CoachSulting 접근법을 도입했다. 컨설팅 요소로는 디지털 성숙도 평가, 로드맵 수립, 기술 도입 계획이 포함되었고, 코칭 요소로는 리더십 팀의 마인드셋 전환, 임직원들의 디지털 역량 개발, 새로운 업무 방식에 대한 적응을 지원했다. 2년 후, A 기업은 디지털 전환을 성공적으로 정착시켰고, 외부 지원 없이도 계속해서 디지털 역량을 발전시키고 있다.

3.2 조직역량의 내재화

3.2.1 외부 의존성의 함정
전통적인 컨설팅은 종종 외부 전문가에 대한 의존도를 높인다. 문제가 발생할 때마다 외부 전문가를 찾게 되고, 결과적으로 조직의 자체 문제해결 능력이 발달하지 못하는 악순환이 생긴다. 이는 단기적으로는 효율적일 수 있으나, 장기적으로는 조직의 적응력과 회복력을 약화시킨다.

3.2.2 CoachSulting을 통한 역량 내재화
CoachSulting은 문제해결만큼이나 역량 개발에 중점을 둔다.

- **지식 전이의 극대화**

단순히 솔루션을 제공하는 것을 넘어, 그 솔루션이 도출된 사고 과정과 방법론을 공유한다. '물고기를 주는 것'과 '물고기 잡는 법을 가르치는 것'의 균형을 맞춘다.

- **실시간 학습과 코칭**

실제 업무 상황에서 '하는 법'을 알려주고, 그 과정에서 실시간 코칭을 제공함으로써 지식이 실제 역량으로 전환되도록 한다.

- **메타 역량 개발**

특정 문제해결 능력을 넘어, 문제를 인식하고, 분석하고, 해결 방안을 도출하는 '문제해결의 메타 역량'을 개발한다. 이는 미래의 예상치 못한 도전에도 대응할 수 있는 기반이 된다.

3.2.3 팀 수준의 역량 내재화
개인을 넘어 팀과 부서 수준에서 역량이 내재화될 때 진정한 조직역량이 된다.

- **협업적 문제해결**

CoachSulting은 팀 전체가 문제해결 과정에 참여하도록 설계된다. 이를 통해 다양한 관점이 통합되고, 집단 지성이 발휘된다.

- **지식 공유 체계 구축**

개인의 학습이 조직 지식으로 전환되는 체계적인 프로세스를 구축한다. 문서화, 지식 공유 세션, 멘토링 등을 통해 지식이 조직 내에 순환되도록 한다.

- **실행 커뮤니티 형성**

유사한 도전을 마주한 구성원들이 경험과 통찰을 나누는 '실행 커뮤니티'를 형성한다. 이는 공식적인 교육을 넘어 지속적인 학습과 발전의 생태계를 조성한다.

3.3 맞춤형 솔루션과 자기 주도적 실행력

3.3.1 표준화된 솔루션의 한계
많은 컨설팅 프로젝트들이 '베스트 프랙티스(Best Practice)'나 '산업 표준'에 기반한 솔루션을 제시한다. 그러나 이러한 접근은 각 조직의 고유한 맥락, 문화, 역량을 충분히 고려하지 못하는 한계가 있다. 결과적으로 이론적으로는 탁월하지만, 실제 적용과 실행에서는 어려움을 겪는 경우가 많다.

3.3.2 CoachSulting의 맞춤형 접근
CoachSulting은 컨설팅의 전문성과 코칭의 맥락 이해를 결합하여 진정한 맞춤형 솔루션을 개발한다.
- **깊은 맥락 이해**

코칭 대화를 통해 조직의 표면적 요구 너머 근본적인 니즈와 맥락을 이해한다. 코칭의 '질문하는 자세'는 컨설턴트가 미처 보지 못한 조직의 복잡성과 특수성을 발견하는 데 도움이 된다.
- **공동 창조 프로세스**

솔루션을 일방적으로 제시하는 대신, 고객과 함께 만들어가는 과정을 중시한다. 이 과정에서 외부 전문가의 지식과 내부 구성원의 맥락 이해가 결합하여 보다 실행 가능한 솔루션이 탄생한다.
- **실행 적합성 검증**

이론적 완성도뿐 아니라 실행 가능성을 지속적으로 검증한다. 작은 규모의 파일럿 테스트, 프로토타이핑, 실시간 피드백 등을 통해 솔루션을 지속적으로 개선한다.

3.3.3 자기 주도적 실행력 강화
아무리 뛰어난 해결책도 실행되지 않으면 가치가 없다. CoachSulting은 실행력 강화에 특별한 관심을 기울인다.
- **주인의식 개발**

코칭 대화를 통해 변화의 필요성을 내면화하고, 솔루션 개발에 적극적으로 참여함으로써 구성원들의 주인의식이 발달한다. 이는 "우리가 만든 해결책"

이라는 인식을 심어주어 실행 의지를 높인다.
- **심리적 장벽 극복**

변화 실행의 장애물은 종종 기술적 문제가 아닌 심리적 저항, 두려움, 불확실성이다. 코칭 접근법은 이러한 심리적 장벽을 인식하고 극복하는 데 효과적이다.
- **적응적 실행 능력**

계획대로 진행되지 않을 때 좌절하거나 포기하는 대신, 상황에 적응하고 계획을 조정하는 능력을 개발한다. 이는 VUCA(변동성, 불확실성, 복잡성, 모호성) 세계에서 필수적인 역량이다.

3.3.4 사례
B 기업의 영업 프로세스 혁신

B 기업은 영업 성과 향상을 위해 CoachSulting 접근법을 도입했다. 컨설팅 요소로는 산업 벤치마크, 고객 여정 분석, 영업 프로세스 재설계가 포함되었다. 하지만 단순히 새 프로세스를 제시하는 대신, 영업팀과의 코칭 세션을 통해 그들의 일상적 도전과 기회를 깊이 이해하고, 함께 솔루션을 개발했다. 또한 새 프로세스 도입 과정에서 발생하는 심리적 저항과 습관적 관성을 극복하기 위한 코칭이 병행되었다. 결과적으로 새 프로세스는 90% 이상의 영업사원들에게 성공적으로 채택되었고, 이전의 유사한 시도들보다 훨씬 높은 실행률과 성과 향상을 이끌어냈다.

3.4 CoachSulting 효과의 측정과 평가

3.4.1 통합적 성과 측정 프레임워크
CoachSulting의 효과는 다차원적으로 측정되어야 한다.
- **정량적 비즈니스 성과**: 재무적 성과, 운영 효율성, 고객 만족도 등 전통적인 비즈니스 지표
- **정성적 역량 지표**: 리더십 역량, 문제해결 능력, 적응력, 협업 등 조직역량의 성장
- **지속 가능성 지표**: 변화의 지속성, 내재화된 역량의 활용도, 외부 의존도 감소 정도

3.4.2 측정 방법론
성과 측정을 위한 다양한 방법
- **다층적 평가**: 개인, 팀, 조직 수준에서의 변화를 종합적으로 평가
- **종단 연구**: 시간에 따른 변화의 지속성과 발전을 추적
- **360도 피드백**: 다양한 이해관계자의 관점을 통합하여 균형 잡힌 평가
- **실제 업무 상황에서의 역량 평가**: 시뮬레이션이 아닌 실제 도전 상황에서의 역량 발휘 정도 평가

3.4.3 ROI를 넘어선 가치 평가
CoachSulting의 진정한 가치는 단기적 ROI(Return on Investment)를 넘어 장기적이고 지속 가능한 조직역량의 성장에 있다. 이는 전통적인 재무적 측정만으로는 포착하기 어려운 '적응력'과 '회복력'의 영역이다. 따라서 CoachSulting의 효과를 평가할 때는 "우리 조직이 미래의 예상치 못한 도전에 얼마나 더 잘 대응할 수 있게 되었는가?"라는 질문이 중요하다.

마무리: CoachSulting의 차별적 가치
CoachSulting은 단순히 코칭과 컨설팅을 결합한 것 이상의 가치를 창출한다. 그것은 지속 가능한 변화, 내재화된 역량, 맞춤형 솔루션과 자기 주도적 실행력이라는 세 가지 핵심 가치를 통해 조직과 개인의 장기적 성공을 지

원한다.

현대 비즈니스 환경의 복잡성과 불확실성은 이러한 통합적 접근법을 더욱 필요로 한다. 외부 전문가의 지식과 내부 구성원의 잠재력을 최적으로 결합할 때, 우리는 지속 가능한 성장과 번영의 기반을 마련할 수 있다.

CoachSulting은 단순한 방법론을 넘어, 인간과 조직의 가능성에 대한 믿음이자 철학이다. 답을 제시하는 것과 질문을 통해 성찰을 이끌어내는 것 사이의 균형을 찾는 예술이며, 변화의 지속 가능성을 위한 지혜의 실천이다.

제2부
CoachSulting의 방법론

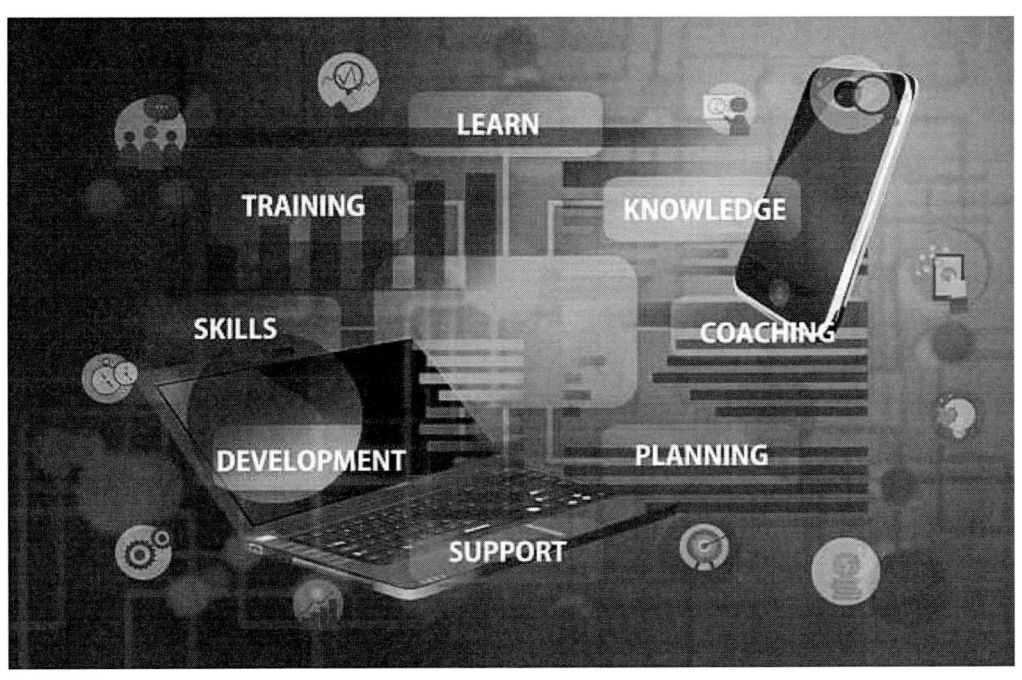

4장 CoachSulting 프로세스의 이해
- 진단과 발견 단계
- 설계와 계획 단계
- 실행과 지원 단계
- 평가와 발전 단계

CoachSulting의 진정한 가치는 체계적이고 효과적인 프로세스에서 실현된다. 컨설팅의 구조적 접근과 코칭의 유연한 대화 기법이 조화롭게 통합된 CoachSulting 프로세스는 문제해결과 변화 관리에 있어 강력한 틀을 제공한다. 이 장에서는 CoachSulting의 네 가지 핵심 단계-진단과 발견, 설계와 계획, 실행과 지원, 평가와 발전-에 대해 상세히 살펴보고자 한다.

4.1 진단과 발견 단계

4.1.1 목적과 의의
진단과 발견 단계는 CoachSulting 프로세스의 기초를 형성한다. 이 단계의 주요 목적은 고객의 현재 상황, 도전 과제, 그리고 내재된 잠재력을 포괄적으로 이해하는 것이다. 전통적인 컨설팅이 주로 문제 분석에 집중한다면, CoachSulting에서는 문제뿐만 아니라 가능성과 기회도 함께 탐색한다.

4.1.2 주요 활동
관계 구축과 신뢰 형성
- **초기 대화**: 서로에 대한 이해를 높이고 공감대를 형성하는 대화
- **기대 명확화**: CoachSulting 관계에서 양측의 역할과 책임, 기대 사항을 명확히 설정
- **계약 수립**: 목표, 범위, 일정, 비밀유지 등 협력의 기본 틀 마련

시스템적 탐색
- **이해관계자 매핑**: 직접적, 간접적으로 관련된 모든 이해관계자 파악
- **조직 구조와 문화 분석**: 공식적, 비공식적 조직 요소와 문화적 특성 이해
- **외부환경 스캔**: 산업 동향, 경쟁 상황, 시장 변화 등 외부 맥락 탐색

데이터 수집
- **정량적 데이터**: 성과 지표, 설문 결과, 재무 정보 등 수치화된 정보 수집
- **정성적 데이터**: 인터뷰, 관찰, 포커스 그룹 등을 통한 맥락적 정보 수집
- **문서 검토**: 전략 문서, 정책, 과거 보고서 등 기존 자료 분석

강점과 자원 파악
- **역량과 강점 탐색**: 개인과 조직이 보유한 핵심 강점과 차별화 요소 발견
- **성공 사례연구:** 과거의 성공 경험과 그로부터 얻을 수 있는 교훈 분석
- **잠재적 자원 확인**: 아직 충분히 활용되지 않은 내외부 자원 확인

4.1.3 CoachSulting 접근법의 특징

질문과 경청의 균형

진단 단계에서 CoachSultant는 전문가로서 필요한 정보를 얻기 위한 구조화된 질문과 코치로서 고객의 인식을 확장하기 위한 개방형 질문을 균형있게 활용한다. 특히 다음과 같은 질문 유형이 효과적이다.

- **사실 확인 질문**: "현재 이 프로젝트에 참여하는 팀원은 몇 명인가요?"
- **맥락 탐색 질문**: "이 문제가 언제부터, 어떤 상황에서 나타나기 시작했나요?"
- **반영적 질문**: "이 상황이 지속된다면 3년 후에는 어떤 결과가 예상되나요?"
- **가능성 확장 질문**: "제약이 없다면 이상적인 해결책은 무엇일까요?"

데이터와 직관의 통합

CoachSulting 접근에서는 객관적 데이터 분석과 직관적 통찰을 통합한다. 숫자와 사실만으로는 포착할 수 없는 미묘한 인간 요소와 시스템 역학을 이해하기 위해 다양한 관점을 활용한다.

- **다각적 분석**: 같은 현상을 다양한 렌즈로 바라보기
- **패턴 인식**: 표면적 증상 아래의 근본 패턴 발견하기
- **맥락 민감성**: 각 상황의 고유한 특성과 역사적 맥락 고려하기

고객 참여와 공동 진단

CoachSulting에서는 진단 과정 자체가 변화의 시작점이 된다. 고객을 단순한 정보 제공자가 아닌 공동 탐색자로 참여시켜, 문제에 대한 인식과 주인의식을 높인다.

- **공동 워크숍**: 핵심 이해관계자들이 함께하는 진단 세션 운영
- **실시간 피드백**: 수집된 데이터와 초기 발견점에 대한 상호 검증
- **반영적 대화**: 발견된 내용의 의미와 시사점에 대한 심층 대화

4.1.4 진단 단계의 결과물

현 상황 분석 보고서

다양한 정보원으로부터 수집된 데이터와 통찰을 체계적으로 정리한 분석 보고서는 다음과 같은 요소를 포함한다.

- 핵심 도전 과제와 기회 요약

- 내외부 환경 분석 (SWOT, PESTEL 등)
- 근본 원인(Root Cause) 분석 결과
- 주요 이해관계자 관점과 니즈
- 개선 영역과 레버리지 포인트

이슈 우선 순위화

모든 문제와 기회를 한 번에 다룰 수는 없으므로, 다음 기준을 고려하여 우선순위를 설정한다.

- 전략적 중요성
- 긴급성과 시간적 제약
- 실행 가능성과 자원 요구
- 잠재적 영향력과 파급 효과
- 이해관계자 관심과 지지도

공유된 이해와 합의

진단 단계의 가장 중요한 성과는 고객과 CoachSultant 사이에 형성된 공유된 이해이다. 이는 다음 단계로 나아가기 위한 탄탄한 기반이 된다.

- 현재 상황에 대한 공통된 인식
- 변화의 필요성과 방향성에 대한 합의
- 다음 단계 진행을 위한 에너지와 동기 형성
- 지속적인 협력을 위한 신뢰 관계 구축

4.2 설계와 계획 단계

4.2.1 목적과 의의
설계와 계획 단계는 진단 단계에서 얻은 인사이트를 바탕으로 변화와 개선을 위한 구체적인 로드맵을 수립하는 과정이다. 이 단계에서는 '무엇을' 달성할 것인지(목표)와 '어떻게' 달성할 것인지(방법)를 명확히 정의한다. CoachSulting 접근에서는 전문가의 지식과 경험을 제공하면서도, 고객이 주도적으로 참여하고 실행 의지를 갖도록 하는 균형이 중요하다.

4.2.1 주요 활동
목표 설정
- **비전 명확화**: 궁극적으로 달성하고자 하는 이상적인 상태 정의
- **SMART 목표 수립**: 구체적(Specific), 측정 가능(Measurable), 달성 가능(Achievable), 관련성 있는(Relevant), 기한이 있는(Time-bound) 목표 설정
- **성공 지표 정의**: 진행 상황과 최종 성과를 측정할 수 있는 핵심 지표 선정

전략적 옵션 탐색
- **다양한 접근법 생성**: 목표 달성을 위한 여러 대안과 경로 도출
- **시나리오 분석**: 각 옵션의 잠재적 결과와 영향 예측
- **위험과 기회 평가**: 각 접근법에 따른 위험 요소와 기회 요인 분석

통합적 솔루션 설계
- **맞춤형 프레임워크 개발**: 고객 상황에 최적화된 접근 방식 구성
- **시스템적 설계**: 조직의 다양한 차원(구조, 프로세스, 인력, 문화)을 고려한 통합적 해결책 마련
- **변화 관리 전략 수립**: 조직 구성원들의 적응과 수용을 촉진할 전략 설계

실행 계획 수립
- **단계별 로드맵 작성**: 장단기 목표에 따른 구체적인 실행 단계 설정
- **자원 할당 계획**: 필요한 인적, 물적, 재정적 자원의 배분 방안 마련
- **역할과 책임 정의**: 각 활동별 책임자와 관련 이해관계자 지정

- **일정과 마일스톤 설정**: 주요 단계별 기한과 점검 시점 수립

4.2.3 CoachSulting 접근법의 특징
공동 창조 프로세스
CoachSulting에서는 솔루션을 '전달'하기보다 '함께 만들어가는' 과정을 중시한다. 이를 통해 고객의 니즈와 상황에 최적화된 해결책이 도출되며, 실행에 대한 주인의식도 강화된다.
- **디자인 워크숍**: 핵심 이해관계자들이 참여하는 솔루션 설계 세션
- **프로토타이핑**: 초기 아이디어를 빠르게 구체화하고 테스트하는 접근
- **반복적 피드백**: 설계안에 대한 지속적인 검토와 개선

가능성 지향과 현실성의 균형
CoachSulting 접근에서는 이상적인 변화 비전을 추구하면서도, 현실적 제약과 실행 가능성을 균형 있게 고려한다.
- **도전적 목표 설정**: 조직의 잠재력을 최대한 끌어내는 야심찬 목표
- **단계적 접근**: 장기 비전을 달성 가능한 중간 단계로 분할
- **자원과 역량 고려**: 현재 가용한 자원과 향후 개발 가능한 역량을 고려한 계획

주인의식과 책임감 강화
설계 단계에서부터 고객의 주도적 참여와 의사결정을 촉진함으로써, 향후 실행 단계에서의 책임감과 추진력을 높인다.
- **선택권 제공**: 최종 결정은 고객이 내리도록 권한 부여
- **책임 명확화**: 각 단계별 책임자와 기대 역할의 명확한 정의
- **초기 성공 설계**: 초기에 가시적 성과를 경험할 수 있는 기회 마련

4.2.4 설계 단계의 결과물
전략적 프레임워크
- 비전과 목표 체계
- 핵심 추진 방향과 전략적 우선순위
- 성공 측정을 위한 핵심 지표(KPI)

세부 실행 계획

- 세부 활동과 과제 목록
- 일정표와 주요 마일스톤
- 자원 요구사항과 예산 계획
- 역할 분담표와 책임 매트릭스(RACI)

변화 관리 전략
- 변화에 대한 공감대 형성 방안
- 이해관계자 참여 계획
- 커뮤니케이션 전략과 메시지
- 예상 저항과 대응 방안

4.3 실행과 지원 단계

4.3.1 목적과 의의
실행과 지원 단계는 계획을 실제 행동으로 옮기고 지속적인 변화를 이끌어내는 핵심 과정이다. 많은 변화 이니셔티브가 이 단계에서 동력을 잃고 실패하기도 한다. CoachSulting 접근에서는 단순히 계획을 실행하는 것을 넘어, 실행 과정에서 학습하고 적응하며 개인과 조직의 역량을 강화하는 데 초점을 맞춘다. 효과적인 실행을 위한 구조적 지원과 심리적 지원을 균형 있게 제공하는 것이 이 단계의 특징이다.

4.3.2 주요 활동
착수와 모멘텀 구축
- **킥오프 이벤트**: 변화 여정의 시작을 공식화하고 에너지와 의지를 결집
- **초기 성공 확보**: 단기간에 가시적 성과를 창출하여 자신감과 동력 형성
- **변화 스토리 전파**: 변화의 필요성과 비전을 지속적으로 커뮤니케이션

역량 개발과 지식 전수
- **훈련과 교육**: 새로운 지식, 기술, 태도 개발을 위한 학습 기회 제공
- **코칭과 멘토링**: 개인화된 지도와 피드백을 통한 적용 지원
- **지식 공유 촉진**: 모범 사례와 학습 내용의 조직 내 확산 시스템 구축

실행 모니터링과 조정
- **진행 상황 추적**: 핵심 활동과 성과 지표의 정기적 점검
- **장애요인 식별**: 예상치 못한 문제와 도전 요소의 조기 발견
- **적응적 대응**: 상황 변화에 따른 계획과 접근법의 유연한 조정

지속적 지원과 강화
- **정기적 점검 세션**: 진행 상황 검토와 다음 단계 논의를 위한 미팅
- **성찰과 학습 촉진**: 경험으로부터 배우고 개선하는 문화 조성
- **성과 인정과 축하**: 중간 성과와 노력에 대한 인정과 동기 부여

4.3.3 CoachSulting 접근법의 특징
지시와 임파워먼트의 균형

CoachSulting 접근에서는 상황에 따라 지시적 접근과 권한 위임적 접근을 유연하게 오가며, 고객의 자율성과 역량 개발을 촉진한다.
- **상황별 리더십**: 고객의 준비도와 과제 특성에 따른 접근법 조정
- **점진적 권한 이양**: 초기에는 더 많은 지도를 제공하고 점차 고객 주도로 전환
- **의사결정 코칭**: 중요한 결정 과정에서 사고 프로세스 지원

구조적 지원과 심리적 지원의 통합

성공적인 변화 실행을 위해서는 기술적, 구조적 지원과 함께 심리적, 감정적 측면의 지원도 중요하다.
- **도구와 프레임워크 제공**: 실행을 촉진하는 구체적 방법론과 템플릿 제공
- **저항과 두려움 다루기**: 변화 과정에서 발생하는 불안과 저항에 대한 코칭
- **회복탄력성 강화**: 좌절과 실패에서 배우고 일어설 수 있는 마인드셋 개발

실시간 학습과 적응

CoachSulting은 사전 계획을 철저히 따르기보다, 실행 과정에서 얻는 통찰과 피드백을 바탕으로 지속적으로 접근법을 조정하는 적응적 프로세스를 강조한다.
- **실험적 접근**: 작은 규모로 시도하고 배우며 확장하는 방식
- **데이터 기반 의사결정**: 실시간 피드백과 데이터를 활용한 조정
- **개방적 커뮤니케이션**: 어려움과 도전에 대한 솔직한 대화 촉진

4.3.4 실행 단계의 결과물

진행 상황 보고
- 주요 활동 실행 현황
- KPI 대비 성과 측정 결과
- 주요 성공 사례와 교훈
- 현재 도전 과제와 위험 요소

역량 강화 결과
- 개발된 새로운 지식과 기술

- 강화된 팀워크와 협업 패턴
- 긍정적 행동 변화 사례
- 내재화된 프로세스와 방법론

조정된 계획과 접근법
- 경험을 통해 개선된 실행 방안
- 변화된 환경에 맞춘 우선순위 조정
- 새롭게 발견된 기회와 대응 전략

4.4 평가와 발전 단계

4.4.1 목적과 의의
평가와 발전 단계는 변화 이니셔티브의 성과를 종합적으로 검토하고, 지속 가능한 발전 방향을 모색하는 과정이다. 전통적인 컨설팅에서는 종종 프로젝트 종료와 함께 관계가 마무리되지만, CoachSulting 접근에서는 이 단계를 통해 학습을 통합하고 장기적 성장 기반을 마련하는 데 중점을 둔다. 단순한 결과 평가를 넘어, 프로세스와 역량 측면의 발전까지 포괄적으로 고려하는 것이 특징이다.

4.4.2 주요 활동
성과 평가
- **목표 달성도 측정**: 초기 설정한 목표와 KPI 대비 실제 성과 평가
- **정량적 분석**: 수치화된 성과 지표의 변화 분석
- **정성적 평가**: 이해관계자 경험과 인식 변화 조사
- **투자 대비 효과 분석**: 투입된 자원 대비 창출된 가치 평가

과정 성찰
- **핵심 성공 요인 분석**: 성과 달성에 기여한 중요 요소 식별
- **장애물과 도전 검토**: 진행 과정에서 직면한 어려움과 대응 방식 평가
- **예상치 못한 결과 탐색**: 계획되지 않았으나 발생한 긍정적/부정적 영향 확인
- **방법론 효과성 검토**: 적용된 도구와 접근법의 유용성 평가

학습 통합
- **교훈 도출**: 경험으로부터 얻은 핵심 인사이트와 교훈 정리
- **지식 체계화**: 프로젝트를 통해 습득한 지식과 경험의 구조화
- **모범 사례 확산**: 효과적이었던 방식과 접근법의 조직 내 공유
- **실패로부터의 학습**: 실패 경험을 미래 개선을 위한 자산으로 전환

지속가능성 확보
- **제도화 방안**: 효과적인 변화를 시스템과 프로세스에 내재화하는 방법
- **자생적 발전 메커니즘**: 외부 지원 없이도 지속적 개선이 일어나는 구조

마련
- **역량 강화 계획**: 미래 도전에 대응하기 위한 역량 개발 로드맵
- **장기 비전 재정립**: 달성한 성과를 바탕으로 한 새로운 목표와 비전 수립

4.4.3 CoachSulting 접근법의 특징

다차원적 평가

CoachSulting 접근에서는 가시적 성과뿐만 아니라 다양한 차원의 변화와 발전을 종합적으로 평가한다.
- **결과적 가치**: 창출된 비즈니스 가치와 목표 달성도
- **과정적 가치**: 변화 방식과 협업 패턴의 개선
- **학습적 가치**: 개인과 조직의 역량과 지식 증진
- **관계적 가치**: 이해관계자 간 신뢰와 협력 강화

성찰적 대화

CoachSulting에서 평가는 단순한 성과 측정이 아닌, 심층적 이해와 의미 발견을 위한 대화 과정이다.
- **개방형 질문**: "이 경험에서 가장 가치 있었던 것은 무엇인가요?"
- **시스템적 질문**: "이 변화가 조직의 다른 부분에 어떤 영향을 미쳤나요?"
- **미래 지향적 질문**: "이 성공을 어떻게 다음 도전에 적용할 수 있을까요?"
- **메타 학습 질문**: "우리는 변화 과정 자체에 대해 무엇을 배웠나요?"

주인의식과 자율성 강화

평가와 발전 단계에서도 고객의 자기주도성과 내재적 동기를 강화하는 데 초점을 맞춘다.
- **자기 평가 촉진**: CoachSultant의 평가보다 자체 평가를 우선시
- **인정과 축하**: 성취에 대한 진정한 인정과 축하로 자신감 강화
- **새로운 도전 설정**: 스스로 다음 발전 단계를 설정하도록 지원

4.4.4 평가 단계의 결과물

종합 평가 보고서
- 목표 대비 성과 요약

- 주요 성공 사례와 영향력 분석
- 도전 요소와 극복 과정
- 투자 대비 효과 분석

학습 자산
- 주요 교훈과 통찰 요약
- 모범 사례 컬렉션
- 도구와 템플릿 라이브러리
- 참고 사례와 경험 기록

미래 발전 로드맵
- 단기 및 중장기 발전 방향
- 후속 이니셔티브 제안
- 역량 개발 우선순위
- 지속가능한 성장 전략

4.4.5 CoachSulting 프로세스의 순환적 특성

CoachSulting 프로세스는 선형적인 단계가 아닌, 순환적이고 반복적인 특성을 가진다. 각 단계는 명확히 구분되면서도 상호 연결되어 있으며, 필요에 따라 이전 단계로 돌아가거나 미래 단계를 예비하는 유연한 접근이 가능하다.

단계 간 중첩과 반복
- **진단의 지속성**: 실행 과정에서도 지속적인 관찰과 진단이 이루어짐
- **계획의 적응성**: 새로운 발견과 상황 변화에 따른 계획의 지속적 조정
- **평가의 선제성**: 형성적 평가를 통한 진행 중 개선 및 방향 조정

프로세스 자체의 발전

CoachSulting 프로세스는 그 자체로 학습하고 발전하는 시스템이다. 각 프로젝트와 경험을 통해 방법론과 도구가 지속적으로 개선되며, CoachSultant와 고객 모두의 역량이 함께 성장한다.

프로세스 조율의 원칙

효과적인 CoachSulting을 위해서는 각 상황과 맥락에 맞게 프로세스를 맞춤화하는 것이 중요하다. 다음과 같은 원칙이 이러한 조율을 안내한다.

- **고객 중심**: 고객의 니즈, 준비도, 선호에 맞춘 접근
- **상황 적응성**: 과제의 복잡성과 긴급성에 따른 프로세스 조정
- **균형점 찾기**: 구조와 유연성, 전문성과 권한 위임 사이의 최적 균형

마무리

CoachSulting 프로세스의 네 단계-진단과 발견, 설계와 계획, 실행과 지원, 평가와 발전-는 조직과 개인의 지속가능한 변화와 성장을 위한 체계적인 틀을 제공한다. 이 프로세스의 진정한 가치는 문제 해결과 목표 달성을 넘어, 고객의 자생적 역량을 강화하고 장기적인 성공 기반을 구축하는 데 있다.

효과적인 CoachSultant는 이 프로세스를 기계적으로 적용하기보다, 각 단계의 본질적 목적을 이해하고 상황에 맞게 유연하게 활용한다. 전문가로서의 지식과 코치로서의 촉진 기술을 균형 있게 발휘하며, 고객과의 진정한 파트너십을 통해 함께 성장하는 여정을 만들어간다.

다음 장에서는 이러한 프로세스를 효과적으로 실행하기 위해 CoachSultant에게 필요한 핵심 역량에 대해 살펴보고자 한다.

5장 CoachSulting을 위한 핵심 역량
- 전문성과 통찰력
- 질문과 경청의 기술
- 맥락 이해와 시스템적 사고
- 관계 형성과 신뢰 구축

5.1 전문성과 통찰력

5.1.1 다차원적 전문성의 구축
CoachSultant에게 필요한 전문성은 단일 영역에 국한되지 않는다. 이는 크게 세 가지 차원으로 구분된다.
- **산업 및 비즈니스 지식**: CoachSultant는 고객이 속한 산업의 트렌드, 경쟁 구도, 규제 환경, 성공 요인 등에 대한 깊은 이해가 필요하다. 이러한 지식은 맥락에 맞는 해결책을 제시하고, 고객의 언어로 소통할 수 있게 한다.
- **기능적 전문성**: 리더십 개발, 조직 변화, 전략 수립, 운영 최적화 등 특정 기능 영역에서의 전문성을 의미한다. CoachSultant는 최소한 한 두 영역에서는 깊은 전문성을 보유하면서, 다른 영역에 대한 기본적 이해도 갖추어야 한다.
- **방법론적 전문성**: 다양한 코칭 및 컨설팅 방법론, 변화 관리 모델, 퍼실리테이션 기법 등에 대한 지식과 경험이다. 이는 CoachSultant가 상황에 따라 적절한 접근법을 선택하고 응용할 수 있는 기반이 된다.

5.1.2 통찰력의 개발과 적용
통찰력은 표면적인 현상 너머의 본질을 꿰뚫어 보는 능력이다. CoachSultant에게 필요한 통찰력은 다음과 같은 요소로 구성된다.
- **패턴 인식**: 복잡한 상황 속에서 반복되는 패턴과 근본 원인을 식별하는 능력이다. 이는 다양한 경험과 체계적인 분석 훈련을 통해 발전시킬 수 있다.
- **연결적 사고**: 겉보기에 별개로 보이는 요소들 사이의 연관성을 발견하는 능력이다. 서로 다른 영역의 지식을 융합하여 새로운 관점을 제시할 수 있게 한다.
- **미래 지향적 관점**: 현재의 상황에서 미래의 가능성과 잠재적 결과를 예측하는 능력이다. 이는 트렌드를 읽고 시나리오를 그려볼 수 있는 상상력과 분석력을 요구한다.

5.1.3 전문성과 통찰력의 균형

CoachSultant는 자신의 전문 지식을 과시하거나 강요하지 않으면서도, 필요한 순간에 적절히 활용할 수 있어야 한다. 이는 다음과 같은 접근을 통해 가능하다.

- **선택적 전문성 발휘**: 모든 상황에서 답을 제시하려 하기보다, 고객에게 진정한 가치를 줄 수 있는 순간에 집중적으로 전문성을 발휘한다.
- **지식의 공유와 전달**: 복잡한 개념이나 전문 지식을 고객이 이해하고 활용할 수 있는 형태로 변환하여 전달하는 능력을 개발한다.
- **지속적 학습 자세**: 자신의 전문 영역에서도 끊임없이 새로운 지식과 관점을 받아들이며, 자신의 경험과 통찰을 체계화하는 습관을 기른다.

5.2 질문과 경청의 기술

5.2.1 강력한 질문의 예술

질문은 CoachSulting의 가장 핵심적인 도구이다. 효과적인 질문은 새로운 사고와 통찰을 촉발하고, 고객이 스스로 답을 찾아가는 과정을 지원한다.

질문의 유형과 목적

- **개방형 질문**: "어떻게", "무엇이", "왜"로 시작하는 질문으로, 깊은 사고와 다양한 가능성을 탐색하도록 유도한다.
- **명확화 질문**: 모호한 개념이나 가정을 명확히 하여 공통된 이해를 형성한다.
- **도전적 질문**: 기존의 사고방식이나 가정에 도전하여 새로운 관점을 열어준다.
- **확장형 질문**: 현재의 생각을 더 넓고 깊게 발전시키도록 격려한다.
- **행동 지향적 질문**: 구체적인 행동과 실천 방안으로 연결되도록 한다.

상황에 맞는 질문 설계

CoachSultant는 각 단계와 목적에 맞는 질문을 준비하고 활용할 수 있어야 한다. 예를 들어:

- **탐색 단계:** "이 문제의 가장 중요한 측면은 무엇입니까?"
- **통찰 단계:** "이런 패턴이 반복되는 근본 원인은 무엇일까요?"
- **선택 단계:** "여러 대안들 중에서 가장 큰 영향력을 가질 수 있는 것은 무엇입니까?"
- **행동 단계:** "첫 번째 구체적인 단계는 무엇이 될 수 있을까요?"

5.2.2 적극적 경청의 깊이

경청은 단순히 말을 듣는 것 이상의 기술이다. CoachSultant는 다음과 같은 차원의 경청 능력을 개발해야 한다.

- **전체적 경청**: 언어적 내용뿐만 아니라 비언어적 신호, 감정적 뉘앙스, 말하지 않는 것까지 포착한다. 이는 목소리의 톤, 얼굴 표정, 몸짓 등을 민감하게 관찰하는 능력을 포함한다.
- **공감적 경청**: 상대방의 관점과 감정을 판단 없이 이해하려는 태도이다.

이는 자신의 선입견과 해석을 일시적으로 보류하고, 상대방의 세계를 그들의 시각에서 경험하려는 노력이다.
- **전략적 경청**: 중요한 정보와 핵심 메시지를 식별하고, 패턴과 모순을 발견하며, 다음 질문으로 연결할 수 있는 포인트를 찾아낸다.

5.2.3 질문과 경청의 통합

질문과 경청은 서로 분리된 기술이 아닌, 유기적으로 연결된 순환 과정이다.
- **반응적 질문과 준비된 질문의 균형**: 사전에 준비한 질문과 상대방의 응답에 기반한 즉각적인 질문을 적절히 조합한다.
- **경청을 통한 질문의 심화**: 상대방의 답변을 깊이 경청함으로써, 더 의미 있고 통찰력 있는 후속 질문을 발전시킬 수 있다.
- **침묵의 활용**: 질문 후 충분한 침묵을 허용하여 상대방이 생각을 정리하고 깊은 답변을 할 수 있는 공간을 제공한다.

5.3 맥락 이해와 시스템적 사고

5.3.1 맥락의 다층적 이해
CoachSulting은 진공 상태에서 이루어지지 않는다. 효과적인 CoachSultant는 고객과 그들의 상황을 둘러싼 다양한 맥락을 이해해야 한다.
- **외부 환경 맥락**: 산업 트렌드, 경쟁 상황, 규제 환경, 기술 변화, 사회경제적 요인 등 고객을 둘러싼 거시적 환경을 이해한다.
- **조직적 맥락**: 조직 구조, 문화, 역사, 권력 역학, 의사결정 프로세스, 성과 측정 시스템 등 조직 내부의 특성과 패턴을 파악한다.
- **개인적 맥락**: 고객의 역할, 책임, 경력 배경, 개인적 스타일, 가치관, 동기 요인 등을 이해한다.
- **문화적 맥락**: 고객의 국가적, 지역적, 전문적 문화 배경과 그에 따른 행동 규범과 소통 방식을 고려한다.

5.3.2 시스템적 사고의 적용
시스템적 사고는 개별 요소들 간의 상호 연결성과 전체로서의 패턴을 인식하는 접근법이다. CoachSulting에서 이는 다음과 같이 적용된다.
- **상호 연결성 인식**: 한 영역의 변화가 다른 영역에 미치는 영향과 피드백 루프를 파악한다. 예를 들어, 리더십 스타일의 변화가 팀 역학, 의사결정 방식, 고객 관계 등에 미치는 연쇄적 영향을 예측한다.
- **근본 원인과 레버리지 포인트 식별**: 표면적인 증상이 아닌 근본적인 원인을 찾고, 최소한의 노력으로 최대한의 긍정적 변화를 일으킬 수 있는 개입 지점을 식별한다.
- **의도하지 않은 결과 예측**: 특정 행동이나 변화가 가져올 수 있는 2차, 3차적 영향과 잠재적 부작용을 미리 고려한다.
- **경계의 인식**: 시스템의 경계가 어디까지인지, 그리고 이 경계를 넘어서는 요소들과의 상호작용은 어떠한지 파악한다.

5.3.3 맥락 지능의 개발
맥락 지능(Contextual Intelligence)은 다양한 상황과 환경에 맞게 자신의 접근법을 적응시키는 능력이다.
- **맥락 매핑**: 고객의 상황을 다양한 측면에서 체계적으로 분석하고 시각화하는 도구와 프레임워크를 활용한다.
- **다중 관점 취하기**: 동일한 상황을 다양한 이해관계자의 관점에서 바라보고, 각각의 시각에서 의미하는 바를 이해한다.
- **맥락 기반 개입 설계**: 획일적인 솔루션이 아닌, 특정 맥락에 맞춤화된 접근법과 도구를 개발하고 적용한다.

5.4 관계 형성과 신뢰 구축

5.4.1 신뢰의 다차원적 구성요소
CoachSulting의 효과는 고객과의 신뢰 관계에 기반한다. 이러한 신뢰는 여러 차원으로 구성된다.
- **역량에 대한 신뢰**: CoachSultant의 전문성, 지식, 경험, 판단력에 대한 고객의 확신이다. 이는 관련 자격, 성공 사례, 통찰력 있는 관찰과 제안을 통해 형성된다.
- **인격에 대한 신뢰**: CoachSultant의 진정성, 정직성, 일관성, 윤리적 기준에 대한 신뢰이다. 이는 약속 이행, 일관된 행동, 솔직한 소통을 통해 구축된다.
- **의도에 대한 신뢰**: CoachSultant가 고객의 최선의 이익을 위해 행동한다는 믿음이다. 이는 이해 충돌 관리, 개인적 의제 없는 객관성, 고객의 성공에 대한 진정한 관심을 통해 형성된다.
- **과정에 대한 신뢰**: CoachSultant가 제안하는 접근법과 프로세스가 효과적일 것이라는 확신이다. 이는 명확한 방법론 설명, 단계별 진전의 가시화, 초기 성공 경험 제공을 통해 구축된다.

5.4.2 신뢰 구축을 위한 실천 전략
신뢰는 시간과 일관된 행동을 통해 형성된다. 다음과 같은 구체적 전략이 효과적이다.
- **명확한 기대 설정**: CoachSulting 관계의 시작부터 역할, 책임, 프로세스, 성과 측정 방식 등에 대해 투명하게 소통한다.
- **경계의 존중**: 전문적 관계의 경계를 명확히 하고 존중하며, 비밀 유지와 정보 보호에 철저함을 보인다.
- **취약성의 적절한 공유**: 모든 답을 알고 있는 척하지 않고, 적절한 순간에 자신의 불확실성이나 지식의 한계를 인정할 수 있는 용기를 가진다.
- **일관된 전문성 발휘**: 모든 상호작용에서 높은 수준의 준비성, 집중력, 통찰력을 일관되게 유지한다.
- **결과에 대한 책임감**: 약속한 바를 반드시 이행하고, 예상치 못한 상황이

발생할 경우 솔직하게 소통하며 대안을 제시한다.

5.4.3 다양한 관계 유형과 역할 관리

CoachSulting은 다양한 형태의 관계와 역할을 포함할 수 있으며, 이를 효과적으로 관리하는 능력이 필요하다.

- **역할 명확화**: 상황에 따라 코치, 컨설턴트, 멘토, 퍼실리테이터 등 다양한 역할을 오가며, 각 역할의 경계와 전환점을 명확히 한다.
- **권력 역학 관리**: 전문가로서의 권위와 동등한 파트너십 사이의 균형을 찾고, 고객의 자율성과 주도권을 존중한다.
- **다중 이해관계자 관계 조율**: 개인 코칭 대상자, 후원자(예: HR 또는 상급 관리자), 팀 구성원 등 다양한 이해관계자와의 관계를 동시에 관리한다.

5.4.4 핵심역량의 통합적 개발

CoachSulting의 네 가지 핵심 역량-전문성과 통찰력, 질문과 경청의 기술, 맥락 이해와 시스템적 사고, 관계 형성과 신뢰 구축-은 서로 분리된 것이 아니라 유기적으로 연결되어 있다. 이들을 통합적으로 개발하기 위한 접근법은 다음과 같다.

지속적인 학습과 성찰

CoachSultant는 평생 학습자의 자세로 다음과 같은 활동을 통해 역량을 지속적으로 발전시킨다.

- **다학제적 학습**: 비즈니스, 심리학, 조직 개발, 시스템 이론 등 다양한 분야의 지식을 습득하여 통합적 관점을 형성한다.
- **실천적 성찰**: 자신의 CoachSulting 경험을 체계적으로 성찰하고, 성공과 실패로부터 배우는 습관을 기른다.
- **슈퍼비전과 피어 학습**: 경험 있는 CoachSultant의 지도를 받거나, 동료들과의 사례 공유와 피드백 교환을 통해 성장한다.

실제 상황에서의 적용과 실험

역량 개발은 실제 현장에서의 적용과 실험을 통해 가속화된다.
- **점진적 도전**: 익숙한 상황에서 시작하여 점차 더 복잡하고 도전적인 CoachSulting 기회로 확장한다.
- **의식적 실험**: 새로운 접근법, 도구, 질문 기법 등을 계획적으로 시도하고 그 효과를 평가한다.
- **피드백 루프 구축**: 고객으로부터 정기적인 피드백을 수집하고, 이를 자신의 실천에 반영한다.

개인적 역량 프로필 개발
모든 CoachSultant는 자신만의 독특한 역량 프로필을 가지게 된다.
- **강점의 레버리지**: 자신의 고유한 강점과 경험을 최대한 활용하는 방식으로 CoachSulting 접근법을 개발한다.
- **개발 영역의 인식**: 자신의 한계와 개발이 필요한 영역을 명확히 인식하고, 이를 보완하기 위한 계획을 수립한다.
- **진정성 있는 스타일 구축**: 일반적인 모범 사례를 맹목적으로 따르기보다, 자신의 개성과 가치관에 맞는 진정성 있는 CoachSulting 스타일을 발전시킨다.

마무리
CoachSulting을 위한 네 가지 핵심 역량-전문성과 통찰력, 질문과 경청의 기술, 맥락 이해와 시스템적 사고, 관계 형성과 신뢰 구축-은 효과적인 CoachSultant가 되기 위한 필수적인 기반이다. 이러한 역량들은 개별적으로 발전시키는 동시에, 통합적으로 적용할 수 있어야 한다.
CoachSulting의 여정에서 이러한 역량 개발은 끝이 없는 과정이다. 진정한 마스터리는 지속적인 학습, 실천, 성찰의 순환을 통해 이루어지며, 이 과정에서 CoachSultant 자신도 성장하고 변화한다.

다음 장에서는 이러한 핵심 역량을 바탕으로, 코칭적 접근과 컨설팅적 접근 사이의 균형을 어떻게 효과적으로 찾아갈 수 있는지 살펴보고자 한다.

6장 코칭적 접근과 컨설팅적 접근의 균형

- 상황별 최적의 접근법 선택
- 자문 모드와 질문 모드의 전환
- 권위와 동등성 사이의 균형
- CoachSulting에서의 균형점 유지하기: 통합적 접근

6.1 상황별 최적의 접근법 선택

CoachSulting의 핵심은 각 상황에 가장 적합한 접근법을 유연하게 선택하고 적용하는 능력에 있다. 코칭적 접근과 컨설팅적 접근 사이의 스펙트럼에서 효과적인 위치를 찾는 것은 CoachSultant의 가장 중요한 역량 중 하나이다.

6.1.1 상황 진단의 프레임워크

효과적인 접근법 선택을 위해서는 먼저 상황을 정확히 진단해야 한다. 다음과 같은 요소들을 고려하여 각 상황을 분석할 수 있다.

문제의 성격

- **기술적 문제**: 명확한 해결책이 존재하고 전문지식이 필요한 문제는 컨설팅적 접근이 효과적이다.
- **적응적 문제**: 가치관, 태도, 행동 패턴의 변화가 필요한 복잡한 문제는 코칭적 접근이 더 효과적이다.

고객의 준비도

- **지식과 경험 수준**: 해당 영역에서 고객의 전문성이 낮을수록 컨설팅적 접근이 필요할 수 있다.
- **자기인식 수준**: 자기인식이 높고 성찰 능력이 발달한 고객은 코칭적 접근에 더 잘 반응한다.
- **심리적 준비도**: 변화에 대한 의지와 수용성이 높을수록 코칭적 접근이 효과적이다.

시간적 제약

- **긴급한 상황**: 즉각적인 해결책이 필요한 위기 상황에서는 컨설팅적 접근이 더 적합한다.
- **중장기적 변화**: 지속가능한 변화와 역량 개발이 목표라면 코칭적 접근이 효과적이다.

조직 맥락

- **조직 문화**: 위계적이고 지시적인 문화에서는 컨설팅적 접근이, 참여적이고 자율적인 문화에서는 코칭적 접근이 더 수용되기 쉽다.

- **리더십 스타일**: 고객의 리더십 스타일과 일치하는 접근법을 선택하거나, 의도적으로 다른 접근을 통해 새로운 관점을 제공할 수 있다.

6.1.2 상황별 접근법 매트릭스

다음 매트릭스는 다양한 상황에서 코칭적 접근과 컨설팅적 접근 중 어떤 것이 더 효과적인지 판단하는 데 도움이 된다.

상황	코칭적 접근 우세	균형적 접근	컨설팅적 접근 우세
역량 개발	개인의 자기인식과 행동 변화	새로운 역할 적응	기술적 지식 전수
문제 해결	반복적 패턴의 문제	복합적 원인의 문제	명확한 기술적 문제
의사결정	가치관과 우선순위 관련	복잡한 전략적 결정	고도의 전문성 요구
변화 관리	문화적 변화, 저항 관리	새로운 이니셔티브 도입	구조적 재편, 위기 대응
리더십 개발	자기인식, 관계 역량	리더십 스타일 발전	리더십 프레임워크 학습

6.1.3 접근법 전환의 신호 인식

CoachSultant는 상호작용 과정에서 접근법을 전환해야 할 신호를 민감하게 포착할 수 있어야 한다.

코칭에서 컨설팅으로 전환해야 할 신호

- 고객이 반복적으로 구체적인 조언을 요청할 때
- 질문만으로는 진전이 없고 좌절감이 증가할 때
- 고객이 해당 영역에 대한 기본 지식이 부족함이 드러날 때
- 시간 제약으로 인해 빠른 해결책이 필요할 때

컨설팅에서 코칭으로 전환해야 할 신호

- 고객이 제안에 지속적으로 저항하거나 이유를 찾을 때
- 유사한 문제가 반복적으로 발생함을 알게 될 때
- 기술적 해결책만으로는 충분하지 않은 심층적 이슈가 드러날 때
- 고객의 주인의식과 내적 동기 부여가 필요할 때

6.1.4 상황별 접근법 선택의 실제 사례

사례 1: 영업 성과 향상
- 초기에는 영업 프로세스와 기법에 대한 컨설팅적 접근(교육, 모범 사례 제시)
- 중기에는 균형적 접근(영업 관리자의 코칭 스킬 개발)
- 장기적으로 코칭적 접근(영업팀의 자기주도적 학습 문화 형성)

사례 2: 리더십 전환
- 초기에는 새 역할에 대한 컨설팅적 접근(기대치, 책임 명확화)
- 실행 단계에서는 균형적 접근(상황별 리더십 적용)
- 정착 단계에서는 코칭적 접근(개인 리더십 스타일 발전)

6.2 자문 모드와 질문 모드의 전환

CoachSulting의 효과는 자문 모드(Telling)와 질문 모드(Asking) 사이를 적절히 오가는 능력에 달려 있다. 이 두 모드는 대립적이 아닌 상호보완적이며, 숙련된 CoachSultant는 이 둘 사이를 유연하게 전환할 수 있어야 한다.

6.2.1 자문 모드와 질문 모드의 이해
자문 모드(Telling Mode)의 특징
- 전문 지식과 경험을 직접 공유한다.
- 명확한 방향과 해결책을 제시한다.
- 정보를 전달하고 교육한다.
- 모범 사례와 프레임워크를 소개한다.
- "~해야 합니다", "~하는 것이 좋습니다"와 같은 표현을 사용한다.

질문 모드(Asking Mode)의 특징
- 강력한 질문을 통해 성찰을 촉진한다.
- 고객의 내적 지혜와 통찰을 끌어낸다.
- 경청과 공감을 중심으로 한다.
- 자기인식과 주인의식을 강화한다.
- "어떻게 생각하십니까?", "무엇이 가장 중요합니까?"와 같은 표현을 사용한다.

6.2.2 효과적인 모드 전환의 기술
명시적 전환: 모드 전환을 명확히 알려 고객의 혼란을 방지한다.
- "지금부터 제 경험에서 나온 몇 가지 제안을 드리겠습니다."
- "이 부분에 대해 좀 더 깊이 생각해볼 수 있는 질문을 드리고 싶습니다."

전환의 타이밍: 다음과 같은 상황에서 전환을 고려한다.
- 한 모드에서 진전이 더뎌질 때
- 고객의 에너지나 참여도가 변할 때

- 대화의 깊이나 방향이 변화해야 할 때
- 새로운 주제나 영역으로 이동할 때

균형 유지: 세션 내에서 두 모드 사이의 전체적인 균형을 고려한다.
- 초기에는 보통 질문 모드가 우세하여 상황을 탐색한다.
- 중반부에는 두 모드를 균형 있게 활용하여 깊이 있는 이해와 방향성을 형성한다.
- 마무리 단계에서는 실행 계획을 위해 자문 모드가 증가할 수 있다.

6.2.3 전환을 위한 브릿징 테크닉

두 모드 사이의 자연스러운 전환을 위한 다리 역할을 하는 테크닉들이다.

자문에서 질문으로:
- **제안 후 탐색**: "이러한 접근법이 귀하의 상황에서 어떻게 적용될 수 있을까요?"
- **선택권 제공**: "제가 세 가지 방법을 제안했는데, 어떤 것이 가장 적합해 보이시나요?"
- **개인화 촉진**: "이 프레임워크 중 어떤 부분이 가장 큰 도전이 될 것 같습니까?"

질문에서 자문으로:
- **허락 구하기**: "제가 이 상황에서 경험한 바를 공유해도 될까요?"
- **맥락 설명**: "귀하의 답변을 듣고 보니, 도움이 될 만한 모델이 생각납니다."
- **가설 제시**: "지금까지의 대화를 바탕으로, 다음과 같은 접근이 효과적일 수 있겠습니다."

6.2.4 모드 혼합의 고급 기술

가장 숙련된 CoachSultant는 두 모드를 명확히 구분하기보다 유기적으로 혼합하는 경우가 많다.

안내된 발견(Guided Discovery)

질문을 통해 특정 방향으로 사고를 유도하되, 고객이 스스로 답을 찾도록 한다.

- "팀 내 의사소통 패턴을 생각해볼 때, 어떤 상황에서 가장 효과적인 대화가 이루어졌나요?"

반영적 자문(Reflective Advice)

제안을 하되 고객의 상황과 관점에 맞게 맞춤화하고 성찰을 촉진한다.

- "많은 조직이 이런 상황에서 애자일 방법론을 도입했습니다. 귀하의 팀 문화를 고려할 때, 어떤 요소들이 특히 중요할까요?"

컨텍스트 기반 교육(Context-Based Education)

고객의 실제 상황과 연결하여 개념이나 모델을 설명한다.

- "방금 설명하신 의사결정 과정은 '시스템 1, 시스템 2' 사고와 관련이 있다. 이 개념이 어떻게 귀하의 리더십 스타일에 영향을 미치는지 탐색해볼까요?"

6.3 권위와 동등성 사이의 균형

CoachSulting에서 가장 미묘하고 중요한 균형점 중 하나는 전문가로서의 권위와 협력자로서의 동등한 관계 사이의 균형이다. 이 균형은 CoachSultant와 고객 간의 신뢰와 효과적인 협력의 기반이 된다.

6.3.1 권위와 동등성의 역학 이해
권위(Authority)의 요소
- 전문성과 지식
- 경험과 통찰
- 명확한 방향 제시
- 확신과 결단력
- 구조와 프레임워크 제공

동등성(Partnership)의 요소
- 상호 존중과 신뢰
- 공동 탐색과 창조
- 고객의 자율성 인정
- 열린 대화와 투명성
- 공동 책임

6.3.2 권위-동등성 매트릭스
CoachSulting 관계에서 권위와 동등성의 수준에 따라 네 가지 유형의 관계가 형성될 수 있다.

전문가 모드(높은 권위, 낮은 동등성)
- **특징:** 지시적, 해결책 중심, 전문지식 기반
- **적합한 상황:** 위기, 초보자 고객, 기술적 문제
- **위험:** 의존성 창출, 주인의식 부족

촉진자 모드(낮은 권위, 높은 동등성)
- **특징:** 고객 주도, 질문 중심, 프로세스 촉진
- **적합한 상황:** 자기주도적 고객, 가치 기반 결정, 팀 역동성

- **위험:** 방향성 부족, 가치 추가 인식 저하

방관자 모드(낮은 권위, 낮은 동등성)
- **특징:** 소극적, 비개입적, 명확한 역할 부재
- **결과:** 진전 부족, 불확실성, 시간 낭비
- *이 모드는 항상 피해야 함*

파트너 모드(적절한 권위, 높은 동등성)
- **특징:** 상황에 맞게 전문성 발휘, 공동 탐색, 명확한 계약
- **결과:** 지속가능한 변화, 역량 개발, 상호 학습
- *CoachSulting의 이상적 모드*

6.3.3 상황별 권위 수준 조정

효과적인 CoachSultant는 상황에 따라 권위 수준을 의식적으로 조정한다.

권위를 높이는 상황
- 고객이 명확한 방향이나 답변을 요청할 때
- 고객의 안전이나 중요한 결과가 위험에 처했을 때
- 고객이 해당 영역에서 초보자일 때
- 시간적 제약이 심각할 때

권위를 낮추는 상황
- 고객의 주인의식과 참여가 중요할 때
- 창의적인 해결책이나 혁신이 필요할 때
- 여러 관점이나 대안을 탐색해야 할 때
- 고객의 내재적 동기 부여가 핵심일 때

6.3.4 권위와 동등성의 균형을 위한 실천 전략

명확한 계약 설정
- 역할과 책임에 대한 명시적 합의
- 의사결정 방식에 대한 합의 (누가, 어떻게)
- 기대치와 경계의 명확화
- 정기적인 계약 검토와 조정

권위의 투명한 사용

- 자신의 전문성과 한계 모두를 명확히 인정
- 조언이나 제안의 근거 공유
- "내 생각에는"과 같은 개인적 프레임 사용
- 자신의 관점이 하나의 가능성임을 인정

관계의 공동 책임 강조
- 고객의 선택과 결정권 존중
- 프로세스와 방향에 대한 정기적인 피드백 요청
- 고객의 전문성과 통찰을 인정하고 활용
- 공동 학습의 여정으로 관계 재구성

문화적 맥락의 고려
- 권위와 위계에 대한 문화적 기대치 인식
- 관계 형성 방식의 문화적 차이 존중
- 의사소통 방식과 피드백에 대한 문화적 선호도 파악
- 문화적 맥락에 맞게 접근법 조정

6.3.5 신뢰 형성을 통한 균형 달성

궁극적으로 권위와 동등성의 균형은 깊은 신뢰 관계에서 자연스럽게 달성된다.

능력 신뢰(Competence Trust)
- 전문성과 경험 증명
- 일관된 가치 제공
- 약속 이행
- 지식과 최신 트렌드 유지

인격 신뢰(Character Trust)
- 진정성과 투명성
- 고객의 최선의 이익 추구
- 윤리적 경계 유지
- 비 판단적 태도

관계 신뢰(Relationship Trust)
- 경청과 존중

- 공감과 이해
- 개방성과 취약성
- 갈등과 피드백의 건설적 관리

6.4 CoachSulting에서의 균형점 유지하기: 통합적 접근

CoachSulting의 핵심은 단지 코칭과 컨설팅을 번갈아 사용하는 것이 아니라, 두 접근법의 요소들을 상황에 맞게 유기적으로 통합하는 것이다. 이는 단순한 기술이 아닌 지속적인 학습과 성찰이 필요한 예술에 가깝다.

6.4.1 균형 유지를 위한 자기인식
CoachSultant는 자신의 기본 성향과 선호도를 인식해야 한다.
- 자신이 더 편안하게 느끼는 접근법은 무엇인가?
- 스트레스 상황에서 어떤 모드로 기본 회귀하는가?
- 자신의 배경과 훈련이 어떤 편향을 만들어내는가?
- 권위와 관련된 자신의 불편함이나 과도한 편안함이 있는가?

6.4.2 지속적인 반성과 조정
효과적인 균형을 위한 성찰 실천
- **세션 전:** 의도적인 접근법 계획
- **세션 중:** 현재 상호작용의 효과성 모니터링
- **세션 후:** 결과와 프로세스에 대한 평가
- **정기적:** 자신의 패턴과 발전 영역 파악

6.4.3 균형 잡힌 CoachSulting의 사례
사례 연구: 조직 변화 프로젝트
초기 단계
- **컨설팅적 요소:** 변화 관리 모델 소개, 데이터 기반 진단
- **코칭적 요소:** 리더의 변화 비전과 개인적 동기 탐색
- **균형점:** 전문적 프레임워크를 제공하면서 동시에 개인화를 위한 질문

실행 단계
- **컨설팅적 요소:** 구체적인 실행 계획, 모범 사례 공유
- **코칭적 요소:** 저항 관리, 리더의 감정적 회복력 지원
- **균형점:** 구조화된 접근법 내에서 적응적 리더십 개발

정착 단계
- **컨설팅적 요소:** 성과 측정, 프로세스 최적화
- **코칭적 요소:** 지속가능한 문화 형성, 학습 조직 발전
- **균형점:** 단기 성과와 장기적 역량 개발의 통합

6.4.4 균형의 예술로서의 CoachSulting

CoachSulting에서의 진정한 균형은 두 접근법을 기계적으로 배합하는 것이 아니라, 다음과 같은 더 높은 수준의 통합을 지향한다.
- **맥락적 유연성**: 상황의 복잡성과 다양한 요소들을 인식하고 그에 맞게 접근법을 조정한다.
- **통합적 존재감**: 코치와 컨설턴트의 역할을 오가는 것이 아니라, 두 관점을 동시에 체화한 고유한 존재감을 발휘한다.
- **변혁적 대화**: 질문과 조언, 도전과 지원, 구조와 유연성이 자연스럽게 흐르는 대화를 통해 새로운 가능성을 창출한다.
- **시스템적 관점**: 개인, 팀, 조직, 환경의 다층적 맥락을 이해하고 다양한 수준에서 동시에 작업한다.
- **지속적 학습**: 각 경험을 통해 자신의 접근법을 지속적으로 세련화하고 발전시키는 학습 자세를 유지한다.

6.5 핵심 요약

- **상황 인식이 핵심이다**

코칭적 접근과 컨설팅적 접근 중 어떤 것이 더 효과적일지는 문제의 성격, 고객의 준비도, 시간적 제약, 조직 맥락 등 다양한 요소에 따라 달라진다.

- **전환의 기술을 개발하라**

자문 모드와 질문 모드 사이를 유연하게 오가는 능력은 CoachSulting의 핵심 역량이다. 명시적 전환, 적절한 타이밍, 브릿징 테크닉을 통해 이 기술을 향상시킬 수 있다.

- **권위와 동등성을 균형 있게 관리하라**

전문가로서의 권위와 협력자로서의 동등한 관계 사이의 균형은 효과적인 CoachSulting 관계의 토대이다. 이상적인 '파트너 모드'를 지향하되, 상황에

따라 권위 수준을 조정할 수 있어야 한다.
- **자기인식과 지속적 성찰을 실천하라**

자신의 선호도와 편향을 인식하고, 각 상호작용 전후와 도중에 의식적인 성찰을 통해 접근법을 지속적으로 조정해 나가야 한다.

- **균형은 기술을 넘어 예술이다**

궁극적으로 코칭과 컨설팅의 균형은 단순한 기술적 조합이 아닌, 맥락적 유연성, 통합적 존재감, 변혁적 대화, 시스템적 관점, 지속적 학습을 통합한 예술적 실천이다.

CoachSulting의 여정에서 '올바른' 균형점은 고정된 것이 아니라, 각 상황, 각 고객, 각 순간에 맞게 계속해서 재발견되는 것임을 기억하라.

제3부
CoachSulting의 실무 적용

7장 조직 변화를 위한 CoachSulting

- 변화 관리와 CoachSulting
- 리더십 개발과 팀 역량 강화
- 조직 문화 변화와 인재 육성
- 조직 변화를 위한 CoachSulting 실행 원칙
- CoachSulting 도구 및 기법

7.1 변화 관리와 CoachSulting

7.1.1 전통적 변화 관리의 한계

오늘날 많은 조직들이 직면하는 변화 이니셔티브의 실패율은 약 70%에 달한다. 이러한 높은 실패율의 주요 원인은 변화 관리가 여전히 하향식(Top-Down) 접근법에 의존하고 있기 때문이다. 전통적인 변화 관리 모델은 다음과 같은 한계를 보여왔다.

- **저항에 대한 피상적 대응**: 변화에 대한 구성원들의 저항을 '극복해야 할 장애물'로만 인식하여 그 근본 원인을 충분히 탐색하지 않는다.
- **과도한 전문가 의존성**: 외부 전문가가 제시한 변화 방안이 조직 내부에 내재화되지 못하고 일시적 개선에 그치는 경우가 많다.
- **실행 격차(Execution Gap)**: 훌륭한 변화 계획이 수립되어도 실질적인 행동과 일상적 업무 관행으로 이어지지 않는 현상이 빈번하다.
- **맥락 무시**: 조직의 고유한 문화와 상황적 맥락을 충분히 고려하지 않은 표준화된 해결책은 실제 환경에서 작동하지 않는다.

7.1.2 CoachSulting 기반 변화 관리의 새로운 패러다임

CoachSulting은 변화 관리에 새로운 접근법을 제시한다. 이는 컨설팅의 구조적 방법론과 코칭의 인간 중심적 접근을 결합하여 다음과 같은 핵심 원칙을 따른다.

- **공동 창조(Co-creation)**: 변화의 방향과 방법을 외부 전문가와 내부 구성원이 함께 설계한다.
- **맥락적 적응(Contextual Adaptation)**: 표준화된 모델을 그대로 적용하기보다 조직의 고유한 상황에 맞게 변형시킨다.
- **시스템적 접근(Systemic Approach)**: 조직을 상호연결된 시스템으로 바라보고, 변화가 미치는 다양한 영향을 통합적으로 고려한다.
- **역량 내재화(Capability Internalization)**: 변화를 추진하는 과정에서 조직 자체의 변화 관리 역량을 강화한다.

7.1.3 CoachSulting 기반 변화 관리 프로세스

1) 진단과 발견 단계

- **컨설팅적 요소:** 데이터 기반 분석, 벤치마킹, 갭 분석
- **코칭적 요소:** 감정적 준비도 평가, 스토리텔링 인터뷰, 감정 저항점 발견
- **통합적 접근:** 정량적 데이터와 정성적 통찰을 결합한 '전체 시스템 진단'

2) 변화 설계 단계
- **컨설팅적 요소:** 로드맵 개발, 구조적 개입 설계, 핵심성과지표(KPI) 설정
- **코칭적 요소:** 참여적 비전 구축, 변화 주인의식 고취, 심리적 안전감 조성
- **통합적 접근:** '적응적 설계' 방식으로 진행 상황에 따라 계획을 유연하게 조정

3) 실행과 내재화 단계
- **컨설팅적 요소:** 프로젝트 관리, 이정표 모니터링, 위험 관리
- **코칭적 요소:** 변화 리더 코칭, 성공 사례 축하, 장애물 대화
- **통합적 접근:** '행동 실험'을 통한 학습과 실행의 연속적 순환

4) 평가와 지속 단계
- 컨설팅적 요소: 결과 측정, ROI 분석, 프로세스 최적화
- 코칭적 요소: 성찰적 학습, 적응력 강화, 자율적 개선 문화
- 통합적 접근: '살아있는 시스템' 관점에서 지속적 진화 촉진

7.1.4 변화 저항 다루기: CoachSulting 접근법

변화에 대한 저항은 자연스러운 현상이며, 건강한 조직 내에서는 오히려 중요한 피드백으로 간주될 수 있다. CoachSulting은 저항을 다음과 같이 접근한다.

- **저항을 데이터로 활용**: 저항의 원인과 패턴을 분석하여 변화 전략을 재조정한다.
- **대화의 공간 창출**: 안전한 환경에서 우려사항을 표현할 수 있는 대화의 장을 마련한다.
- **개인화된 전환 지원**: 각 개인과 팀이 변화 과정에서 경험하는 고유한 도전에 맞춘 지원을 제공한다.
- **역설적 접근**: 때로는 저항을 정면으로 다루기보다 저항 에너지를 변화의 동력으로 전환한다.

7.1.5 사례 연구: C 기업의 디지털 전환

C 기업은 디지털 전환을 추진하면서 처음에는 전통적인 컨설팅 접근법을 통해 최신 기술 도입에 초점을 맞추었으나 직원들의 적응과 활용도가 낮아 어려움을 겪었다. CoachSulting 접근법을 도입한 후 다음과 같은 변화가 일어났다.

- 기술 전문가(컨설턴트)와 변화 촉진자(코치)가 통합 팀으로 함께 활동
- 디지털 도구를 일상 업무에 통합하는 개인화된 학습 여정 설계
- '디지털 챔피언' 양성을 통한 내부 변화 주도 역량 강화
- 지속적인 피드백과 실험을 통한 적응적 구현

결과적으로 기술 도입율이 85%로 증가하고, 직원 참여도가 63% 향상되었으며, 새로운 디지털 이니셔티브가 내부에서 자발적으로 시작되는 문화적 변화를 이끌어냈다.

7.2 리더십 개발과 팀 역량 강화

7.2.1 변화 시대의 리더십 재정의
급변하는 비즈니스 환경에서 리더십의 본질은 '모든 답을 아는 사람'에서 '적절한 질문을 던지고 집단지성을 활용하는 사람'으로 변화하고 있다. CoachSulting은 이러한 새로운 리더십 패러다임을 다음과 같이 정의한다.

- **적응적 리더십(Adaptive Leadership)**: 불확실성 속에서 유연하게 대응하며 학습하는 리더십
- **촉진적 리더십(Facilitative Leadership)**: 지시보다는 질문과 경청을 통해 팀의 잠재력을 끌어내는 리더십
- **시스템적 리더십(Systemic Leadership)**: 복잡한 관계와 패턴을 인식하고 전체 시스템에 영향을 주는 리더십
- **진정성 리더십(Authentic Leadership)**: 자기인식과 진실성을 바탕으로 신뢰를 구축하는 리더십

7.2.2 CoachSulting 기반 리더십 개발 접근법
전통적인 리더십 교육이 강의실 중심의 지식 전달에 초점을 맞추었다면, CoachSulting 기반 리더십 개발은 다음과 같은 통합적 접근을 취한다.

1) 자기인식 강화
- **컨설팅적 요소:** 성격 유형 분석, 360도 피드백, 리더십 스타일 진단
- **코칭적 요소:** 가치관 탐색, 블라인드 스팟 발견, 자기성찰 질문
- **통합적 접근:** 실시간 피드백과 성찰을 결합한 '행동 미러링'

2) 리더십 행동 변화
- **컨설팅적 요소:** 모범 사례 공유, 행동 변화 계획, 측정 가능한 목표 설정
- **코칭적 요소:** 실험적 시도 격려, 실패로부터의 학습, 개인화된 성장 계획
- **통합적 접근:** '미시적 실천'을 통한 점진적이고 지속가능한 행동 변화

3) 맥락적 리더십 적용
- **컨설팅적 요소:** 상황별 리더십 프레임워크, 환경 분석, 전략적 사고
- **코칭적 요소:** 직관 개발, 복잡성 속 판단력, 불확실성 수용

- **통합적 접근:** 실제 비즈니스 도전 과제를 '학습 실험실'로 활용

7.2.3 팀 역량 강화를 위한 CoachSulting

고성과팀 구축은 개별 구성원의 기술 향상만으로는 달성할 수 없다. CoachSulting은 팀 역량 강화를 위해 다음과 같은 접근법을 제시한다.

1) 팀 정체성과 목적 구축
- **컨설팅적 요소:** 명확한 목표 설정, 역할과 책임 정의, 성과 기준 마련
- **코칭적 요소:** 공동 목적 발견, 팀 가치 정립, 소속감 형성
- **통합적 접근:** '목적 중심 성과 체계'를 통한 의미와 측정의 통합

2) 협업 프로세스 최적화
- **컨설팅적 요소:** 업무 흐름 설계, 의사결정 프레임워크, 회의 구조화
- **코칭적 요소:** 심리적 안전감 구축, 갈등 관리 역량, 피드백 문화
- **통합적 접근:** '적응적 워크샵'을 통한 프로세스의 지속적 개선

3) 집단 지성 활성화
- **컨설팅적 요소:** 다양성 분석, 아이디어 관리 시스템, 혁신 방법론
- **코칭적 요소:** 창의적 대화 촉진, 질문 기술, 경청 문화
- **통합적 접근:** '사고 확장 세션'과 '실행 수렴 세션'의 리듬적 교차

7.2.4 하이브리드 팀 환경에서의 CoachSulting

팬데믹 이후 원격, 하이브리드 근무 환경이 일반화되면서 팀 역동성에 새로운 도전이 생겼다. CoachSulting은 이러한 새로운 환경에서 다음과 같은 접근법을 제시한다.

- **디지털 리더십 역량**: 가상 환경에서의 존재감, 디지털 도구를 통한 영향력, 비대면 신뢰 구축
- **분산된 팀의 응집력**: 공유된 의례 창출, 가상-대면 경험의 조화, 비공식적 연결 기회
- **포용적 참여 설계**: 시간대와 환경 차이를 고려한 참여 방식, 다양한 의견 수렴 방법
- **하이브리드 협업 리듬**: 동기식/비동기식 소통의 적절한 균형, '집중 작업'과 '연결 시간'의 구분

7.2.5 사례 연구: D 기업의 리더십 전환

글로벌 제조업체 D 기업은 위계적 명령 구조에서 민첩한 협업 문화로의 전환을 추구했다. CoachSulting 접근법을 통해 다음과 같은 결과를 얻었다.

- 전 관리자층을 대상으로 '리더-코치' 전환 프로그램 설계
- 실제 비즈니스 도전과제를 '행동 학습 프로젝트'로 활용
- 경영진을 위한 개인 코칭과 팀 코칭의 통합적 제공
- 리더십 행동 변화에 따른 팀 성과 영향을 측정하는 데이터 시스템 구축

결과적으로 직원 참여도가 42% 증가했고, 혁신 아이디어 제안이 2배로 늘었으며, 90%의 관리자가 자신의 리더십 효과성이 향상되었다고 보고했다.

7.3 조직 문화 변화와 인재 육성

7.3.1 문화 변화의 새로운 이해
조직 문화는 '우리가 여기서 일하는 방식'이라는 집단적 패턴이며, 많은 조직들이 문화 변화의 복잡성과 깊이를 과소평가한다. CoachSulting은 조직 문화를 다음과 같이 접근한다.
- **가시적-비가시적 요소의 통합**: 공식적 시스템(구조, 정책, 절차)과 비공식적 요소(가치관, 암묵적 규범, 이야기)를 함께 고려
- **문화적 층위 인식**: 일상적 행동, 공유된 믿음, 기본 가정이라는 세 층위에서 문화 이해
- **문화적 다양성 존중**: 하위문화의 존재를 인정하고 조직 전체의 획일적 변화가 아닌 '문화적 진화'를 목표로 함
- **지속적 과정으로서의 문화**: 일회성 프로그램이 아닌 끊임없는 대화와 실천의 연속체로 문화 변화 접근

7.3.2 CoachSulting 기반 문화 변화 접근법
CoachSulting은 문화 변화를 다음과 같은 통합적 관점에서 접근한다.

1) 문화 이해와 진단
- 컨설팅적 요소: 문화 진단 도구, 정량적 분석, 벤치마킹
- 코칭적 요소: 스토리텔링 세션, 의미 발견 대화, 감정적 경험 포착
- 통합적 접근: '문화적 의미 네트워크 분석'을 통한 다차원적 이해

2) 변화 지점 식별과 개입
- 컨설팅적 요소: 핵심 행동 지표 설정, 시스템적 레버리지 포인트 분석
- 코칭적 요소: 문화적 촉매 역할자 발굴, 자발적 변화 에너지 활용
- 통합적 접근: '긍정 탐구(Appreciative Inquiry)'와 '시스템 변화' 방법론의 결합

3) 지속가능한 문화 진화
- 컨설팅적 요소: 인사 시스템 재설계, 보상 체계 조정, 문화-전략 정렬
- 코칭적 요소: 대화의 질 변화, 관계 패턴 전환, 자기조직화 촉진
- 통합적 접근: '문화적 의례'와 '실천 커뮤니티'를 통한 자연스러운 진화

7.3.3 인재 육성의 패러다임 전환

급변하는 환경에서 특정 기술 훈련에 초점을 맞춘 전통적 인재 개발은 한계를 드러낸다. CoachSulting은 인재 육성에 새로운 패러다임을 제시한다.

- **역량에서 잠재력으로**: 현재 필요한 역량보다 미래 변화에 적응할 수 있는 잠재력 개발 강조
- **지식 전달에서 학습 민첩성으로**: 특정 내용을 가르치기보다 '학습하는 방법'을 학습하는 메타 역량 강화
- **표준화에서 개인화로**: 획일적 프로그램이 아닌 개인의 고유한 강점과 성장 경로에 맞춘 개발
- **구조적 학습에서 흐름 속 학습으로**: 공식 교육과 일상 업무의 경계를 허물고 '일하며 배우는' 방식 강조

7.3.4 CoachSulting 기반 인재 육성 방법론

CoachSulting은 인재 육성을 위해 다음과 같은 통합적 접근법을 제시한다.

1) 개인 개발 계획(IDP)
- **컨설팅적 요소**: 역량 모델, 경력 경로 설계, 발전 단계 정의
- **코칭적 요소**: 강점 발견, 목적 탐색, 내적 동기 연결
- **통합적 접근**: '적응적 성장 로드맵'을 통한 구조와 자율성의 균형

2) 체험 학습 설계
- **컨설팅적 요소**: 전략적 프로젝트 할당, 스킬 매트릭스, 지식 이전 체계
- **코칭적 요소**: 성찰적 실천, 피드백 촉진, 실험적 시도 지원
- **통합적 접근**: '70-20-10 모델'의 현대적 재해석과 개인화된 적용

3) 학습 생태계 구축
- **컨설팅적 요소**: 학습 인프라, 콘텐츠 큐레이션, 측정 시스템
- **코칭적 요소**: 동료 코칭, 멘토링 문화, 지속적 대화
- **통합적 접근**: '사회적 학습 네트워크'를 통한 공식·비공식 학습의 통합

7.3.5 미래 인재를 위한 CoachSulting 접근법

4차 산업혁명과 초연결 시대에 요구되는 인재상이 변화하고 있다. CoachSulting은 미래 인재 육성을 위해 다음과 같은 역량에 초점을 맞춘다.

- **복잡성 관리(Complexity Management)**: 다차원적 사고, 패턴 인식, 불확실성 속 의사결정
- **창의적 협업(Creative Collaboration)**: 다양성 활용, 집단 창의성, 지식 통합
- **회복탄력성(Resilience)**: 변화 수용력, 실패로부터의 학습, 지속적 재창조
- **디지털 유창성(Digital Fluency)**: 기술 활용 능력, 인간-기계 협업, 데이터 기반 사고
- **윤리적 판단(Ethical Judgment)**: 가치 기반 의사결정, 장기적 영향 고려, 사회적 책임

7.3.6 사례 연구: E 기업의 문화 혁신과 인재 육성

금융 서비스 기업 E 기업은 핀테크 혁신에 대응하기 위해 '민첩하고 고객 중심적인 문화'로의 전환을 목표로 했다. CoachSulting 접근법을 통해 다음과 같은 변화가 일어났다.
- 문화 진단과 공동 비전 설계를 위한 전사적 참여 프로세스 운영
- '문화 대사' 네트워크 구축과 지속적인 코칭 지원
- 핵심 인재를 위한 '혁신 인큐베이터' 프로그램과 멘토십 통합
- 성과 관리와 보상 체계의 점진적 전환을 통한 문화적 정렬

결과적으로 고객 만족도가 28% 향상되었고, 신상품 출시 속도가 40% 빨라졌으며, 직원들의 문화 변화 지지도가 처음 35%에서 82%로 크게 증가했다.

7.4 조직 변화를 위한 CoachSulting 실행 원칙

7.4.1 통합적 변화 접근법 설계
CoachSulting 기반 조직 변화는 다음과 같은 원칙을 중심으로 설계된다.
- **전체 시스템 관점**: 조직을 상호연결된 시스템으로 보고, 변화의 파급 효과를 포괄적으로 고려
- **다층적 개입**: 개인, 팀, 리더십, 시스템 수준에서 일관되고 상호 보완적인 변화 활동 설계
- **균형적 접근**: 구조적/기술적 변화와 문화적/인간적 변화를 균형 있게 추진
- **안과 밖의 통합**: 외부 전문성과 내부 지식을 결합한 변화 역량 구축

7.4.2 CoachSulting 성공을 위한 핵심 요소
조직 변화를 위한 CoachSulting의 성공적 실행을 위해 다음 요소들에 특별한 주의를 기울여야 한다.
- **최고 경영진의 진정한 헌신**: 단순한 승인을 넘어 경영진의 적극적 참여와 롤모델링
- **변화 관련자들의 명확한 역할**: CoachSultant, 내부 변화 촉진자, 리더, 팀원 등의 책임과 기여 명확화
- **측정 가능한 성과와 의미 있는 과정**: 정량적 지표와 정성적 진전을 함께 추적하는 균형 잡힌 측정
- **학습과 적응의 리듬**: 계획-실행-성찰-조정의 연속적인 순환을 통한 유기적 발전

7.4.3 CoachSultant로서의 역할과 기술
조직 변화를 지원하는 CoachSultant는 다음과 같은 역할과 기술을 발휘한다.
- **진단자와 질문자**: 전문가적 분석과 질문 기반 탐색을 결합하여 깊은 이해 도모
- **설계자와 촉진자**: 변화 과정의 구조적 설계와 유연한 상호작용 촉진의 균형

- **도전자와 지지자**: 현실적 도전과 심리적 안전망 제공의 적절한 교차
- **전문가와 동반자**: 전문 지식 제공과 공동 여정의 협력자 역할 사이의 유연한 전환

7.4.4 CoachSulting의 윤리적 고려사항

조직 변화 과정에서 CoachSulting이 윤리적으로 실행되기 위해 다음 사항을 고려해야 한다.

- **권력 역학의 인식**: 조직 내 권력 관계가 변화 과정에 미치는 영향을 인식하고 포용적 참여 보장
- **다양한 이해관계자 존중**: 모든 이해관계자의 관점과 요구를 고려하는 균형 잡힌 접근
- **지속가능한 변화 추구**: 단기적 성과에 치중하기보다 장기적으로 지속 가능한 변화에 초점
- **윤리적 딜레마의 투명한 처리**: 변화 과정에서 발생하는 윤리적 갈등과 딜레마를 개방적으로 다룸

실천을 위한 체크리스트

변화 관리를 위한 CoachSulting 체크리스트
- ☐ 변화의 목적과 비전이 명확하게 정의되었는가?
- ☐ 다양한 이해관계자들의 관점과 요구가 충분히 고려되었는가?
- ☐ 변화 과정에서 컨설팅적 요소와 코칭적 요소가 균형있게 통합되었는가?
- ☐ 데이터 기반 분석과 인간 중심적 접근이 상호 보완적으로 작용하는가?
- ☐ 변화 과정에서 학습하고 적응할 수 있는 피드백 메커니즘이 구축되었는가?
- ☐ 변화의 성공을 측정할 수 있는 정량적, 정성적 지표가 마련되었는가?
- ☐ 변화 과정에서 발생할 수 있는 저항을 건설적으로 다룰 준비가 되어 있는가?
- ☐ 변화 역량의 내재화를 위한 지식 전이 계획이 수립되었는가?

리더십 개발을 위한 CoachSulting 체크리스트
- ☐ 리더들의 현재 강점과 개발 영역이 명확하게 파악되었는가?
- ☐ 조직의 전략적 방향과 리더십 개발 목표가 연계되어 있는가?
- ☐ 리더십 개발 과정이 실제 업무 상황과 연결되어 있는가?
- ☐ 리더의 자기인식과 성찰을 촉진하는 기회가 충분히 제공되는가?
- ☐ 개인 코칭과 집단 학습 경험이 효과적으로 조합되었는가?
- ☐ 리더십 행동 변화를 지원하는 지속적인 피드백 시스템이 존재하는가?
- ☐ 리더십 개발이 단기 교육이 아닌 지속적인 여정으로 설계되었는가?
- ☐ 리더들이 타인의 개발을 지원하는 코칭 역량을 키울 기회가 있는가?

조직 문화 변화를 위한 CoachSulting 체크리스트
- ☐ 현재 문화와 희망하는 문화 사이의 격차가 명확하게 정의되었는가?
- ☐ 문화 변화의 핵심 동인과 장애물이 체계적으로 분석되었는가?
- ☐ 문화 변화를 이끌 내부 촉진자와 문화 대사들이 식별되고 준비되었는가?

☐ 공식 시스템(정책, 절차, 구조)과 비공식 관행의 정렬이 고려되었는가?
☐ 문화적 상징, 이야기, 의례가 변화 메시지를 강화하는 데 활용되는가?
☐ 하위문화의 다양성을 존중하면서도 공통된 방향성을 제시하고 있는가?
☐ 문화 변화의 진전을 측정하고 축하하기 위한 방법이 마련되었는가?
☐ 장기적 문화 진화를 위한 지속적인 대화와 조정 메커니즘이 있는가?

인재 육성을 위한 CoachSulting 체크리스트
☐ 현재 및 미래 필요 역량이 명확하게 정의되고 우선순위화되었는가?
☐ 개인의 고유한 강점과 성장 경로를 고려한 개발 접근법이 존재하는가?
☐ 공식 학습과 업무 기반 학습 경험이 효과적으로 통합되었는가?
☐ 자기주도적 학습과 구조화된 지원 사이의 균형이 적절한가?
☐ 지식과 경험의 공유를 촉진하는 조직적 메커니즘이 구축되었는가?
☐ 학습 전이와 적용을 지원하는 코칭 요소가 충분히 포함되었는가?
☐ 새로운 역량과 행동을 실험하고 적용할 안전한 환경이 조성되었는가?
☐ 인재 개발 접근법이 조직의 다양성, 형평성, 포용성 목표와 정렬되어 있는가?

7.5 CoachSulting 도구 및 기법

7.5.1 변화 관리를 위한 CoachSulting 도구

변화 준비도 진단 매트릭스
- **목적:** 조직의 변화 준비 상태를 다차원적으로 평가
- **방법:** 구조, 문화, 역량, 리더십 측면에서 준비도를 5점 척도로 평가하고 시각화
- **CoachSulting 통합점:** 정량적 평가와 질적 대화를 결합한 진단 세션 진행

변화 내러티브 워크숍
- **목적:** 변화의 필요성과 방향에 대한 공감대 형성
- **방법:** '과거-현재-미래' 스토리라인을 공동 창작하고 개인적 의미 탐색
- **CoachSulting 통합점:** 전략적 방향성과 개인적 연결점을 함께 발견하는 구조화된 대화

실험적 변화 캔버스
- **목적:** 소규모 실험을 통한 학습과 변화 가속화
- **방법:** 가설-실험-측정-학습의 사이클을 시각적으로 설계하고 추적
- **CoachSulting 통합점:** 구조적 실험 설계와 성찰적 학습 프로세스의 결합

7.5.2 리더십 개발을 위한 CoachSulting 도구

리더십 다면체 모델
- **목적:** 리더십 역량과 스타일의 다차원적 평가
- **방법:** 전략적 사고, 실행력, 영향력, 자기인식, 관계 구축 등 핵심 차원 평가
- **CoachSulting 통합점:** 정량적 측정과 심층 코칭 대화를 통합한 자기인식 강화

상황별 리더십 시뮬레이션
- **목적:** 다양한 상황에서의 리더십 적응력 개발
- **방법:** 실제 시나리오 기반 역할극과 즉각적 피드백 및 성찰

- **CoachSulting 통합점**: 모범 사례 안내와 개인화된 성찰을 결합한 경험적 학습

리더십 그림자 작업
- **목적**: 리더의 블라인드 스팟과 미인식 패턴 발견
- **방법**: 의식적 의도와 실제 영향력 사이의 격차 탐색 및 조정
- **CoachSulting 통합점**: 심리적 통찰과 행동 변화를 위한 구체적 계획의 결합

7.5.3 조직 문화 변화를 위한 CoachSulting 도구

문화 네트워크 분석
- **목적**: 공식·비공식 문화 전파자와 영향력 패턴 파악
- **방법**: 관계망 분석과 문화적 영향력 매핑을 통한 핵심 촉매점 식별
- **CoachSulting 통합점**: 데이터 기반 네트워크 분석과 맥락적 대화의 통합적 활용

문화적 실천 공동체
- **목적**: 새로운 문화적 규범과 행동의 자발적 확산
- **방법**: 부서와 계층을 넘어선 자발적 그룹의 형성과 문화적 실험 지원
- **CoachSulting 통합점**: 구조적 지원과 자기조직화의 균형을 통한 유기적 변화

가치 기반 의사결정 프레임워크
- **목적**: 일상적 의사결정에 문화적 가치 통합
- **방법**: 핵심 가치와 연계된 의사결정 기준과 질문 체계 개발
- **CoachSulting 통합점**: 구체적 행동 지침과 성찰적 질문의 결합

7.5.4 인재 육성을 위한 CoachSulting 도구

개인화된 학습 여정 맵
- **목적**: 각 개인의 고유한 발전 경로 시각화
- **방법**: 현재 위치, 목표, 학습 경로를 시각적으로 설계하고 주기적으로 조정
- **CoachSulting 통합점**: 조직적 요구와 개인적 열망의 교차점에서 의미

있는 발전 경로 설계

행동 변화 실험실
- **목적:** 새로운 역량과 행동의 실제 적용 촉진
- **방법:** 새로운 접근법을 실험하고 피드백을 통해 조정하는 구조화된 환경 제공
- **CoachSulting 통합점:** 전문적 피드백과 자기주도적 탐구의 균형적 통합

집단 지성 촉진 워크숍
- **목적:** 팀과 부서 간 지식 공유와 협력적 문제해결 강화
- **방법:** 다양한 관점이 교차하는 구조화된 대화와 집단 창의성 세션
- **CoachSulting 통합점:** 전문 지식의 투입과 집단 지성의 활성화를 위한 촉진적 환경 설계

마무리: 조직 변화를 위한 CoachSulting의 미래

조직 변화, 리더십 개발, 문화 전환, 인재 육성의 영역은 계속해서 발전하고 있으며, CoachSulting 역시 이에 발맞추어 진화하고 있다. 앞으로의 CoachSulting은 다음과 같은 방향으로 더욱 발전해 나갈 것으로 예상된다.

- **데이터와 직관의 통합**: 빅데이터, AI 분석과 같은 정량적 접근과 인간 중심의 질적 통찰을 더욱 유기적으로 결합
- **가상과 대면의 혼합**: 디지털 도구와 플랫폼을 활용한 원격 CoachSulting과 깊은 인간적 연결을 제공하는 대면 경험의 효과적인 조화
- **조직 경계의 확장**: 단일 조직을 넘어 파트너, 고객, 지역사회를 포함한 확장된 생태계 관점에서의 변화 촉진
- **지속가능성과 목적의 통합**: 경제적 성과와 사회적·환경적 가치를 통합적으로 고려하는 목적 중심 CoachSulting 접근법
- **자율적 학습 조직으로의 전환**: 외부 전문가의 개입 없이도 지속적으로 학습하고 진화할 수 있는 조직 역량 구축

CoachSulting은 복잡하고 빠르게 변화하는 세상에서 조직과 개인이 함께 성장하고 번영할 수 있는 새로운 길을 제시한다. 이는 단순한 방법론적 혁신을 넘어, 조직과 일에 대한 우리의 근본적인 관점을 재정의하는 과정이기도 하다.

진정한 변화는 외부에서 주입되는 것이 아니라, 내부에서 자라나는 것임을 기억해야 한다. CoachSulting은 그 성장의 여정을 함께하는 동반자이자 안내자로서, 조직과 구성원들이 자신만의 고유한 잠재력을 실현할 수 있도록 돕는다.

8장 전략과 실행의 통합
- 비전과 목표 설정의 균형
- 전략적 사고와 실천적 행동의 연결
- 성과 측정과 지속적 개선

8.1 비전과 목표 설정의 균형

8.1.1 비전과 목표의 관계 이해하기
많은 조직이 웅장한 비전을 선언하지만 그것을 실현 가능한 목표로 전환하는 데 어려움을 겪는다. 반대로, 어떤 조직들은 단기적인 목표에만 집중하여 큰 그림을 놓치기도 한다. CoachSulting 접근법은 이상적인 미래(비전)와 구체적인 성취(목표) 사이의 건강한 긴장감을 활용한다.

8.1.2 비전 구축을 위한 CoachSulting 접근법
- **컨설팅적 요소**: 업계 트렌드 분석, 벤치마킹, 시장 기회 포착
- **코칭적 요소**: 리더와 팀의 내재된 열망 발견, 가치 중심의 질문, 집단 지성 활용
- **통합적 실천**: 외부 인사이트와 내부 열망을 연결하는 워크숍 설계

8.1.3 SMART+I 목표 설정
기존의 SMART(구체적, 측정 가능한, 달성 가능한, 관련성 있는, 시간 제한적) 목표 프레임워크에 CoachSulting은 'I'(영감을 주는, Inspiring)를 추가한다. 이는 목표가 기술적으로 완벽할 뿐만 아니라 정서적으로 동기부여가 되어야 함을 의미한다.

8.1.4 목표 연계의 위계적 구조
- **비전 수준**: 10년+ 지향점, 존재 이유
- **전략적 목표**: 3~5년 성취 목표
- **전술적 목표**: 1년 단위 성과 목표
- **운영적 목표**: 분기/월간 실행 목표

8.1.5 참여적 목표 설정 프로세스
CoachSultant는 지시하는 대신 아래 프로세스를 통해 팀이 스스로 목표를 설정하도록 안내한다.
- **환경 스캐닝**: 내외부 상황 분석

- **비전 명확화:** 조직의 지향점 확인
- **대화형 목표 설정:** 다양한 관점을 통합
- **검증과 조정:** 현실성과 야망의 균형점 찾기
- **공동 약속:** 목표에 대한 공유된 주인의식 구축

8.2 전략적 사고와 실천적 행동의 연결

8.2.1 전략-실행 격차의 이해
연구에 따르면 전략의 60~90%가 효과적으로 실행되지 못한다. 이 격차의 주요 원인은 다음과 같다.
- 전략의 불명확성과 복잡성
- 조직적 사일로와 부서 간 단절
- 일상 업무와 전략적 우선순위 사이의 불일치
- 변화에 대한 저항과 문화적 관성

8.2.2 CoachSulting의 전략-실행 브릿지 모델
CoachSulting은 전략과 실행 사이를 연결하는 다리를 구축한다.

명확화 단계
- **컨설팅적 접근**: 전략의 핵심 요소 구체화, 경쟁 환경 분석
- **코칭적 접근**: "이 전략이 성공했을 때 어떤 모습일까요?", "가장 우려되는 점은 무엇인가요?"

맥락화 단계
- **컨설팅적 접근**: 부서별/팀별 맞춤형 전략 번역
- **코칭적 접근**: "이 전략이 여러분의 일상 업무에 어떤 의미가 있나요?", "어떤 지원이 필요한가요?"

실행 역량 강화 단계
- **컨설팅적 접근**: 실행을 위한 프로세스와 시스템 설계
- **코칭적 접근**: 자기주도적 실행 계획 수립 지원, 장애물 극복 방안 모색

리듬 설정 단계
- **컨설팅적 접근**: 효과적인 검토 및 조정 메커니즘 구축
- **코칭적 접근**: 성찰적 대화를 통한 학습 촉진

8.2.3 전략적 민첩성 개발
빠르게 변화하는 환경에서는 계획의 완벽한 실행보다 상황에 적응하는 능력이 중요하다. CoachSulting은 다음을 통해 전략적 민첩성을 키운다.

- **약신호 감지**: 미세한 변화 징후를 포착하는 감각 개발
- **가설 기반 실험**: 대규모 투자 전 소규모 테스트 설계
- **학습 루프 가속화**: 빠른 피드백-학습-적응 주기 구축
- **의사결정 분산화**: 현장 직원의 자율적 판단 권한 강화

8.2.4 행동 변화의 심리학 활용

CoachSulting은 행동과학의 인사이트를 활용하여 실행력을 높인다.
- **기본 동기 요소**: 자율성, 유능감, 관계성을 만족시키는 실행 환경 조성
- **습관 형성**: 전략적 행동의 일상화를 위한 단서-행동-보상 루프 설계
- **사회적 증명**: 동료 영향력을 활용한 전략적 행동 강화
- **행동 설계**: 바람직한 행동을 쉽게 만드는 시스템 구축

8.3 성과 측정과 지속적 개선

8.3.1 균형 잡힌 측정 체계 구축
CoachSulting은 재무적 성과만이 아닌 다차원적 측정 시스템을 구축한다.
- **성과 균형 스코어카드 확장**: 재무, 고객, 프로세스, 학습/성장 관점에 ESG와 조직 문화 지표 추가
- **선행 및 후행 지표의 균형**: 미래 성과를 예측하는 지표와 과거 성과를 측정하는 지표의 조합
- **정량적 및 정성적 측정의 통합**: 숫자와 이야기를 모두 활용한 풍부한 성과 이해

8.3.2 측정을 학습의 도구로 활용
CoachSulting은 측정을 단순한 평가가 아닌 학습과 개선의 도구로 접근한다.
- **성찰적 검토 회의**: 데이터 이면의 의미를 탐색하는 구조화된 대화
- **애프터액션 리뷰**: 주요 이정표마다 학습 기회를 포착하는 체계적 성찰
- **성과 스토리텔링**: 데이터를 조직의 여정과 학습 내러티브로 전환

8.3.3 지속적 개선의 문화 조성
CoachSulting은 일회성 변화가 아닌 지속적 개선의 문화를 구축한다.
- **심리적 안전감**: 실패를 학습 기회로 인식하는 환경 조성
- **호기심 문화**: "왜?"와 "어떻게 더 나아질 수 있을까?"를 끊임없이 질문하는 습관
- **실험적 마인드셋**: 가설 설정 → 테스트 → 학습의 지속적 루프 구축
- **시스템 사고**: 단편적 해결책보다 근본 원인을 찾아 시스템 수준의 개선 추구

8.3.4 적응적 전략 관리 프로세스
CoachSulting은 환경 변화에 민첩하게 대응하는 전략 관리 프로세스를 설계한다.

분기별 전략 점검
- **컨설팅적 접근**: 시장 변화와 성과 데이터 분석
- **코칭적 접근**: "우리가 배운 것은 무엇인가?", "무엇을 조정해야 하는가?"

실시간 조정 메커니즘
- **컨설팅적 접근**: 조기 경고 지표 설정, 결정 트리거 포인트 명확화
- **코칭적 접근**: 현장 직원들의 통찰을 끌어내는 상향식 피드백 채널

전략적 학습 주기
- **컨설팅적 접근**: 체계적인 가설 검증 및 학습 기록
- **코칭적 접근**: 성찰적 대화를 통한 집단 지능 활용

8.3.5 사례 연구: 제약회사의 R&D 전략 실행

글로벌 제약회사 F는 혁신적인 R&D 전략을 수립했으나 실행 과정에서 어려움을 겪고 있었다. CoachSulting 접근법을 통해 다음과 같은 결과를 얻었다.

비전-목표 연계
- 컨설팅적 접근으로 시장 기회와 내부 역량을 분석하여 현실적인 혁신 포트폴리오 설계
- 코칭적 접근으로 과학자들의 내재적 동기(사회적 영향, 과학적 호기심)를 목표에 연결

전략-실행 연결
- 컨설팅적 접근으로 단계별 의사결정 프로세스와 리소스 할당 시스템 재설계
- 코칭적 접근으로 다학제 팀의 협업 패턴 개선 및 심리적 안전감 조성

측정과 개선
- 컨설팅적 접근으로 초기 성공 지표와 장기 영향 지표의 균형잡힌 체계 구축
- 코칭적 접근으로 정기적인 학습 세션을 통해 실패에서 배우는 문화 조성

결과적으로 이 회사는 혁신 파이프라인의 생산성이 30% 향상되고, 개발 주기가 15% 단축되었으며, 연구진의 참여도가 크게 증가했다.

8.3.6 CoachSulting 실천 도구: 전략-실행 통합 워크북

CoachSultant와 고객가 함께 사용할 수 있는 실용적 도구:

전략적 질문 템플릿
- "우리의 성공을 어떻게 정의하고 측정할 것인가?"
- "이 전략이 고객/직원/이해관계자에게 어떤 가치를 제공하는가?"
- "어떤 역량을 강화해야 이 전략을 실현할 수 있는가?"

100일 실행 로드맵
- 빠른 성과(Quick Wins)와 기반 구축 활동의 균형
- 주요 이정표와 점검 지점 설정
- 자원 배분과 책임 명확화

실행 장애물 예측 및 대응 계획
- 잠재적 장애물 사전 식별
- 예방 및 대응 전략 수립
- 리스크 관리와 문제 해결 프로토콜

핵심 교훈
- 비전은 영감을 주지만, 일상의 행동을 변화시키는 것은 구체적인 목표이다. CoachSulting은 이 둘의 연결고리를 만든다.
- 전략 실행의 핵심은 문서가 아닌 대화에 있다. 지속적인 대화를 통해 전략을 살아있는 현실로 만들어야 한다.
- 측정은 통제가 아닌 학습을 위한 것이어야 한다. CoachSulting은 데이터를 판단의 도구가 아닌 질문과 성찰의 출발점으로 활용한다.
- 지속적 개선은 기술적 프로세스이자 문화적 현상이다. CoachSulting은 이 두 측면을 함께 발전시킨다.
- 변화하는 환경에서는 완벽한 계획보다 적응적 실행 능력이 더 중요하다. CoachSulting은 조직이 전략적 민첩성을 개발하도록 돕는다.
- 개인 성장을 위한 CoachSulting
- 역량 개발과 경력 관리
- 의사결정과 문제해결
- 자기인식과 행동 변화

9장 개인 성장을 위한 CoachSulting

- 역량 개발과 경력 관리
- 의사결정과 문제해결
- 자기인식과 행동 변화
- 통합적 개인 성장을 위한 CoachSulting 프레임워크

현대 사회에서 개인의 성장과 발전은 단순한 선택사항이 아닌 필수적인 생존 전략이 되었다. 급변하는 직업 환경, 기술의 발전, 그리고 끊임없이 변화하는 시장 요구는 개인에게 지속적인 학습과 적응을 요구한다. 이러한 상황에서 개인의 성장을 지원하는 방법론으로서 CoachSulting은 독특한 가치를 제공한다.

전통적인 경력 컨설팅은 시장 트렌드와 산업 지식을 바탕으로 방향성을 제시하지만, 개인의 내적 동기와 고유한 강점을 충분히 고려하지 못하는 경우가 있다. 반면, 개인 코칭은 내면의 가치와 목표를 발견하는 데 집중하지만, 때로는 실질적인 시장 현실과 구체적인 전략을 제공하는 데 한계가 있다.

CoachSulting은 이 두 접근법의 강점을 결합하여, 개인이 자신의 내면의 목소리를 듣는 동시에 외부 환경의 현실적 요구를 균형 있게 고려할 수 있도록 돕는다. 본 장에서는 개인 성장의 세 가지 핵심 영역-역량 개발과 경력 관리, 의사결정과 문제해결, 자기인식과 행동 변화-에서 CoachSulting이 어떻게 적용될 수 있는지 살펴보고자 한다.

9.1 역량 개발과 경력 관리

9.1.1 현대 경력 개발의 새로운 패러다임

과거의 선형적이고 예측 가능한 경력 경로는 이제 유연하고 다차원적인 경력 여정으로 대체되었다. '평생 직장'의 개념은 사라지고, 대신 '평생 고용 가능성(Lifetime Employability)'이 중요해졌다. 이러한 환경에서 개인은 자신의 경력을 주도적으로 관리하고, 끊임없이 새로운 역량을 개발해야 한다. CoachSulting 접근법은 다음과 같은 방식으로 현대적 경력 개발을 지원한다.

컨설팅적 요소
- 산업 및 직무 트렌드에 대한 전문적 인사이트 제공
- 역량 격차 분석(Skills Gap Analysis)을 통한 객관적 진단
- 경력 전환을 위한 구체적 액션 플랜 수립
- 시장 가치를 높이는 자격증 및 교육 프로그램 추천

코칭적 요소
- 개인의 가치관과 열정을 발견하는 심층 질문
- 내재적 동기를 활성화하는 대화
- 성장 마인드셋 함양을 위한 지원
- 경력 여정에서의 의미와 목적 탐색

9.1.2 역량 개발을 위한 CoachSulting 프레임워크

효과적인 역량 개발은 자신의 현재 상태에 대한 정확한 인식, 목표 상태에 대한 명확한 비전, 그리고 그 간극을 메우기 위한 구체적인 계획이 필요하다. CoachSulting은 이 과정을 체계적으로 안내한다.

단계 1: 역량 진단과 인식
- 현재 보유 역량의 객관적 평가 (컨설팅적 접근)
- 강점과 개발 영역에 대한 깊은 성찰 (코칭적 접근)
- 360도 피드백과 자기 평가의 통합

단계 2: 역량 개발 목표 설정
- 시장 가치가 높은 역량 식별 (컨설팅적 접근)

- 개인적 열정과 내재적 동기 연결 (코칭적 접근)
- SMART 원칙을 활용한 구체적 목표 수립

단계 3: 학습 및 개발 전략 수립
- 효율적인 학습 경로 및 자원 추천 (컨설팅적 접근)
- 개인의 학습 스타일과 선호도 고려 (코칭적 접근)
- 공식적 교육과 경험적 학습의 균형

단계 4: 실행과 적용
- 학습 계획의 체계적 실행 지원
- 새로운 역량의 실무 적용 기회 창출
- 습관화를 위한 미세 행동(Micro-Behaviors) 설계

단계 5: 평가와 조정
- 역량 개발 과정의 정기적 검토
- 변화하는 환경과 목표에 따른 계획 재조정
- 성취와 교훈의 통합적 반영

9.1.3 지속가능한 경력 관리 전략

단기적인 역량 개발을 넘어, CoachSulting은 장기적인 경력 탄력성(Career Resilience)을 구축하는 데 초점을 맞춘다.

전략적 포지셔닝
- 산업 생태계 내 자신의 위치 분석 (컨설팅적 접근)
- 자신만의 독특한 가치 제안(Unique Value Proposition) 개발 (코칭적 접근)
- 개인 브랜딩과 평판 관리 전략

네트워크 구축
- 전략적 인맥 형성을 위한 구체적 계획 (컨설팅적 접근)
- 진정성 있는 관계 형성을 위한 커뮤니케이션 개발 (코칭적 접근)
- 멘토링 및 스폰서십 관계 구축

적응성과 회복력
- 불확실성과 변화에 대응하는 적응적 전략
- 좌절과 실패를 성장 기회로 전환하는 마인드셋

- 지속적인 자기 리뉴얼(Self-Renewal)을 위한 습관과 루틴

사례 연구: 경력 전환을 위한 CoachSulting 적용

김OO 씨는 10년 경력의 마케팅 전문가로, 디지털 트랜스포메이션 시대에 자신의 역량을 업데이트하고 데이터 기반 마케팅으로 전환하고자 했다. CoachSultant는 다음과 같은 접근법을 활용했다.

컨설팅적 요소

- 데이터 마케팅 분야의 핵심 역량과 자격증 맵 제공
- 김OO 씨의 기존 경험을 데이터 관점에서 재해석하는 방법 안내
- 산업 내 멘토와의 연결 및 실무 프로젝트 기회 탐색

코칭적 요소

- "왜 데이터 마케팅인가?"에 대한 깊은 동기 탐색
- 새로운 기술 학습 과정에서의 불안과 두려움 다루기
- 학습 과정에서의 장애물을 극복하기 위한 내적 자원 활성화

이러한 통합적 접근을 통해 김OO 씨는 6개월 만에 데이터 분석 자격증을 취득하고, 현 회사 내에서 새로운 데이터 마케팅 이니셔티브를 주도할 수 있게 되었다.

9.2 의사결정과 문제해결

9.2.1 복잡한 세계에서의 의사결정 도전
현대 사회의 특징인 VUCA(Volatility, Uncertainty, Complexity, Ambiguity) 환경은 개인의 의사결정을 더욱 복잡하게 만든다. 정보의 과부하, 선택지의 증가, 결과의 불확실성은 중요한 결정 앞에서 많은 이들을 마비시키거나 충동적인 판단으로 이끈다.

CoachSulting은 다음과 같은 방식으로 효과적인 의사결정을 지원한다.

컨설팅적 요소
- 체계적인 의사결정 프레임워크 제공
- 관련 데이터와 정보의 객관적 분석
- 선택의 잠재적 결과와 리스크 평가
- 유사 상황에서의 성공/실패 사례 참조

코칭적 요소
- 결정의 근저에 깔린 가치와 우선순위 명확화
- 의사결정에 영향을 미치는 인지적 편향 인식
- 직관과 분석적 사고의 균형적 활용
- 불확실성에 대한 심리적 대응 강화

9.2.2 통합적 문제해결 접근법
효과적인 문제해결은 문제의 본질을 정확히 파악하고, 창의적 해결책을 모색한 후, 체계적으로 실행하는 과정이다. CoachSulting은 이 과정의 각 단계를 강화한다.

단계 1: 문제 정의와 재구성
- 문제의 구조적 요소 분석 (컨설팅적 접근)
- "진짜 문제는 무엇인가?"에 대한 깊은 탐색 (코칭적 접근)
- 문제를 다양한 관점에서 재구성하는 기법

단계 2: 해결책 탐색과 생성
- 체계적인 창의적 사고 기법 활용 (컨설팅적 접근)
- 제한적 사고를 넘어서는 질문과 도전 (코칭적 접근)

- 집단 지성과 다양한 관점의 통합

단계 3: 의사결정과 계획 수립
- 해결책 평가를 위한 객관적 기준 설정 (컨설팅적 접근)
- 개인의 가치와 목표에 부합하는지 확인 (코칭적 접근)
- 단계적 실행 계획과 대안 시나리오 개발

단계 4: 실행과 모니터링
- 실행 과정의 체계적 추적과 평가
- 장애물 극복을 위한 전략적/심리적 지원
- 학습과 조정을 위한 피드백 루프 구축

9.2.3 의사결정 역량 강화를 위한 도구와 기법

CoachSulting은 개인의 의사결정 및 문제해결 능력을 장기적으로 향상시키기 위한 다양한 도구를 활용한다.

인지적 도구
- 결정 매트릭스와 의사결정 트리
- 시나리오 플래닝과 가정 검증
- 역발상 사고와 프리모템(Pre-mortem) 분석

메타인지적 도구
- 의사결정 일지와 반영적 실천
- 인지적 편향 인식 체크리스트
- 멘탈 모델 매핑과 확장

심리적 도구
- 불확실성 내성 강화 연습
- 실패로부터의 학습 프레임워크
- 균형 잡힌 낙관주의 개발

사례 연구: 경력 갈림길에서의 의사결정

이○○ 씨는 안정적인 대기업 직장을 유지할지, 스타트업 합류 제안을 수락할지의 중요한 갈림길에 서 있었다. CoachSultant는 다음과 같은 통합적 접근을 제공했다.

컨설팅적 요소
- 두 경로의 장단점에 대한 체계적 분석 프레임워크 제공
- 각 선택지의 재무적, 경력적 장기 영향 예측
- 업계 트렌드와 관련한 전문적 인사이트 공유

코칭적 요소
- "이 결정에서 당신에게 가장 중요한 가치는 무엇인가?"라는 질문을 통한 우선순위 명확화
- 각 선택에 대한 감정적 반응 탐색을 통한 내면의 지혜 접근
- 결정 후 적응과 성공을 위한 심리적 준비 지원

이러한 CoachSulting 과정을 통해 이OO 씨는 자신의 가치관과 더 부합하는 스타트업으로의 전환을 결정했고, 이후 발생할 수 있는 어려움에 대한 대응 전략도 함께 준비할 수 있었다.

9.3 자기인식과 행동 변화

9.3.1 자기인식: 변화의 출발점

진정한 성장과 변화는 자신에 대한 깊은 이해에서 시작된다. 자기인식은 단순히 자신의 강점과 약점을 아는 것을 넘어, 자신의 생각, 감정, 행동 패턴, 그리고 그 근저에 깔린 믿음과 가치를 이해하는 것을 의미한다.

CoachSulting은 다음과 같은 방식으로 자기인식을 증진한다.

컨설팅적 요소
- 과학적 자기평가 도구와 방법론 활용
- 행동 패턴의 객관적 데이터 수집 및 분석
- 다양한 상황에서의 행동 경향성 매핑
- 타인과의 비교가 아닌 자기 기준점 설정

코칭적 요소
- 내면의 동기, 두려움, 가치에 관한 탐색적 질문
- 행동 패턴 이면의 신념 체계 발견
- 자기성찰을 위한 안전한 공간 제공
- 비 판단적 자기관찰 능력 개발

9.3.2 지속가능한 행동 변화의 과학

많은 사람들은 변화의 필요성을 인식하고 계획을 세우지만, 지속적인 행동 변화를 이루는 데 어려움을 겪는다. CoachSulting은 행동과학과 변화 심리학의 원리를 적용하여 지속가능한 변화를 지원한다.

변화 준비도 평가와 증진
- 변화에 대한 현재의 심리적 준비 상태 평가
- 변화의 이점과 비용에 대한 객관적 분석 (컨설팅적 접근)
- 내적 동기와 의지력의 원천 발견 (코칭적 접근)
- 변화에 대한 저항과 두려움 다루기

효과적인 행동 변화 전략
- 미세 습관(Tiny Habits)과 행동 설계의 원리 적용
- 환경 조성과 트리거 관리를 통한 자동화

- 실패에 대한 회복력과 자기용서 개발
- 진행 상황의 가시화와 축하

지속성을 위한 지원 시스템
- 책임감 구조와 체크인 메커니즘 설계
- 사회적 지원 네트워크 구축
- 자기 모니터링과 피드백 루프 확립
- 정체기와 후퇴에 대한 대응 전략

9.3.3 자기변형(Self-Transformation)을 위한 통합적 접근

진정한 변화는 단순한 행동 수정을 넘어 자아와 정체성의 수준에서 일어난다. CoachSulting은 이러한 깊은 수준의 변화를 지원한다.

정체성 기반 변화
- "어떤 사람이 되고 싶은가?"에 대한 비전 명확화
- 새로운 정체성과 일치하는 작은 승리 축적
- 과거 자아와 새로운 자아 사이의 다리 놓기
- 변화된 자아의 통합과 내면화

의미와 목적의 연결
- 변화의 더 큰 의미와 목적 탐색
- 개인적 가치와 변화 목표의 연결
- 타인과 세계에 대한 기여 관점에서의 재구성
- 내러티브와 스토리텔링을 통한 의미 창조

전인적(Holistic) 통합
- 인지, 감정, 신체, 관계적 차원의 통합적 접근
- 자기돌봄과 웰빙을 변화 과정의 핵심으로 포함
- 영성과 초월적 관점의 탐색 (적절한 경우)
- 다양한 삶의 영역에서의 일관성 추구

사례 연구: 리더십 스타일 변화를 위한 CoachSulting
박OO 이사는 기술 중심의 관리 스타일에서 보다 사람 중심의 영감적 리더십으로 전환하고자 했다. CoachSultant는 다음과 같은 통합적 접근을 제공

했다.

컨설팅적 요소
- 360도 피드백을 통한 현재 리더십 스타일의 객관적 진단
- 효과적인 사람 중심 리더십 행동에 대한 구체적 모델링
- 일상 업무에서 실천할 수 있는 미세 행동 설계
- 진행 상황을 측정할 수 있는 객관적 지표 설정

코칭적 요소
- 통제력 상실에 대한 두려움 탐색
- "어떤 리더로 기억되고 싶은가?"에 대한 비전 개발
- 새로운 리더십 접근법 시도 시 발생하는 불편함 수용하기
- 리더십 여정에서의 자기성찰 습관 형성

이러한 CoachSulting 과정을 통해 박OO 이사는 6개월에 걸쳐 점진적으로 리더십 스타일을 변화시켰고, 팀의 신뢰와 성과 모두에서 눈에 띄는 향상을 경험했다.

9.4 통합적 개인 성장을 위한 CoachSulting 프레임워크

개인 성장의 세 영역-역량 개발, 의사결정, 자기인식과 행동 변화-는 서로 밀접하게 연결되어 있다. CoachSulting은 이러한 영역들을 통합적으로 지원하는 프레임워크를 제공한다.

9.4.1 성장 사이클 모델
인식과 준비 단계
- 현재 상태와 열망하는 상태 사이의 간극 인식
- 성장을 위한 심리적, 물리적 자원 평가
- 의미 있는 변화 목표 설정

탐색과 설계 단계
- 다양한 성장 경로와 접근법 검토
- 개인 상황과 선호에 맞는 맞춤형 전략 개발
- 실행 가능한 단계와 이정표 설정

실행과 실험 단계
- 새로운 행동과 접근법의 체계적 실천
- 피드백과 데이터 수집을 통한 학습
- 장애물과 저항에 대한 적응적 대응

통합과 확장 단계
- 새로운 역량과 관점의 내면화
- 변화의 영향 평가와 의미 부여
- 다음 성장 주기를 위한 준비

9.4.2 개인화된 성장 생태계 구축
지속적인 성장을 위해서는 개인을 둘러싼 지원 시스템과 환경이 중요하다. CoachSulting은 다음과 같은 성장 생태계 구축을 돕는다.

학습 커뮤니티
- 성장 지향적인 또래 그룹 형성
- 멘토와 롤모델과의 연결

- 협력적 학습과 상호 피드백 구조

지원적 환경
- 성장을 촉진하는 물리적/디지털 환경 설계
- 습관 형성을 지원하는 시스템 및 루틴 개발
- 집중과 몰입을 위한 공간 창출

자기 갱신 메커니즘
- 정기적인 성찰과 평가 습관화
- 지속적인 피드백 수집 체계 구축
- 자기 보상과 축하의 의식 확립

9.4.3 미래 지향적 개인 개발

CoachSulting은 현재의 과제 해결을 넘어, 미래의 변화에 선제적으로 대응할 수 있는 개인 역량 개발에 초점을 맞춘다.

적응적 전문성 개발
- 지식의 전이와 응용 능력 강화
- 학제간 사고와 융합적 관점 개발
- 복잡한 상황에서의 패턴 인식 능력

메타 학습 역량
- '학습하는 법을 학습'하는 능력 개발
- 자기주도적 학습 전략의 마스터리
- 다양한 학습 접근법과 도구의 유연한 활용

회복력과 성장 마인드셋
- 불확실성을 기회로 재구성하는 인지적 유연성
- 실패와 좌절로부터의 회복 능력
- 지속적인 도전과 성장을 추구하는 내적 동력

마무리: 개인 성장을 위한 CoachSulting의 약속

개인 성장은 단순한 기술 습득이나 지식 확장을 넘어, 자신을 더 깊이 이해하고 잠재력을 실현하며 의미 있는 삶을 창조하는 여정이다. CoachSulting은 이 여정에서 전문적 안내와 개인화된 지원을 함께 제공함으로써, 개인이 자신만의 고유한 성장 경로를 발견하고 추구할 수 있도록 돕는다.

역량 개발과 경력 관리, 의사결정과 문제해결, 자기인식과 행동 변화라는 세 가지 핵심 영역에서 CoachSulting은 전문적 지식과 질문 기반 접근을 유연하게 결합한다. 이를 통해 개인은 외부의 현실적 요구와 내면의 진정한 열망 사이에서 균형을 찾아갈 수 있다.

CoachSulting이 궁극적으로 추구하는 것은 개인이 외부의 지도와 조언에 의존하지 않고, 스스로의 내면에서 답을 찾고 자신의 성장을 주도할 수 있는 자율성과 역량을 개발하는 것이다. 진정한 성공의 지표는 CoachSultant의 도움 없이도 개인이 지속적인 성장과 적응의 여정을 이어갈 수 있는 능력을 갖추는 것이며, 이것이 개인 성장을 위한 CoachSulting의 궁극적인 약속이다.

제4부: CoachSulting의 실제 사례

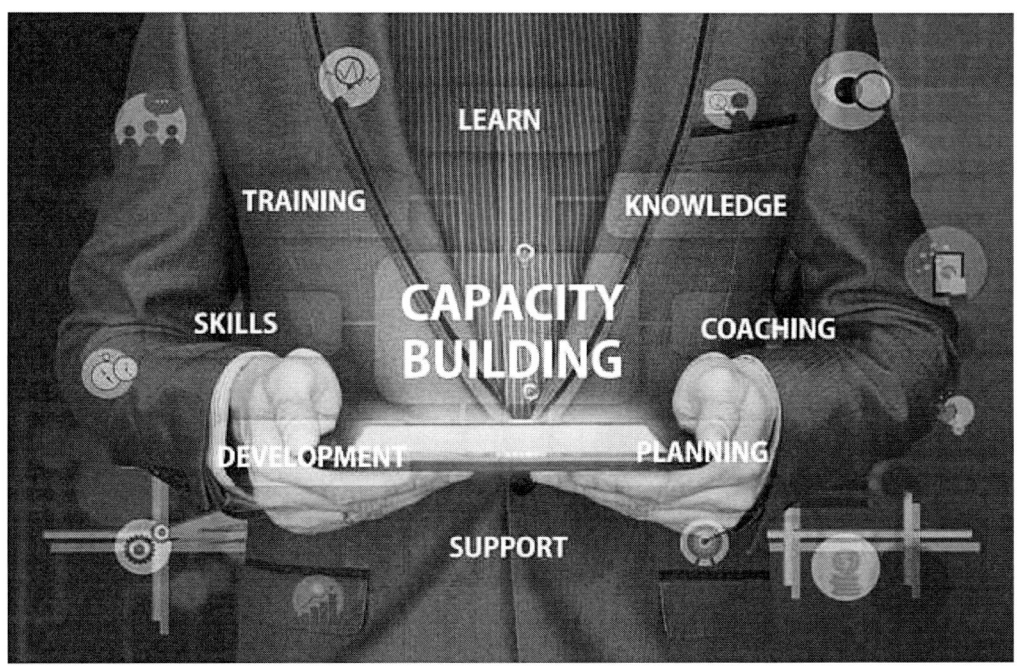

10장 기업 혁신 사례 연구

- 대기업의 디지털 전환
- 중소기업의 지속가능 성장
- 스타트업의 스케일업 도전
- CoachSulting 사례 비교 분석
- CoachSulting 적용을 위한 시사점
- 실천 워크시트: 자사 상황에 맞는 CoachSulting 접근법 설계

이 장에서는 CoachSulting 접근법이 다양한 규모와 특성을 가진 기업들의 혁신 과정에서 어떻게 적용되었는지 살펴본다. 대기업의 디지털 전환, 중소기업의 지속가능 성장, 스타트업의 스케일업 과정에서 CoachSulting이 어떤 가치를 창출했는지 구체적인 사례를 통해 분석한다.

10.1 대기업의 디지털 전환: K전자 사례

10.1.1 상황 분석
K 전자는 40년 이상의 역사를 가진 글로벌 가전 제조기업으로, 디지털 기술의 급속한 발전과 시장 변화에 직면하여 전사적 디지털 전환이 필요한 상황이었다. 기존의 하드웨어 중심 비즈니스 모델에서 소프트웨어와 서비스 중심으로 전환해야 했지만, 오랜 기간 구축된 조직 문화와 시스템, 다양한 이해관계자들의 우려가 변화를 저해하고 있었다.

10.1.2 도전 과제
- **조직 관성**: 성공 경험에 기반한 기존 방식에 대한 고착
- **기술적 격차**: 디지털 역량과 인재의 부족
- **변화 저항**: 중간 관리자층의 불안과 저항
- **실행력 부족**: 전략은 있으나 실질적 실행의 어려움
- **부서 간 단절**: 사일로화된 조직 구조로 인한 협업 부재

10.1.3 CoachSulting 접근법
K 전자의 디지털 전환을 위해 2년간의 CoachSulting 여정이 다음과 같이 진행되었다.

진단 및 인식 단계

컨설팅적 요소
- 산업 트렌드 분석 및 경쟁사 벤치마킹
- 조직 역량 진단 및 디지털 성숙도 평가
- 데이터 기반의 현황 분석 보고서 제작

코칭적 요소
- 경영진과의 1:1 심층 대화를 통한 변화 필요성 내재화
- 리더십 팀 워크숍을 통한 공동 위기의식 형성
- 직원 참여형 월드카페 방식의 변화 방향성 토론

전략 수립 단계

컨설팅적 요소

- 디지털 전환 로드맵 설계
- 핵심 디지털 기술 도입 우선순위 제안
- 조직 구조 재설계 및 인재 확보 전략 수립

코칭적 요소
- 경영진과 함께하는 미래 시나리오 워크숍
- 부서장들의 자발적 혁신 아이디어 도출 세션
- 크로스 펑셔널 팀 구성을 통한 공동 비전 수립

실행 및 내재화 단계

컨설팅적 요소
- 애자일 방법론 도입 및 교육
- 디지털 인재 영입 지원 및 평가 시스템 재설계
- 데이터 중심 의사결정 체계 구축

코칭적 요소
- 변화 주도 리더를 위한 팀 코칭
- 중간 관리자 대상 변화 관리 역량 강화 코칭
- 실패를 학습으로 전환하는 회고 문화 정착 지원

결과 및 성과

사업적 성과
- 디지털 서비스 매출 비중 18% 증가
- 고객 데이터 활용한 신규 비즈니스 모델 3개 출시
- 제품 출시 주기 40% 단축

조직 역량 강화
- 디지털 인재 영입 및 내부 육성으로 핵심 역량 확보
- 부서 간 협업 증가로 혁신 프로젝트 성공률 향상
- 실험과 학습을 장려하는 문화 정착

지속가능한 변화
- 내부 CoachSulting 역량을 갖춘 변화 에이전트 30명 양성
- 비즈니스 리더들의 디지털 리더십 역량 강화
- 지속적 혁신을 위한 거버넌스 체계 구축

10.1.4 CoachSulting의 핵심 성공 요인
- **균형적 접근**: 전문적 해결책 제시와 내부 역량 개발의 균형
- **시스템적 접근**: 기술, 프로세스, 사람, 문화의 통합적 변화 관리
- **맞춤형 지원**: 각 계층과 부서별 상황에 맞는 차별화된 접근
- **자기주도성**: 내부 주도의 변화 추진을 위한 점진적 권한 이양

10.2 중소기업의 지속가능 성장: B 푸드 사례

10.2.1 상황 분석
B 푸드는 15년 차 식품 제조 중소기업으로, 초기 성장기를 지나 안정기에 접어들면서 성장 둔화와 수익성 악화에 직면했다. 창업주의 카리스마에 의존한 경영방식, 체계적이지 못한 운영 시스템, 시장 변화에 대한 대응 부족이 주요 원인이었다. 코로나19 팬데믹 이후 급변하는 소비자 행동과 유통 환경 속에서 지속가능한 성장 전략이 필요한 상황이었다.

10.2.2 도전 과제
- **리더십 의존성**: 창업주 중심의 의사결정 구조
- **체계 부재**: 명확한 프로세스와 시스템 미비
- **혁신 정체**: 신제품 개발 및 시장 확장의 어려움
- **인재 확보**: 우수 인재 유치와 유지의 어려움
- **ESG 요구**: 증가하는 지속가능경영 압박

10.2.3 CoachSulting 접근법
B푸드의 지속가능 성장을 위해 1년간의 CoachSulting 프로그램이 다음과 같이 진행되었다.

현황 파악 및 목표 설정 단계

컨설팅적 요소
- 재무, 운영, 마케팅 등 핵심 영역 진단
- 시장 트렌드 분석 및 경쟁사 포지셔닝 맵 작성
- SWOT 분석을 통한 내외부 요인 파악

코칭적 요소
- 창업주와의 비전 명확화 세션
- 임원진의 핵심 가치 재정립 워크숍
- 직원 참여형 조직 진단 및 목표 설정

역량 개발 및 시스템 구축 단계

컨설팅적 요소

- 핵심 비즈니스 프로세스 최적화
- 데이터 기반 의사결정 체계 구축
- 중장기 사업 포트폴리오 전략 수립

코칭적 요소
- 창업주의 권한 위임 및 리더십 전환 코칭
- 중간 관리자 리더십 개발 프로그램
- 팀 단위 자율경영 역량 강화 워크숍

혁신 실행 및 성장 기반 구축 단계

컨설팅적 요소
- 신제품 개발 프로세스 재설계
- 디지털 마케팅 및 D2C 채널 구축 지원
- ESG 경영 로드맵 수립

코칭적 요소
- 혁신 프로젝트 팀 대상 실행력 강화 코칭
- 부서 간 협업을 위한 팀 코칭
- 지속적 학습 문화 조성을 위한 리더십 코칭

결과 및 성과

사업적 성과
- 매출 27%, 영업이익 35% 성장
- 신규 온라인 채널 매출 비중 20% 달성
- 친환경 신제품 라인 출시로 새로운 고객층 확보

조직 역량 강화
- 체계적인 경영 시스템 구축으로 운영 효율성 제고
- 부서장 중심의 의사결정 문화 정착
- 인재 유치 및 유지율 개선

지속가능한 변화
- 창업주에서 전문경영인 체제로의 순조로운 전환
- 친환경 패키징 도입 및 ESG 경영 기반 마련
- 성장을 위한 학습 조직 문화 형성

10.2.4 CoachSulting의 핵심 성공 요인

- **진화적 접근**: 급진적 변화보다 단계적이고 지속적인 개선
- **통합적 관점**: 리더십, 시스템, 문화의 균형적 발전
- **실용적 솔루션**: 중소기업 현실에 맞는 맞춤형 해결책
- **내재화 중심**: 외부 의존도를 줄이고 내부 역량 강화에 중점

10.3 스타트업의 스케일업 도전: T 테크 사례

10.3.1 상황 분석
인공지능 기반 교육 플랫폼을 운영하는 T 테크는 창업 3년 차 스타트업으로, 시리즈 A 투자 유치 후 빠른 성장을 위한 조직 확장 단계에 있었다. 혁신적인 제품과 기술력을 바탕으로 초기 시장에서 좋은 반응을 얻었으나, 조직 규모가 20명에서 100명으로 급격히 성장하면서 리더십, 프로세스, 문화적 도전에 직면했다. 창업팀의 기술 중심 사고방식에서 벗어나 체계적인 경영 시스템을 구축하고 시장을 확장해야 하는 과제가 있었다.

10.3.2 도전 과제
- **성장통**: 빠른 인원 확충에 따른 조직 혼란
- **리더십 격차**: 기술 중심 창업팀의 경영 역량 부족
- **프로세스 미비**: 확장 가능한 업무 시스템 부재
- **제품-시장 적합성**: 초기 시장 넘어 주류 시장 진입 난관
- **자금 관리**: 투자금 효율적 활용과 다음 단계 자금 조달

10.3.3 CoachSulting 접근법
T 테크의 스케일업을 위해 8개월간의 집중 CoachSulting이 다음과 같이 진행되었다.

성장 기반 구축 단계

컨설팅적 요소
- 시장 세분화 및 타겟 고객 명확화
- 조직 구조 및 핵심 역할 재정의
- 핵심 성과 지표(KPI) 설정 및 모니터링 체계 구축

코칭적 요소
- 창업팀의 역할 전환 및 성장 마인드셋 코칭
- 비전과 핵심 가치 공동 정립 워크숍
- 리더십 팀의 자기인식 및 팀 다이나믹스 개선

확장 가능한 시스템 구축 단계

컨설팅적 요소
- 제품 개발 로드맵 및 우선순위 설정
- 고객 획득 및 유지 전략 수립
- 재무 계획 및 자금조달 전략 개발

코칭적 요소
- 신규 채용 관리자들의 리더십 역량 개발
- 창업자와 경영진 간 효과적 의사소통 코칭
- 팀 간 협업 및 갈등 해결 퍼실리테이션

스케일업 실행 및 모멘텀 유지 단계

컨설팅적 요소
- 기업 및 교육기관 대상 B2B 전략 수립
- 국제 시장 진출 계획 개발
- 시리즈 B 투자 유치를 위한 사업계획 고도화

코칭적 요소
- 스트레스와 불확실성 관리 코칭
- 조직 문화 유지와 발전을 위한 리더십 코칭
- 창업팀의 자기 혁신 및 성장 지원

결과 및 성과

사업적 성과
- 월간 활성 사용자 수(MAU) 300% 증가
- B2B 시장 진출로 안정적 수익 구조 확보
- 시리즈 B 투자 유치 성공(30억 원)

조직 역량 강화
- 우수 인재 영입 및 조직 정착 성공
- 부서별 명확한 목표와 책임 체계 확립
- 확장 가능한 업무 프로세스 구축

지속가능한 성장 기반
- 제품-시장 적합성 강화로 고객 이탈률 감소
- 창업자에서 CEO로의 성공적 역할 전환
- 혁신과 실행의 균형을 이루는 문화 정착

10.3.4 CoachSulting의 핵심 성공 요인

- **속도와 안정의 균형**: 빠른 성장과 체계적 기반 구축의 균형
- **맞춤형 접근**: 스타트업 특성에 맞는 유연하고 실용적인 접근
- **전체론적 관점**: 제품, 조직, 시장, 재무의 통합적 발전
- **창업자 성장 중심**: 창업자의 리더십 전환을 핵심 축으로 설정

10.4 CoachSulting 사례 비교 분석

세 가지 사례를 비교 분석하면 기업 규모와 상황에 따라 CoachSulting 접근법의 차이점과 공통점을 발견할 수 있다.

조직 규모별 특성
- **대기업(K 전자)**: 기존 시스템과 문화의 변화 관리가 중요, 다양한 이해관계자 조정 필요
- **중소기업(B 푸드)**: 창업주 의존도 감소와 체계 구축이 핵심, 제한된 자원 내 우선순위 설정 중요
- **스타트업(T 테크)**: 빠른 실행과 기본 시스템 구축의 균형, 창업팀의 역할 전환 중요

CoachSulting 비중의 차이
- **대기업**: 초기에는 컨설팅 비중이 높고, 점차 코칭 비중 증가
- **중소기업**: 컨설팅과 코칭의 균형적 적용, 단계적 변화 중시
- **스타트업**: 빠른 방향 설정을 위한 컨설팅과 리더십 개발을 위한 집중 코칭 병행

공통 성공 요인
- **경영진의 적극적 참여**: 모든 사례에서 최고 리더십의 참여와 의지가 결정적 요소
- **통합적 접근**: 전략, 시스템, 사람, 문화의 균형적 발전
- **내재화 중시**: 외부 의존도를 줄이고 자체 역량 개발에 중점
- **맞춤형 프로세스**: 기업 상황과 필요에 맞는 유연한 접근법

10.5 CoachSulting 적용을 위한 시사점

세 가지 사례를 통해 CoachSulting을 효과적으로 적용하기 위한 핵심 시사점을 도출할 수 있다.

상황 맞춤형 접근
- 기업의 규모, 산업, 성장 단계에 따라 코칭과 컨설팅의 비중 조정
- 조직의 준비도와 수용성을 고려한 변화 속도 조절
- 내외부 환경 변화에 따른 유연한 접근법 수정

시스템적 사고의 중요성
- 개별 문제가 아닌 전체 시스템 관점에서 접근
- 비즈니스 모델, 조직 구조, 인재, 문화의 상호 연계성 고려
- 단기 성과와 장기 역량 개발의 균형 유지

자기주도성 강화 전략
- 초기에는 전문가 주도, 점진적으로 내부 주도로 전환
- CoachSulting 과정에서 내부 CoachSultant 역량 개발
- 지속적 학습 체계 구축으로 변화 지속성 확보

효과적인 CoachSulting 프로세스 설계
- 명확한 목표와 기대 설정으로 시작
- 컨설팅적 진단과 코칭적 질문의 균형적 활용
- 실행 과정에서 지속적인 피드백과 조정
- 성과 측정과 학습 내재화를 통한 지속가능성 확보

10.6 실천 워크시트: 자사 상황에 맞는 CoachSulting 접근법 설계

이 장의 마무리로, 자신의 조직 상황에 맞는 CoachSulting 접근법을 설계할 수 있는 실천 워크시트를 제공한다.

조직 상황 진단
- 현재 직면한 핵심 도전 과제는 무엇인가?
- 변화의 시급성과 조직 준비도는 어떠한가?
- 내부 역량과 외부 지원의 적절한 균형점은?

CoachSulting 접근법 설계
- 컨설팅적 요소가 더 필요한 영역은?
- 코칭적 접근이 더 효과적인 영역은?
- 단계별 코칭-컨설팅 비중 변화 계획은?

성공 요인 확보 계획
- 경영진의 참여와 지원을 어떻게 확보할 것인가?
- 변화 과정의 소통과 참여를 어떻게 설계할 것인가?
- 내재화와 지속가능성을 어떻게 확보할 것인가?

이행 계획 수립
- 단기(3개월), 중기(6개월), 장기(1년) 목표는?
- 핵심 이정표와 성과 측정 방법은?
- 잠재적 장애물과 대응 전략은?

본 장에서 살펴본 사례들은 CoachSulting이 다양한 기업 환경에서 어떻게 혁신과 변화를 이끌어낼 수 있는지 보여준다. 컨설팅의 전문성과 코칭의 참여적 접근을 균형 있게 결합함으로써, 기업은 전문가 솔루션의 적용과 내부 역량 개발이라는 두 가지 목표를 동시에 달성할 수 있다.

11장 팀 성과 향상 사례 연구
- 다기능 팀의 협업 개선
- 리더십 팀의 의사결정 최적화
- 원격 팀의 성과 관리
- 사례 연구의 종합적 시사점

11.1 다기능 팀의 협업 개선 사례

11.1.1 배경 상황: 글로벌 제조기업 A사의 신제품 개발팀
A사는 글로벌 시장에서 경쟁력을 강화하기 위해 새로운 제품 라인을 개발 중이었다. 이를 위해 마케팅, 엔지니어링, 디자인, 생산, 재무 등 다양한 부서에서 전문가들을 모아 다기능 팀(Cross-Functional Team)을 구성했다. 그러나 출범 6개월 후, 팀은 심각한 장벽에 직면했다.
- 부서 간 전문 용어와 관점 차이로 인한 의사소통 문제
- 각자의 부서 우선순위와 팀 목표 사이의 충돌
- 의사결정 과정에서의 전문 영역 간 힘의 불균형
- 실패에 대한 두려움과 방어적 태도로 인한 혁신 저해

11.1.2 CoachSulting 접근법
CoachSultant는 다음과 같은 통합적 접근법을 적용했다.

진단 단계 (컨설팅적 요소)
- 팀 역학 진단 도구를 활용한 현황 분석
- 각 기능 영역별 워크플로우와 의사결정 패턴 매핑
- 갈등 유형과 협업 장벽 식별
- 이해관계자 인터뷰를 통한 기대치 파악

인식 확장 단계 (코칭적 요소)
- 전체 팀 워크숍을 통한 공동의 목적 재정립
- 부서 간 관점 차이에 대한 이해 촉진 대화
- 개인별 협업 스타일과 강점 탐색
- 심리적 안전감의 중요성에 대한 인식 제고

해결책 설계 단계 (통합적 접근)
- 팀 구성원들이 직접 참여하는 협업 프로토콜 설계
- 의사결정 프레임워크 제안 및 맞춤화
- 분야별 전문가의 기여를 최적화하기 위한 회의 구조 재설계
- 심리적 안전감 구축을 위한 리더십 실천 방안 코칭

실행 및 정착 단계

- 새로운 협업 방식의 시범 적용 및 피드백 수집
- 팀 리더와의 1:1 코칭을 통한 변화 관리 지원
- 성공 사례 공유와 학습을 위한 정기적 회고 세션 설계
- 지속적 개선을 위한 팀 자체 코칭 역량 개발

성과 및 결과
- 제품 개발 주기가 기존 18개월에서 11개월로 39% 단축
- 다기능 의사결정의 품질 향상으로 설계 변경 횟수 45% 감소
- 신제품의 시장 출시 후 고객 피드백에 기반한 개선 주기 30% 단축
- 팀 몰입도 지수 67%에서 89%로 상승
- 내부 학습 공유 문화가 발전하여 타 부서로 협업 모델 확산

11.1.3 핵심 교훈

- **공동 목적의 중요성**: 전문 분야가 다른 구성원들이 하나의 팀으로 기능하기 위해서는 개인의 전문성을 넘어서는 공동의 목적이 필요하다.
- **번역과 통합의 역할**: CoachSultant는 각 전문 영역 사이의 '통역사' 역할을 수행하며, 다양한 관점을 통합하는 능력이 중요하다.
- **구조와 과정의 균형**: 명확한 협업 구조(컨설팅적 요소)와 심리적 안전감을 위한 팀 문화(코칭적 요소)가 균형을 이룰 때 최적의 성과가 나타난다.
- **지속 가능한 변화**: 단기적 개입을 넘어, 팀이 스스로 협업 방식을 지속적으로 개선할 수 있는 역량을 구축하는 것이 중요하다.

11.2 리더십 팀의 의사결정 최적화 사례

11.2.1 배경 상황: 금융서비스 기업 B사의 경영진
중견 금융서비스 기업 B사는 급변하는 디지털 환경에서 기회와 위협에 직면했다. CEO와 6명의 임원으로 구성된 경영진은 모두 자신의 분야에서 뛰어난 전문가였지만, 전략적 의사결정 과정에서 다음과 같은 문제점이 발견되었다.
- 중요한 결정이 지연되거나 모호한 합의로 마무리되는 경향
- 위험 회피와 단기 성과 중심의 사고방식 지배
- 몇몇 강력한 리더에 의해 의견이 좌우되는 권력 역학
- 부서 간 경쟁으로 인한 정보 공유 부족과 사일로 현상

11.2.2 CoachSulting 접근법
CoachSultant팀은 개인 코칭과 팀 컨설팅을 병행하는 통합적 접근법을 적용했다.

개인 및 팀 진단 (통합적 접근)
- 각 임원의 의사결정 스타일 진단 (MBTI, 의사결정 프로파일 등)
- 팀 역학과 의사결정 패턴 관찰 및 분석
- 과거 주요 결정 사례의 성공/실패 요인 분석
- 360도 피드백을 통한 리더십 스타일 진단

인식 확장 및 역량 강화 (코칭적 요소)
- CEO와의 1:1 코칭으로 팀 운영 방식에 대한 통찰 개발
- 각 임원과의 개별 코칭을 통한 자기인식과 영향력 패턴 탐색
- 전체 팀 워크숍을 통한 집단 의사결정의 장단점 이해
- 건설적 대립과 창의적 대화의 가치 탐색

의사결정 프레임워크 도입 (컨설팅적 요소)
- 다양한 유형의 결정에 맞는 의사결정 매트릭스 설계
- 전략적 결정을 위한 단계별 프로세스 수립
- 가정 검증과 시나리오 분석 방법론 도입
- 회의 구조와 안건 설정 프로토콜 최적화

실행 및 강화 단계
- 실제 결정 상황에서의 새로운 접근법 적용 및 코칭
- 정기적인 팀 회고와 의사결정 품질 평가 세션 운영
- CEO의 퍼실리테이션 역량 강화를 위한 집중 코칭
- 변화의 정착을 위한 진행 상황 모니터링 및 조정

성과 및 결과
- 주요 전략적 의사결정 소요 시간 35% 단축
- 의사결정 과정에 대한 팀 만족도 58%에서 87%로 상승
- 결정의 실행력과 후속 조치의 일관성 42% 향상
- 리스크 관리와 혁신적 시도 사이의 균형 개선
- 부서 간 협력 및 정보 공유 증가로 조직 전체의 의사소통 개선

11.2.3 핵심 교훈
- **인식과 구조의 결합**: 개인 인식 변화(코칭)와 체계적 의사결정 구조(컨설팅)가 함께 작용할 때 지속 가능한 변화가 이루어진다.
- **권력 역학의 중요성**: 리더십 팀의 효과적인 의사결정을 위해서는 표면적인 프로세스뿐만 아니라 기저의 권력 역학을 다루는 것이 필수적이다.
- **안전한 대립의 가치**: 진정한 협력은 갈등 회피가 아닌, 건설적 대립을 통한 아이디어의 정교화에서 온다.
- **CEO의 역할 변화**: 최고 결정권자에서 최고 질문자로의 CEO 역할 전환이 전체 팀의 의사결정 품질을 높이는 핵심 요소이다.

11.3 원격 팀의 성과 관리 사례

11.3.1 배경 상황: 글로벌 IT 서비스 기업 C사의 가상 프로젝트 팀

C사는 코로나19 팬데믹 이후 완전 원격 근무 정책을 도입했다. 특히 8개국에 분산된 32명의 개발자와 디자이너로 구성된 핵심 프로젝트 팀은 다음과 같은 도전에 직면했다.

- 시간대 차이와 의사소통 지연으로 인한 협업 효율성 저하
- 비대면 환경에서의 팀 응집력과 소속감 부족
- 업무 진행 상황과 기여도 파악의 어려움
- 원격 환경에서의 창의적 문제 해결 및 혁신 저해
- 직원 웰빙과 번아웃 관리의 복잡성

11.3.2 CoachSulting 접근법

CoachSultant는 가상 환경의 특성을 고려한 맞춤형 접근법을 개발했다.

원격 환경 진단 (컨설팅적 요소)

- 가상 협업 도구 활용 현황 및 효과성 평가
- 원격 커뮤니케이션 패턴과 정보 흐름 분석
- 시간대별 업무 활동 패턴과 동기화 지점 파악
- 개인별 원격 근무 환경과 선호도 조사

팀 문화 및 소통 패턴 탐색 (코칭적 요소)

- 팀 리더와의 1:1 코칭을 통한 원격 리더십 역량 개발
- 지역별 소그룹 대화를 통한 문화적 기대치 차이 탐색
- 전체 팀 가상 워크숍에서의 신뢰 구축 활동
- 원격 환경에서의 개인 업무 스타일과 선호도 인식

원격 성과 관리 시스템 재설계 (통합적 접근)

- 명확한 성과 지표와 기대치 설정 프레임워크 도입
- 가시성과 자율성의 균형을 맞춘 업무 추적 시스템 구축
- 비동기식 의사소통과 동기식 협업의 최적 조합 설계
- 원격 팀을 위한 인정과 보상 체계 개발

실행 및 적응 단계

- 팀 리더와 핵심 구성원 대상 원격 코칭 역량 강화
- 새로운 협업 리듬과 팀 의식의 점진적 도입
- 정기적인 가상 회고와 지속적 개선 사이클 운영
- 개인 웰빙과 팀 성과의 균형을 위한 지속적 모니터링

성과 및 결과
- 프로젝트 일정 준수율 62%에서 94%로 향상
- 팀 몰입도 지수 71%에서 85%로 상승
- 직원 이직률 22%에서 8%로 감소
- 고객 요구사항 반영 속도 40% 향상
- 원격 협업 모델의 성공사례로 기업 내 다른 팀에 확산

11.3.3 핵심 교훈

- **구조와 유연성의 균형**: 원격 환경에서는 명확한 구조(컨설팅적 요소)와 개인의 자율성(코칭적 요소) 사이의 균형이 더욱 중요하다.
- **신뢰 기반 성과 관리**: 원격 팀에서는 감시보다 신뢰에 기반한 성과 관리 방식이 더 효과적이다.
- **의도적인 연결**: 물리적 공간의 부재를 보완하기 위해 의도적인 사회적 연결과 소속감 구축이 필요하다.
- **테크놀로지의 역할**: 기술 도구 자체보다 팀 맥락에 맞는 도구의 의미 있는 활용이 중요하다.
- **지속적 실험과 적응**: 원격 환경에서 최적의 운영 방식은 지속적인 실험과 학습을 통해 발견된다.

11.4 사례 연구의 종합적 시사점

세 가지 사례 연구를 종합해 볼 때, 팀 성과 향상을 위한 CoachSulting 접근법의 핵심 시사점은 다음과 같다.

- **맥락 특화적 접근의 중요성**

각 팀의 고유한 도전과 맥락에 맞춘 접근법이 필요하다. 다기능 팀에서는 다양한 전문성의 통합이, 리더십 팀에서는 의사결정 품질의 향상이, 원격 팀에서는 분산된 협업의 최적화가 중요했다.

- **구조적 요소와 인간적 요소의 통합**

모든 사례에서 체계와 프로세스(컨설팅적 요소)와 인식 및 관계(코칭적 요소)의 균형 잡힌 통합이 성공의 핵심이었다. 어느 한쪽에만 치우친 접근은 지속 가능한 변화를 이끌어내지 못했다.

- **권한 부여와 역량 강화의 중요성**

외부 전문가의 일시적 개입보다는 팀이 스스로 문제를 해결하고 지속적으로 개선할 수 있는 내부 역량을 구축하는 것이 장기적 성과의 핵심이었다.

- **측정과 피드백의 순환**

모든 성공적인 개입에는 명확한 지표 설정과 정기적인 피드백, 그리고 이를 기반으로 한 지속적인 조정이 포함되었다.

- **리더의 역할 전환**

세 사례 모두에서 리더가 지시자에서 촉진자로, 문제 해결사에서 질문자로 역할을 전환했을 때 팀의 잠재력이 극대화되었다.

CoachSulting 접근법은 이처럼 팀의 유형과 직면한 도전이 다양함에도 불구하고, 전문적 지식(컨설팅)과 질문 기반 역량 개발(코칭)을 통합함으로써 지속 가능한 성과 향상을 이끌어낼 수 있음을 보여준다. 각 사례는 단순한 문제 해결을 넘어, 팀이 미래의 도전에도 스스로 대응할 수 있는 역량을 구축했다는 점에서 진정한 CoachSulting의 가치를 보여준다.

12장 리더 개발 사례 연구

- C 레벨 경영진의 리더십 전환
- 중간 관리자의 역량 강화
- 차세대 리더 육성

12.1 C 레벨 경영진의 리더십 전환

12.1.1 사례 배경: 디지털 전환 시대의 전통 제조기업 A사

A사는 40년 역사의 제조업 중견기업으로, 급변하는 디지털 환경과 글로벌 경쟁 속에서 생존과 성장을 위한 대대적인 혁신이 필요했다. 오랜 기간 위계적 관리 스타일로 성공했던 CEO와 경영진들은 새로운 시대에 맞는 리더십으로의 전환이 시급했으나, 기존 성공 경험에서 비롯된 변화 저항이 컸다.

12.1.2 CoachSulting 접근법

진단 단계
- **컨설팅적 접근:** 조직 진단과 업계 벤치마킹을 통해 경영진이 객관적으로 현 상황을 인식하도록 데이터 제시
- **코칭적 접근:** 1:1 심층 인터뷰를 통해 각 경영진의 리더십 스타일, 믿음, 두려움을 탐색

설계 단계
- **컨설팅적 접근:** 디지털 시대에 필요한 리더십 모델과 역량 프레임워크 제안
- **코칭적 접근:** 각 경영진의 특성과 강점을 고려한 개인별 맞춤형 발전 계획 공동 수립

실행 단계
- **그림자 코칭:** 주요 의사결정 과정과 리더십 순간에 CoachSultant가 동행하며 실시간 피드백
- **정기적 실행 리뷰:** 격주 미팅을 통해 변화 시도와 결과를 성찰하고 다음 단계 조정
- **리더십 전환 워크숍:** 전체 경영진이 모여 집단 학습과 상호 코칭을 진행

통합 단계
- 3개월, 6개월 마일스톤 리뷰와 조정
- 새로운 리더십 행동의 제도화를 위한 시스템 및 문화적 장치 설계

주요 성과

- CEO의 지시형 리더십에서 코칭형 리더십으로의 성공적 전환
- 경영진 회의 방식의 변화로 더 개방적이고 혁신적인 의사결정 문화 형성
- 디지털 전환 전략에 대한 경영진의 주인의식과 실행력 강화
- 1년 후 혁신 지표 30% 상승, 직원 몰입도 25% 증가

12.1.3 핵심 교훈
- 경영진 변화의 첫 단계는 인식의 전환이며, 이를 위해서는 객관적 데이터(컨설팅)와 깊은 성찰(코칭)의 균형이 중요
- 지위가 높을수록 솔직한 피드백을 받기 어려운 환경에서 CoachSultant의 중립적 입장이 변화를 가속화
- 개인 변화와 시스템 변화를 동시에 추진해야 지속가능한 리더십 전환이 가능

12.2 중간 관리자의 역량 강화

12.2.1 사례 배경: 급성장 중인 테크 기업 B사
설립 5년 차의 B사는 빠른 성장으로 직원 수가 50명에서 300명으로 급증했다. 대부분 실무 전문가에서 승진한 중간 관리자 30명이 조직 관리 경험 부족으로 어려움을 겪고 있었고, 이는 높은 이직률과 프로젝트 지연으로 이어졌다. 경영진은 중간 관리자들의 급속한 역량 강화가 회사의 다음 성장 단계 진입에 필수적임을 인식했다.

12.2.2 CoachSulting 접근법
진단 단계
- 360도 피드백과 역량 진단을 통한 객관적 현황 파악
- 관리자별 1:1 진단 세션을 통한 개인별 도전 과제와 성장 욕구 발견
- 조직 시스템과 문화적 장벽 분석

설계 단계
- 맞춤형 역량 개발 로드맵 설계 (리더십, 코칭, 피드백, 갈등 관리, 성과 관리)
- 학습 공동체(Learning Circle) 구성 및 운영 방식 설계
- 실전 적용 프로젝트와 성찰 활동의 균형 설계

실행 단계
- **격월 집합 교육:** 필수 관리 역량에 대한 실용적 지식과 도구 제공(컨설팅)
- **월 2회 그룹 코칭:** 6-8명 소그룹에서 실제 관리 이슈를 가지고 동료 코칭
- **월 1회 1:1 CoachSulting:** 개인별 도전 과제에 대한 맞춤형 지원
- **액션 러닝 프로젝트:** 실제 업무 환경에서 새로운 접근법 실험 및 성찰

통합 단계
- **사례 공유회:** 성공 사례와 교훈 조직 전체 공유
- 중간 관리자 멘토링 시스템 구축으로 지속적 역량 강화
- 인사평가 및 보상 체계와의 연계

주요 성과

- 관리자 역량 평가 점수 평균 42% 상승
- 팀 성과 및 만족도 향상 (직원 이직률 30%→15% 감소)
- 관리자들 간 동료 학습 문화 정착으로 지속적인 성장 기반 마련
- 프로젝트 일정 준수율 68%에서 91%로 향상

12.2.3 핵심 교훈
- 실무 전문가에서 관리자로의 전환은 사고방식(Mindset)의 근본적 변화가 필요하며, 이는 코칭적 접근을 통해 효과적으로 이루어짐
- 동료 학습과 실전 적용의 반복 사이클이 역량 개발 속도를 가속화
- 중간 관리자 발전을 위한 조직 시스템(권한 위임 체계, 의사결정 프로세스 등)의 동시 개선이 필수적

12.3 차세대 리더 육성

12.3.1 사례 배경: 글로벌 금융 그룹 C사
40개국에 진출한 C 금융그룹은 글로벌 리더십 파이프라인 강화를 위해 고성과자 중 100명을 선발하여 2년간의 차세대 리더 육성 프로그램을 기획했다. 기존의 지식 전달식 리더십 프로그램이 실질적 역량 향상으로 이어지지 않는다는 반성에서, 더 통합적이고 실천적인 접근법을 모색했다.

12.3.2 CoachSulting 접근법
진단 단계
- 미래 리더십 요구 역량 분석 (산업 트렌드, 기업 전략, 조직 문화 요소 고려)
- 참가자별 역량 진단 및 개발 니즈 파악
- 현업 리더와 고성과자 간 기대 격차 분석

설계 단계
- 3단계 발전 모델 설계: 자기 이해 → 타인 영향 → 조직 리드
- 블렌디드 러닝 아키텍처: 온라인 학습, 현장 실습, 프로젝트, 코칭의 통합
- 실전 비즈니스 과제와 리더십 개발의 연계

실행 단계
- 몰입형 학습 모듈 (2~3일): 미래 리더십 트렌드, 전략적 사고, 혁신, 변화 관리 등 핵심 역량 학습(컨설팅)
- 액션 러닝 프로젝트: 실제 비즈니스 도전 과제에 적용(6개월 프로젝트)
- 개인 코칭(월 1회): 개인별 리더십 스타일 개발 및 장애물 극복 지원
- 글로벌 가상 팀 경험: 다양한 국가의 참가자들과 협업 프로젝트
- 경영진 멘토링: 고위 경영진과의 정기적 대화와 학습

통합 단계
- 경영진 참여 프로젝트 발표회
- 참가자의 리더십 여정과 통찰 공유(스토리텔링)
- 프로그램 이후 지속적 성장을 위한 커뮤니티 구축

주요 성과
- 참가자의 85%가 2년 내 상위 직급 승진
- 액션 러닝 프로젝트를 통해 연간 약 200만 달러 비용 절감 및 신규 수익 창출
- 리더십 파이프라인 확보로 외부 영입 비중 감소(62%→35%)
- 참가자들이 주도한 혁신 이니셔티브 수 3배 증가

12.3.3 핵심 교훈
- 차세대 리더 육성은 지식 전달뿐 아니라 실제 경험과 성찰의 통합적 접근이 필수적
- 미래 리더에게는 비즈니스 역량과 함께 자기인식, 공감, 코칭 능력이 핵심 차별점
- 지속적인 피드백 루프와 성찰 기회가 급속한 역량 발전의 촉매제
- 현업 적용과 결과 창출을 통합한 발전 프로그램이 조직의 즉각적 가치 창출과 장기적 역량 구축을 동시에 달성

리더 개발 사례 연구의 종합적 시사점

CoachSulting 접근의 차별적 가치
- 전통적인 리더십 개발이 지식 전달과 일회성 경험에 그쳤다면, CoachSulting은 지속적인 실천-성찰-적용의 선순환을 만들어 실질적 행동 변화를 이끌어냄
- 리더십 레벨과 상황에 따라 코칭과 컨설팅의 비중을 탄력적으로 조정하는 맞춤형 접근이 효과적

리더 개발의 핵심 성공 요소
- 개인 변화와 시스템 변화의 병행 추진
- 실제 업무 맥락과 개발 활동의 긴밀한 연계
- 지속적인 성찰과 피드백을 위한 체계적 장치
- 동료 간 학습과 지원을 촉진하는 커뮤니티 형성

리더십 레벨별 CoachSulting 접근법의 차이
- **C레벨** : 전략적 통찰과 자기인식 강화에 초점, 개인 코칭 비중 높음
- **중간 관리자** : 실무와 관리의 균형, 그룹 코칭과 실천 학습의 병행
- **차세대 리더** : 다양한 경험과 체계적 역량 개발, 실제 비즈니스 성과와 개인 성장의 연계

미래 리더 개발을 위한 제언
- 디지털 환경에서의 가상 코칭과 모바일 학습 통합
- 데이터 기반 진단과 맞춤형 개발 경로 설계
- 리더 개발과 조직 전략의 더욱 긴밀한 연계
- 리더십의 성과를 측정하는 다차원적 평가 체계 구축

제5부: CoachSulting의 미래와 발전

13장 디지털 시대의 CoachSulting

- 기술 활용과 가상 CoachSulting
- 데이터 기반 CoachSulting의 가능성
- AI와 인간 CoachSultant의 협업
- 디지털 CoachSulting의 윤리적 고려사항

디지털 기술의 급속한 발전은 우리의 일하는 방식과 소통 방식을 근본적으로 변화시키고 있다. 이러한 변화는 CoachSulting 분야에도 큰 영향을 미치고 있으며, 전통적인 대면 방식의 코칭과 컨설팅을 넘어 새로운 가능성을 열어주고 있다. 본 장에서는 디지털 시대의 CoachSulting이 어떻게 진화하고 있는지, 그리고 기술을 활용한 CoachSulting의 미래는 어떤 모습일지 탐색해보고자 한다.

디지털 전환은 단순히 같은 일을 디지털 도구로 하는 것이 아니라, 근본적으로 새로운 접근법과 가치 창출 방식을 요구한다. CoachSultant들은 이러한 변화의 최전선에서 조직과 개인이 디지털 시대에 적응하고 번영할 수 있도록 지원하는 동시에, 자신들의 실무 역시 디지털 환경에 맞게 혁신해야 하는 이중적 과제를 안고 있다.

이 장에서는 기술을 활용한 가상 CoachSulting의 방법, 데이터 기반 접근법의 가능성, 그리고 인공지능(AI)과 인간 CoachSultant의 협업 방안에 대해 심층적으로 살펴볼 것이다. 이를 통해 디지털 시대에 CoachSulting이 어떻게 더 효과적이고 확장 가능하며 개인화된 서비스를 제공할 수 있는지 알아보고자 한다.

13.1 기술 활용과 가상 CoachSulting

13.1.1 가상 CoachSulting의 부상
코로나19 팬데믹은 원격 업무와 가상 협업을 일상화시키며 CoachSulting 분야에도 급속한 디지털 전환을 가져왔다. 이제 가상 CoachSulting은 선택이 아닌 필수가 되었으며, 이는 많은 장점을 가져다 주었다.

가상 CoachSulting의 장점
- **지리적 제약 극복**: 전 세계 어디에서나 최적의 CoachSultant와 협업 가능
- **시간 효율성**: 이동 시간 절약 및 유연한 일정 조정
- **비용 절감**: 출장 비용 및 공간 임대료 감소
- **기록과 추적의 용이성**: 디지털 도구를 통한 세션 기록 및 진행 상황 추적
- **다양한 디지털 도구 활용**: 실시간 협업 도구, 시각화 도구 등의 통합 사용

그러나 가상 환경에서의 CoachSulting은 새로운 도전과제도 가져왔다. 비언어적 소통의 제한, 기술적 문제 발생, 집중력 유지의 어려움, 신뢰 관계 구축의 복잡성 등이 그것이다. 이러한 도전과제를 극복하기 위해 CoachSultant는 가상 환경에 맞는 새로운 역량을 개발해야 한다.

13.1.2 가상 CoachSulting을 위한 핵심 기술
가상 CoachSulting을 효과적으로 수행하기 위해서는 다양한 디지털 도구와 플랫폼을 적절히 활용할 수 있어야 한다.

화상 회의 플랫폼
- Zoom, Microsoft Teams, Google Meet 등의 플랫폼은 기본이 되었다.
- 화면 공유, 브레이크아웃룸, 화이트보드, 채팅 등의 기능을 활용하여 대면 세션과 유사한 경험을 제공할 수 있다.
- 세션 녹화 기능을 통해 고객이 나중에 다시 내용을 검토할 수 있도록 지원한다.

협업 및 시각화 도구

- Miro, Mural과 같은 디지털 화이트보드는 아이디어 시각화, 프로세스 매핑, 집단 브레인스토밍에 활용된다.
- Trello, Asana, Monday.com 등의 프로젝트 관리 도구는 실행 계획 수립과 진행 상황 추적에 효과적이다.
- Mentimeter, Slido와 같은 실시간 설문 및 투표 도구는 즉각적인 피드백 수집에 유용하다.

가상 학습 환경
- Learning Management Systems(LMS)를 통해 CoachSulting 프로그램의 자료 제공, 과제 관리, 진행 상황 추적이 가능하다.
- 마이크로러닝 플랫폼을 활용해 짧고 집중적인 학습 경험을 제공한다.
- 가상 현실(VR)이나 증강 현실(AR) 기술을 활용한 몰입형 시뮬레이션 훈련도 점차 도입되고 있다.

13.1.3 가상 CoachSulting을 위한 프로세스 재설계

가상 환경에서의 CoachSulting은 단순히 대면 방식을 온라인으로 옮기는 것이 아니라, 디지털 환경에 맞게 프로세스를 재설계하는 것이 중요한다.

세션 설계의 변화
- 더 짧고 빈번한 세션 구성 (90분 대신 45~60분 세션을 더 자주)
- 화면 피로도를 고려한 다양한 활동과 상호작용 요소 포함
- 디지털 사전 과제와 후속 활동을 통한 연속성 유지

가상 관계 구축 전략
- 비디오를 통한 신뢰 구축을 위한 의도적인 연결 시간 확보
- 디지털 아이스브레이킹 활동과 가상 체크인 루틴 활용
- 메시징 앱이나 이메일을 통한 세션 사이의 지속적인 소통

가상 환경에 맞는 코칭 기술 적용
- 화상 통화에서의 적극적 경청 기술 (화면 응시, 시각적 확인 표현)
- 디지털 환경에서의 효과적인 질문 기법
- 온라인에서의 침묵과 공간 활용 방법
- 화면 피로도와 집중력 관리 기술

13.1.4 하이브리드 CoachSulting 모델

많은 조직이 대면과 원격 업무를 혼합한 하이브리드 모델로 전환함에 따라, CoachSulting 역시 하이브리드 접근법을 발전시키고 있다.

하이브리드 CoachSulting의 구성 요소
- 핵심 세션은 대면으로, 후속 세션은 가상으로 진행
- 팀 워크숍은 대면으로, 개인 코칭은 가상으로 진행
- 진단과 평가는 디지털 도구로, 심층 논의는 대면으로 진행

하이브리드 세션 설계
- 일부 참가자는 현장에, 일부는 원격으로 참여하는 혼합 세션 운영 방법
- 모든 참가자가 동등하게 참여할 수 있는 포용적 방식 설계
- 물리적 도구와 디지털 도구의 효과적인 통합

하이브리드 모델은 대면과 가상 환경의 장점을 결합할 수 있지만, 모든 참가자에게 동등한 경험을 제공하기 위한 세심한 계획과 추가적인 기술적 준비가 필요하다.

13.2 데이터 기반 CoachSulting의 가능성

13.2.1 CoachSulting에서의 데이터 활용

전통적으로 코칭과 컨설팅은 경험, 직관, 관찰에 크게 의존해왔다. 그러나 디지털 시대에는 다양한 데이터를 활용하여 더 객관적이고 정밀한 CoachSulting을 제공할 수 있게 되었다.

CoachSulting에서 활용 가능한 데이터 유형

평가 데이터
- 심리 측정 도구 및 성격 검사 결과
- 360도 피드백 데이터
- 역량 평가 및 스킬 갭 분석

행동 데이터
- 업무 패턴 및 생산성 데이터
- 커뮤니케이션 패턴 (이메일, 메시징, 회의 등)
- 시간 관리 및 우선순위 설정 데이터

성과 데이터
- KPI 및 목표 달성 지표
- 프로젝트 성과 및 마일스톤
- 팀 협업 및 성과 지표

웰빙 및 참여 데이터
- 조직 건강도 및 참여도 조사
- 스트레스 및 번아웃 지표
- 워크라이프 밸런스 측정치

13.2.2 데이터 기반 CoachSulting의 프로세스

데이터를 CoachSulting에 통합하는 체계적인 프로세스는 다음과 같다.

데이터 수집
- 목적에 맞는 데이터 소스 선정
- 윤리적이고 투명한 데이터 수집 방법 설계
- 정량적 데이터와 정성적 데이터의 균형

데이터 분석 및 통찰 도출
- 패턴, 추세, 상관관계 파악
- 벤치마킹 및 비교 분석
- 심층적인 인사이트 도출

데이터 기반 대화
- 객관적 데이터를 바탕으로 한 코칭 질문 설계
- 데이터를 활용한 자기인식 촉진
- 데이터와 경험을 연결하는 성찰적 대화

데이터 기반 실행 계획
- 측정 가능한 목표 설정
- 데이터로 진행 상황 추적
- 지속적인 피드백 루프 구축

성과 측정 및 ROI 평가
- CoachSulting 개입의 영향 측정
- 투자 대비 수익 계산
- 데이터 기반의 프로그램 개선

13.2.3 피플 애널리틱스와 CoachSulting의 통합

피플 애널리틱스(People Analytics)는 인적 자원 데이터를 분석하여 직원 경험, 성과, 잠재력에 대한 통찰을 제공한다. 이러한 분석을 CoachSulting과 통합하면 조직 차원의 개입을 더욱 효과적으로 설계할 수 있다.

피플 애널리틱스를 활용한 CoachSulting 사례

- **인재 개발 최적화**: 데이터 분석을 통해 특정 리더십 행동과 팀 성과 간의 상관관계를 파악하고, 이를 기반으로 리더십 코칭 프로그램을 설계한다.
- **성과 패턴 식별**: 고성과자와 저성과자의 행동 패턴을 분석하여 특정 역량이나 습관이 성과에 미치는 영향을 파악하고, 이를 코칭 목표 설정에 활용한다.
- **예측적 CoachSulting**: 이직 위험이 높은 핵심 인재를 미리 파악하여 선제적 코칭 개입을 통해 직원 유지율을 높인다.

- **팀 다이나믹스 최적화**: 팀 구성과 협업 패턴 데이터를 분석하여 팀 효과성을 높이는 맞춤형 팀 코칭을 제공한다.

13.2.4 데이터 기반 CoachSulting의 도전 과제와 윤리적 고려사항

데이터의 활용이 많은 기회를 제공하지만, CoachSulting 맥락에서는 특별한 주의가 필요한 영역이기도 한다.

주요 도전 과제
- 데이터의 품질과 신뢰성 확보
- 상관관계와 인과관계의 구분
- 숫자 너머의 맥락과 인간적 요소 이해
- 데이터 해석에서의 편향 인식과 관리

윤리적 고려사항
- 데이터 수집 및 사용에 대한 투명성과 동의
- 개인정보 보호 및 데이터 보안
- 과도한 감시와 신뢰 훼손 방지
- 알고리즘 편향과 불공정한 결과 방지

CoachSultant는 데이터의 가치를 인식하면서도, 인간 중심적 접근의 중요성을 간과하지 않아야 한다. 데이터는 CoachSulting을 강화하는 도구일 뿐, 인간의 직관, 경험, 공감을 대체할 수 없다.

13.3 AI와 인간 CoachSultant의 협업

13.3.1 CoachSulting 영역에서의 AI 발전
인공지능 기술은 급속도로 발전하여 CoachSulting 분야에도 혁신을 가져오고 있다. 특히 자연어 처리, 기계학습, 감정 인식 기술의 발전은 CoachSulting 프로세스 전반에 걸쳐 새로운 가능성을 열어주고 있다.

현재 CoachSulting에 활용되는 AI 기술
- **자연어 처리(NLP)**: 대화 내용 분석, 핵심 주제 추출, 감정 분석 등을 통해 코칭 대화의 패턴을 파악하고 개선점을 제시한다.
- **머신러닝 알고리즘**: 과거 데이터를 기반으로 특정 상황에서 가장 효과적인 코칭 접근법을 추천한다.
- **챗봇과 가상 비서**: 기본적인 코칭 질문을 제공하고, 목표 추적, 알림, 자원 공유 등의 보조 기능을 수행한다.
- **감정 인식 기술**: 얼굴 표정, 음성 톤, 텍스트 내용 등을 분석하여 CoachSulting 대상의 감정 상태를 파악한다.

13.3.2 인간과 AI의 역할 구분과 상호보완성
AI 기술이 발전함에 따라 "AI가 CoachSultant를 대체할 것인가?"라는 질문이 자주 제기된다. 그러나 보다 생산적인 관점은 "인간 CoachSultant와 AI가 어떻게 협력하여 더 나은 가치를 창출할 수 있을까?"이다.

AI의 강점:
- 방대한 데이터 처리 및 패턴 인식
- 일관된 모니터링과 추적
- 편향 없는(또는 의식적으로 관리된 편향) 피드백
- 24/7 가용성 및 즉각적 응답
- 규모 확장성

인간 CoachSultant의 강점
- 감정적 지능과 공감
- 맥락 이해와 상황 적응력
- 창의적 문제 해결과 직관

- 윤리적 판단과 가치 기반 의사결정
- 깊은 관계 형성과 신뢰 구축

이러한 강점을 결합하면, 인간과 AI는 상호보완적인 파트너십을 구축할 수 있다.

13.3.3 인간-AI 협업 CoachSulting 모델

인간 CoachSultant와 AI가 협업하는 다양한 모델이 등장하고 있다.

- **보조형 AI 모델**

AI가 CoachSultant의 도우미 역할을 하며, 관리 업무 자동화, 데이터 분석, 자료 준비, 세션 요약 등을 지원한다. CoachSultant는 여전히 모든 주요 상호작용을 주도한다.

사례: 금융 서비스 기업에서 리더십 코치는 AI 비서를 활용하여 코칭 세션 전에 참가자의 최근 업무 패턴과 성과 데이터를 수집하고, 이전 세션의 주요 내용을 요약하며, 잠재적인 논의 주제를 제안받는다. 코치는 이 정보를 바탕으로 더 준비된 상태에서 세션을 진행할 수 있다.

- **증강형 AI 모델**

AI가 CoachSulting 과정 중에 실시간으로 통찰, 질문 제안, 참고 자료 등을 제공하여 CoachSultant의 역량을 확장한다. 최종 판단과 상호작용은 여전히 인간이 주도한다.

사례: 교육 컨설팅 회사에서 팀 코치는 AI 시스템을 통해 팀 토론 중 발언 패턴, 참여도, 감정적 변화 등을 실시간으로 모니터링한다. AI는 특정 팀원의 참여가 저조하거나 논의가 생산적이지 않은 방향으로 흐를 때 코치에게 알림을 보내, 적절한 개입을 할 수 있도록 지원한다.

- **혼합형 AI 모델**

일부 CoachSulting 기능은 AI가 독립적으로 수행하고(예: 기초 진단, 루틴 체크인, 진행 상황 모니터링), 더 복잡하고 미묘한 영역은 인간 CoachSultant가 담당한다.

사례: 글로벌 기술 기업에서 AI 코칭 앱이 수백 명의 중간 관리자에게 일일 체크인, 목표 추적, 기본적인 조언을 제공한다. 동시에 소수의 인간 CoachSultant가 정기적인 심층 세션을 통해 복잡한 도전과제, 감정적 장

벽, 전략적 결정 등을 다룬다. 이 하이브리드 모델은 확장성과 깊이 있는 지원을 동시에 제공한다.

13.3.4 AI 시대의 CoachSultant 역량 개발
AI 시대에 성공적인 CoachSultant가 되기 위해서는 기존의 역량에 더해 새로운 기술과 지식이 필요하다.

기술적 역량
- AI 도구의 기본 원리와 한계 이해
- 데이터 리터러시와 분석적 사고
- AI 도구를 코칭 프로세스에 통합하는 능력
- 디지털 플랫폼과 도구의 효과적인 사용

강화된 인간적 역량
- AI가 쉽게 복제할 수 없는 깊은 공감 능력
- 복잡한 윤리적 딜레마에 대한 판단력
- 문화적 감수성과 다양성 이해
- 창의적 사고와 시스템적 관점

새로운 메타 역량
- 인간-AI 협업의 균형점 찾기
- AI 제안에 대한 비판적 평가
- AI 도구의 윤리적 사용에 대한 감각
- 지속적인 학습과 적응 능력

13.3.5 AI CoachSulting의 미래 전망
AI 기술은 계속해서 발전할 것이며, CoachSulting 분야에 더 많은 혁신을 가져올 것이다. 앞으로 예상되는 발전 방향은 다음과 같다.

- **맞춤형 AI 코칭 생태계**

개인의 성격, 학습 스타일, 성장 목표, 선호도에 맞춘 완전히 개인화된 코칭 경험을 AI가 지원하게 될 것이다.

- **확장 현실(XR)과 AI의 결합**

가상 현실, 증강 현실, 혼합 현실 환경에서 AI CoachSultant가 실시간 시뮬레이션과 몰입형 경험을 제공할 것이다.
- **집단지성 CoachSulting**

인간 CoachSultant의 집단 지식과 AI의 데이터 처리 능력이 결합된 플랫폼을 통해, 개인과 조직은 집단지성에 기반한 CoachSulting을 받을 수 있을 것이다.

- **상황 인식형 임베디드 코칭**

AI가 일상 업무 흐름에 자연스럽게 통합되어, 특정 상황이나 도전과제가 발생할 때 실시간으로 코칭 개입을 제공할 것이다.

- **자율적 AI CoachSulting 시스템**

궁극적으로는 특정 영역에서 높은 수준의 자율성을 가진 AI CoachSulting 시스템이 등장할 수 있으며, 이는 인간 CoachSultant의 역할을 재정의하게 될 것이다.

13.4 디지털 CoachSulting의 윤리적 고려사항

디지털 기술과 AI의 활용이 확대됨에 따라, CoachSulting 분야에서도 다양한 윤리적 문제가 제기되고 있다.

프라이버시와 데이터 보호
- 고객 데이터의 수집, 저장, 사용에 관한 투명한 정책
- 데이터 최소화 및 목적 제한 원칙 준수
- 안전한 데이터 저장 및 전송 방법 적용

알고리즘 편향과 공정성
- AI 시스템의 편향 인식 및 지속적 모니터링
- 다양한 인구 집단에 대한 공정한 결과 보장
- 인간의 감독과 개입을 통한 편향 완화

자율성과 인간 중심 접근
- 기술이 인간의 의사결정을 지원하되 대체하지 않도록 설계
- 고객가 자신의 데이터와 AI 사용에 대한 통제권 유지
- 항상 인간의 필요와 웰빙을 최우선으로 고려

투명성과 설명 가능성
- AI 시스템의 결정 과정에 대한 이해하기 쉬운 설명 제공
- CoachSulting 과정에서 AI의 역할에 대한 명확한 커뮤니케이션
- 고객가 정보에 입각한 동의를 할 수 있도록 지원

마무리: 디지털 시대의 CoachSulting - 균형 찾기

디지털 시대의 CoachSulting은 기술의 효율성과 확장성, 그리고 인간의 공감과 직관 사이에서 균형을 찾는 여정이다. 가상 환경에서의 CoachSulting, 데이터 기반 접근법, AI와의 협업은 CoachSulting의 가능성을 크게 확장시키고 있다.

성공적인 디지털 CoachSulting을 위해서는 기술을 단순히 도구로 보는 것을 넘어, CoachSulting의 본질과 목적에 부합하는 방식으로 기술을 통합해야 한다. 기술은 인간적 연결을 대체하는 것이 아니라, 이를 강화하고 확장하는 역할을 해야 한다.

14장 CoachSulting의 윤리와 표준

- 전문가 책임과 경계 설정
- 다양성과 포용성의 실천
- 지속적 학습과 역량 개발
- 사례 연구: 윤리적 CoachSulting의 실제

CoachSulting은 코칭과 컨설팅이라는 두 전문 영역의 경계를 넘나들며 고객에게 서비스를 제공하는 독특한 접근법이다. 이러한 융합적 성격은 새로운 가능성을 열어주는 동시에, 전통적인 코칭이나 컨설팅만을 제공할 때보다 더 복잡한 윤리적 고려사항과 표준이 요구된다. 본 장에서는 CoachSultant로서 갖추어야 할 전문가적 책임과 윤리적 표준, 다양성과 포용성을 실천하는 방법, 그리고 지속적인 학습과 역량 개발의 중요성에 대해 살펴보고자 한다.

CoachSulting의 윤리와 표준은 단순히 규칙을 준수하는 차원을 넘어, 고객과 사회에 대한 존중과 책임감을 바탕으로 한 전문가로서의 정체성과 직결된다. 따라서 CoachSultant는 자신의 실무에서 윤리적 의사결정을 내리고, 다양한 상황에서 적절한 경계를 유지하며, 지속적인 자기성찰과 학습을 통해 전문성을 발전시켜 나가야 한다.

14.1 전문가 책임과 경계 설정

14.1.1 CoachSultant의 이중적 책임

CoachSultant는 코칭과 컨설팅 두 영역의 전문가로서 이중적 책임을 갖는다. 한편으로는 코치로서 고객의 자율성과 성장을 존중하면서, 다른 한편으로는 컨설턴트로서 전문적 조언과 방향성을 제시해야 한다. 이러한 이중적 역할은 다음과 같은 책임을 수반한다.

- **역할 명확성 유지**: CoachSulting 과정에서 현재 어떤 역할(코치/컨설턴트)로 개입하고 있는지 명확히 하고, 필요할 때 고객에게 투명하게 공유
- **전문성의 한계 인정**: 자신의 전문 영역을 벗어나는 문제에 대해서는 한계를 인정하고, 필요할 때 다른 전문가에게 의뢰
- **고객 이익 우선**: 자신의 이익이나 편의보다 고객의 최선의 이익을 우선시하는 결정과 행동
- **약속 이행**: 합의된 프로세스, 시간, 결과물에 대한 약속을 성실히 이행

14.1.2 윤리적 경계 설정과 유지

CoachSulting 과정에서 발생할 수 있는 다양한 윤리적 딜레마와 경계 이슈를 관리하는 것은 전문가로서의 핵심 역량이다. 주요 경계 영역과 관리 방안은 다음과 같다.

관계적 경계

- **이중 관계 관리**: CoachSulting 관계 외에 다른 관계(사적 친분, 비즈니스 파트너십 등)가 존재할 경우, 이를 명확히 인식하고 잠재적 이해충돌을 관리
- **권력 균형**: 전문가로서의 영향력을 인식하고, 권력 남용이나 의존성 조성을 방지
- **친밀감과 전문성의 균형**: 라포 형성과 전문적 거리 유지 사이의 적절한 균형점 찾기

역할 경계

- **역할 전환의 명시화**: 코칭 모드에서 컨설팅 모드로, 또는 그 반대로 전환할 때 이를 명확히 표현
- **다중 이해관계자 관리**: 조직 내 여러 층위의 이해관계자와 일할 때 충성

심과 책임의 경계 명확화
- **영역 존중**: 타 전문가(심리치료사, 재무 컨설턴트 등)의 영역을 존중하고 필요할 때 협업

비밀유지와 정보 공유
- **기밀 정보 보호**: 고객 정보의 철저한 보호와 비밀유지 원칙 준수
- **투명한 정보 관리**: 어떤 정보가 누구와 공유되는지에 대한 명확한 합의 도출
- **법적 의무 준수**: 정보 보호와 관련된 법적, 윤리적 의무 준수(예: GDPR, 개인정보보호법)

14.1.3 윤리적 의사결정 프레임워크

CoachSultant는 복잡한 윤리적 상황에서 체계적인 의사결정을 내릴 수 있는 프레임워크를 갖추어야 한다.
- **상황 인식**: 윤리적 이슈나 딜레마가 있는지 인식
- **사실 수집**: 관련된 모든 정보와 맥락 파악
- **영향 분석**: 가능한 결정이 모든 이해관계자에게 미칠 영향 고려
- **대안 탐색**: 다양한 행동 옵션과 그 잠재적 결과 검토
- **원칙 적용**: 전문가 윤리 코드와 개인적 가치에 비추어 평가
- **결정과 실행**: 최선의 판단에 따라 결정하고 행동
- **성찰과 학습**: 결과를 평가하고 향후 유사 상황을 위한 교훈 도출

14.1.4 계약 및 동의 프로세스

CoachSulting의 시작과 진행 과정에서 명확한 계약과 동의는 윤리적 실무의 기초이다.
- **명확한 서비스 범위 설정**: 무엇을 제공하고, 무엇을 제공하지 않는지 명확화
- **기대치 관리**: 예상되는 결과와 한계에 대한 현실적인 설명
- **요금 및 조건의 투명성**: 비용, 시간, 취소 정책 등에 대한 투명한 공유
- **동의의 지속적 갱신**: 프로세스 진행에 따라 필요할 때 계약 내용 조정 및 재동의
- **종료 조건 명시**: 언제, 어떤 조건에서 관계가 종료될 수 있는지 사전 합의

14.2 다양성과 포용성의 실천

14.2.1 다양성 인식과 문화적 역량
효과적인 CoachSultant는 다양한 배경과 정체성을 가진 고객과 협력할 수 있는 문화적 역량을 갖추어야 한다.
- **자기 인식**: 자신의 문화적 배경, 가정, 편향성에 대한 인식과 성찰
- **지식 확장**: 다양한 문화, 정체성, 사회적 집단에 대한 지식 축적
- **적응적 접근**: 고객의 문화적 맥락에 맞게 접근법 조정
- **차이 존중**: 다른 관점과 가치관을 판단 없이 인정하고 존중

14.2.2 포용적 CoachSulting 실무
포용성은 단순한 선언이 아닌 일상적인 실무에 통합되어야 할 원칙이다.

포용적 언어와 커뮤니케이션
- **언어적 민감성**: 성별, 연령, 문화, 장애 등에 관한 포용적 언어 사용
- **다양한 커뮤니케이션 스타일 수용**: 직접적/간접적, 고맥락/저맥락 등 다양한 소통 방식 존중
- **접근성 고려**: 장애나 언어적 장벽을 가진 고객를 위한 대안적 소통 방식 제공

다양한 관점과 경험의 통합
- **다양한 사례와 예시 활용**: 다양한 배경과 상황을 반영하는 사례 활용
- **포용적 프레임워크 채택**: 특정 문화나 집단에 편향되지 않은 모델과 도구 선택
- **다양한 학습 스타일 수용**: 시각적, 청각적, 체험적 등 다양한 학습 선호도 고려

시스템적 장벽 인식
- **구조적 불평등 이해**: 조직과 사회 내 존재하는 구조적 장벽과 권력 역학 인식
- **포용적 환경 조성**: 모든 참여자가 안전하게 기여할 수 있는 환경 조성
- **대변자 역할**: 필요할 때 소외된 목소리가 반영될 수 있도록 지원

14.2.3 다양성과 포용성을 위한 도구와 프레임워크

CoachSultant가 더 포용적인 실무를 위해 활용할 수 있는 구체적 도구와 프레임워크는 다음과 같다.

- **문화적 정체성 매핑**: 고객과 자신의 문화적 정체성 요소를 인식하고 영향 평가
- **포용성 감사**: 기존 도구, 프로세스, 언어의 포용성을 평가하고 개선
- **다양성 렌즈 분석**: 다양한 관점(성별, 문화, 세대 등)에서 상황을 재해석
- **교차성 인식**: 여러 정체성이 교차하는 지점에서의 고유한 경험 이해

14.2.4 다양성과 포용성의 비즈니스 가치

다양성과 포용성은 단순한 윤리적 명령이 아닌 비즈니스 가치를 창출한다.

- **혁신 촉진**: 다양한 관점이 창의적 해결책으로 이어지는 메커니즘 활용
- **시장 이해 확대**: 다양한 고객 집단에 대한 깊은 이해 개발
- **인재 확보 및 유지**: 포용적 환경이 인재 유치와 유지에 미치는 긍정적 영향 강조
- **의사결정 질 향상**: 다양한 관점이 의사결정 오류와 편향을 줄이는 방식 활용

14.3 지속적 학습과 역량 개발

14.3.1 CoachSultant의 핵심 역량 프레임워크

효과적인 CoachSultant가 지속적으로 개발해야 할 핵심 역량 영역은 다음과 같다.

지식 역량
- **이론적 기반**: 코칭과 컨설팅의 주요 이론, 모델, 접근법에 대한 깊은 이해
- **산업 전문성**: 특정 산업이나 비즈니스 영역에 대한 전문 지식
- **조직 역학**: 조직 행동, 변화 관리, 시스템 다이나믹스에 대한 이해
- **트렌드 인식**: 비즈니스, 리더십, 인적 개발 분야의 최신 트렌드 파악

기술 역량
- **진단 스킬**: 복잡한 상황을 분석하고 핵심 이슈를 파악하는 능력
- **질문 기술**: 통찰과 성찰을 이끄는 강력한 질문을 구사하는 능력
- **개입 설계**: 목표에 맞는 효과적인 개입을 설계하고 실행하는 능력
- **결과 측정**: 개입의 영향과 가치를 평가하는 능력

태도 역량
- **성찰적 실천**: 자신의 실무를 지속적으로 성찰하고 개선하는 태도
- **윤리적 민감성**: 윤리적 딜레마를 인식하고 해결하는 능력
- **자기 관리**: 자신의 편향, 감정, 에너지를 효과적으로 관리하는 능력
- **학습 마인드셋**: 지속적인 성장과 발전을 추구하는 태도

14.3.2 역량 개발을 위한 접근법

CoachSultant는 다양한 방법을 통해 자신의 역량을 지속적으로 개발할 수 있다.

형식적 학습
- **인증 및 자격증**: 공인된 코칭 및 컨설팅 자격 획득
- **고등 교육**: 관련 분야의 학위나 수료 프로그램 이수
- **전문 워크숍**: 특정 도구나 접근법에 초점을 맞춘 집중 훈련
- **컨퍼런스 참여**: 최신 트렌드와 연구를 접할 수 있는 전문 행사 참여

경험적 학습
- **실무 기반 학습**: 실제 프로젝트에서의 경험을 통한 학습
- **실험과 혁신**: 새로운 접근법과 도구의 시도와 적용
- **멘토링**: 경험 많은 전문가의 지도와 피드백
- **동료 학습**: 동료와의 사례 논의 및 공동 성찰

성찰적 학습
- **슈퍼비전**: 전문적 슈퍼비전을 통한 사례 분석과 피드백
- **개인 성찰**: 정기적인 자기성찰 및 학습 일지 작성
- **360도 피드백**: 고객, 동료, 멘토로부터의 다각적 피드백
- **행동 연구**: 자신의 실무를 체계적으로 연구하고 개선

14.3.3 전문성 발전 계획(PDP)

CoachSultant는 자신의 지속적 학습과 발전을 위한 구조화된 계획을 수립해야 한다.
- **자기 평가**: 현재의 강점과 개발 영역 파악
- **우선순위 설정**: 개인적, 전문적 목표에 맞는 발전 영역 우선순위화
- **학습 목표 설정**: 구체적이고 측정 가능한 학습 목표 수립
- **행동 계획 수립**: 목표 달성을 위한 구체적 활동과 일정 계획
- **자원 확보**: 필요한 학습 자원, 지원, 예산 확보
- **실행과 성찰**: 계획 실행과 정기적 진행 상황 검토
- **조정과 갱신**: 필요에 따라 계획 조정 및 새로운 목표 설정

14.3.4 전문가 커뮤니티와 네트워크

지속적 학습과 발전에 있어 전문가 커뮤니티와의 연결은 핵심적인 요소이다.
- **실천 공동체(CoP)**: 유사한 관심사를 가진 전문가 그룹과의 정기적 교류
- **전문가 협회**: 관련 전문가 단체 가입 및 활동 참여
- **동료 네트워크**: 지식과 경험을 공유할 수 있는 신뢰할만한 동료 그룹 형성
- **협업 파트너십**: 보완적 전문성을 가진 전문가와의 협업 관계 구축

- **멘토링 제공**: 신진 전문가 멘토링을 통한 자신의 지식 심화

14.3.5 지식 관리와 공유

CoachSultant는 자신의 지식과 경험을 체계적으로 관리하고 공유함으로써 전문성을 강화할 수 있다.
- **개인 지식 체계**: 사례, 도구, 자료를 체계적으로 정리하고 접근할 수 있는 시스템 구축
- **지식 창출**: 블로그, 아티클, 연구 등을 통한 새로운 지식 창출
- **지식 공유**: 웨비나, 워크숍, 강연 등을 통한 지식 공유
- **공동 학습**: 동료와의 학습 모임이나 연구 프로젝트 참여
- **출판과 기여**: 전문 서적, 저널, 온라인 플랫폼에 기여

14.4 사례 연구: 윤리적 CoachSulting의 실제

사례 1: 이해충돌 관리
상황 CoachSultant A는 대기업 B의 임원진을 대상으로 리더십 개발 프로그램을 진행하던 중, 같은 산업의 경쟁사 C로부터 유사한 프로그램 의뢰를 받았다.

윤리적 고려사항
- 기밀 정보 보호
- 이해 충돌 가능성
- 고객에 대한 충성과 책임

해결 접근법
- 잠재적 이해 충돌 인식 및 두 회사에 투명하게 공개
- 정보 방화벽 구축 방안 제안
- 고객 양측의 명시적 동의 확보 또는 한 프로젝트 거절
- 결정 과정과 이유에 대한 문서화

사례 2: 포용적 프로그램 설계
상황: CoachSultant D는 다국적 기업의 글로벌 리더십 프로그램을 설계하면서, 다양한 문화적 배경, 언어, 근무 환경(대면/원격)을 가진 참가자들의 요구를 충족시켜야 했다.

포용적 접근법:
- 설계 단계부터 다양한 배경의 이해관계자 참여
- 문화적 편향이 최소화된 진단 도구와 프레임워크 선택
- 다양한 학습 선호도를 반영한 혼합 형태의 학습 경험 설계
- 번역 및 문화적 맥락화를 통한 자료의 접근성 향상
- 다양한 시간대와 업무 환경을 고려한 유연한 참여 옵션 제공

사례 3: 지속적 전문성 개발
상황: 15년 경력의 CoachSultant E는 디지털 전환 분야에서의 지식 격차를 인식하고, 이를 메우기 위한 체계적인 학습 계획을 수립했다.

개발 접근법
- 자기 평가를 통한 특정 지식 격차 파악(AI, 디지털 혁신 전략 등)
- 6개월 집중 학습 계획 수립(온라인 과정, 전문 읽기, 전문가 인터뷰)
- 디지털 혁신 전문가와의 멘토링 관계 구축
- 소규모 디지털 전환 프로젝트에 공동 컨설턴트로 참여하며 실무 경험 축적
- 학습 내용을 통합한 새로운 CoachSulting 접근법 개발 및 시범 적용

마무리: 윤리적 CoachSulting을 향한 여정

CoachSulting의 윤리와 표준은 단순한 규칙 준수가 아닌, 지속적인 성찰과 발전의 여정이다. 전문가로서의 책임과 경계를 명확히 하고, 다양성과 포용성을 실천하며, 끊임없는 학습을 통해 역량을 개발해 나가는 과정은 CoachSultant 개인의 성장뿐만 아니라 고객과 사회에 대한 가치 창출로 이어진다.

윤리적 CoachSulting은 다음과 같은 핵심 원칙에 기반한다.
- **진정성**: 자신의 가치와 일치하는 방식으로 실무 수행
- **책임감**: 자신의 행동과 영향에 대한 책임 수용
- **존중**: 모든 이해관계자의 존엄성과 자율성 존중
- **공정성**: 모든 상황에서 공정하고 편향되지 않은 접근
- **성장 지향**: 지속적인 학습과 발전 추구

이러한 원칙을 내면화하고 일상적인 실무에 통합함으로써, CoachSultant는 단순한 서비스 제공자를 넘어 진정한 변화의 파트너로 성장할 수 있을 것이다. CoachSulting의 윤리와 표준을 지켜나가는 것은 단지 해를 방지하는 것을 넘어, 최고 수준의 전문적 실무를 구현하고 지속가능한 가치를 창출하는 길이다.

15장 CoachSultant로 성장하기
- CoachSultant의 역량 개발 경로
- 지식과 경험의 축적 방법
- 실천 커뮤니티와 상호 학습

15.1 CoachSultant의 역량 개발 경로

15.1.1 CoachSultant의 기본 역량 프레임워크

CoachSultant는 코칭과 컨설팅의 경계를 넘나드는 통합적 전문가로서, 다음과 같은 핵심 역량 영역을 균형 있게 발전시켜야 한다.

1) 전문 지식 역량
- **산업 및 비즈니스 지식**: 특정 산업과 비즈니스 모델에 대한 심층적 이해
- **조직 이론과 실무**: 조직 구조, 문화, 변화 관리에 대한 체계적 이해
- **방법론적 전문성**: 다양한 문제 해결 프레임워크와 도구에 대한 숙련도

2) 코칭 역량
- **질문 기술**: 강력한 성찰과 통찰을 이끌어내는 질문 능력
- **경청 기술**: 표면적 내용뿐만 아니라 심층적 의미를 포착하는 능력
- **존재감**: 전적인 주의집중과 비 판단적 태도로 함께하는 능력

3) 관계 및 시스템 역량
- **관계 구축**: 다양한 이해관계자와 신뢰 관계를 형성하는 능력
- **시스템적 사고**: 상호 연결된 요소들을 통합적으로 이해하는 능력
- **경계 관리**: 다양한 역할 간 적절한 경계를 설정하고 전환하는 능력

4) 자기 관리 역량
- **자기 인식**: 자신의 편향, 강점, 한계를 인식하는 능력
- **자기 조절**: 감정과 행동을 상황에 맞게 조절하는 능력
- **지속적 학습**: 새로운 지식과 관점을 끊임없이 탐색하는 태도

15.1.2 역량 개발 단계

CoachSultant로의 성장은 일반적으로 다음과 같은 발전 단계를 거친다. 각 단계는 고유한 도전과 학습 기회를 제공한다.

1) 기초 단계: 역량 구축(1~3년)
- 코칭과 컨설팅 각 분야의 기본 원리, 도구, 방법론 습득
- 공식적인 교육 프로그램과 자격증 취득
- 경험 있는 멘토의 지도 아래 실무 경험 축적
- 핵심 분야에서의 전문성 개발 시작

2) 통합 단계: 역량 융합(3~7년)

- 코칭과 컨설팅 접근법의 통합 시도
- 다양한 맥락과 상황에서의 실전 경험 확대
- 자신만의 CoachSulting 스타일과 방법론 개발
- 특정 분야나 산업에서의 전문성 심화

3) **숙련 단계: 역량 고도화(7~15년)**
- 복잡한 상황에서도 유연하게 CoachSulting 접근법 적용
- 새로운 방법론과 도구 개발에 기여
- 후진 양성 및 멘토링 활동 참여
- 자신의 전문 분야에서 인정받는 권위자로 발전

4) **마스터 단계: 역량 재창조(15년 이상)**
- CoachSulting 분야의 새로운 패러다임과 방향성 제시
- 혁신적인 접근법과 방법론 창출
- 분야 전체의 발전에 영향력 행사
- 복잡하고 도전적인 상황을 위한 맞춤형 접근법 설계

15.1.3 맞춤형 역량 개발 계획 수립

CoachSultant로서의 성장은 획일적인 경로를 따르기보다는, 자신의 강점, 관심사, 경력 목표에 맞는 맞춤형 발전 계획을 수립하는 것이 중요하다.

1) **자기 평가와 목표 설정**
- 현재 역량 수준에 대한 정직한 평가
- 단기, 중기, 장기 역량 개발 목표 설정
- 개인적 강점과 개발 영역 파악

2) **다양한 학습 경로 활용**
- 공식 교육: 관련 학위, 자격증, 워크숍, 세미나
- 실무 경험: 다양한 산업과 조직 유형에서의 실무 경험
- 상호 학습: 동료 코칭, 멘토링, 학습 커뮤니티 참여
- 독립 학습: 독서, 연구, 반성적 성찰 실천

3) **통합적 전문성 개발**
- 코칭과 컨설팅 분야 모두에서 깊이 있는 교육과 경험 추구
- 특정 산업 또는 기능 영역에서의 전문 지식 구축
- 보완적 분야(심리학, 조직 개발, 리더십 등)에 대한 이해 확장

15.2 지식과 경험의 축적 방법

15.2.1 체계적 지식 구축
1) 학제 간 지식 체계 구축

CoachSultant는 다음과 같은 다양한 분야의 지식을 체계적으로 축적해야 한다.

코칭 이론과 실무
- 주요 코칭 접근법(온타리오, 행동, 심리 역동, 통합적 코칭 등)
- 코칭 프로세스와 모델
- 코칭 심리학과 기법

컨설팅 이론과 방법론
- 전략, 조직, 운영, 변화 관리 등 주요 컨설팅 영역
- 문제 해결 프레임워크와 분석 도구
- 프로젝트 관리와 실행 방법론

보완적 지식 영역
- 조직 심리학과 행동과학
- 시스템 이론과 복잡성 사고
- 성인 학습 이론과 발달 심리학
- 리더십 개발과 리더십 이론

2) 지식 획득의 다양한 방법

공식 교육 과정
- 대학원 수준의 학위 프로그램
- 전문 자격증 프로그램(ICF, EMCC, CMI 등)
- 전문 워크숍과 단기 과정

자기 주도적 학습
- 체계적인 독서 계획 수립과 실행
- 최신 연구와 논문 정기적 검토
- 온라인 교육 플랫폼과 리소스 활용

지식 통합과 적용
- 학습 저널 작성을 통한 성찰

- 사례 연구 분석과 교훈 도출
- 개념 지도 작성으로 지식의 연결성 강화

15.2.2 의미 있는 경험 축적

1) 실무 경험의 질적 향상

단순히 시간을 보내는 것이 아니라, 다음과 같은 방법으로 경험의 질을 높이는 것이 중요하다.

의도적 실행(Deliberate Practice)
- 구체적인 역량 개발 목표 설정
- 즉각적인 피드백 확보 및 적용
- 점진적으로 도전 수준 높이기

다양한 맥락 경험
- 다양한 산업과 조직 유형에서의 경험
- 서로 다른 조직 문화와 환경에서의 적응
- 국제적 또는 다문화적 경험

역할 확장과 프로젝트 다양화
- 코칭과 컨설팅의 다양한 역할 경험
- 개인, 팀, 조직 수준의 프로젝트 참여
- 단기 및 장기 프로젝트 균형 있게 수행

2) 경험의 체계적 성찰

경험은 그 자체로 학습이 되지 않으며, 의식적인 성찰을 통해서만 유의미한 지식으로 전환된다.

구조화된 성찰 습관
- 정기적인 실천 성찰 저널 작성
- 핵심 사례에 대한 심층 분석 수행
- 성공과 실패 경험에서의 교훈 도출

성찰적 대화와 피드백
- 슈퍼비전과 멘토링 세션 활용
- 동료 CoachSultant와의 성찰적 대화
- 고객으로부터의 체계적 피드백 수집

경험 통합 방법
- 개인 사례 라이브러리 구축
- 자신만의 모델과 프레임워크 개발
- 경험 기반 지식의 문서화와 공유

15.2.3 전문적 평판과 영향력 구축
지식과 경험이 축적되면서, 이를 기반으로 전문가로서의 평판과 영향력을 구축하는 것이 중요하다.

1) 전문적 기여와 가시성
- 전문 저널이나 출판물에 기고
- 컨퍼런스나 웨비나에서 발표
- 소셜 미디어와 전문 플랫폼에서의 지식 공유

2) 독특한 전문성 개발
- 특정 산업, 주제, 또는 방법론에서의 틈새 전문성 구축
- 자신만의 도구, 프레임워크, 접근법 개발
- 혁신적 사례와 성공 스토리 축적

3) 영향력 있는 관계망 형성
- 전략적 네트워킹과 관계 구축
- 협업 파트너십과 연합 형성
- 조직과 커뮤니티에서의 신뢰 구축

15.3 실천 커뮤니티와 상호 학습

15.3.1 실천 커뮤니티의 가치와 역할
실천 커뮤니티의 개념과 중요성

실천 커뮤니티(Community of Practice)는 특정 분야에 대한 열정과 전문성을 공유하며 지속적인 상호작용을 통해 지식과 실무를 발전시키는 집단이다. CoachSultant에게 실천 커뮤니티는 다음과 같은 가치를 제공한다.

- 집단 지능과 다양한 관점 접근
- 암묵적 지식과 현장 지혜의 공유
- 혁신과 새로운 실천의 탄생지
- 전문적 정체성과 소속감 강화

다양한 형태의 실천 커뮤니티
공식적 전문가 협회와 네트워크

- 국제코칭연맹(ICF), 한국코치협회(KCA), 컨설팅협회 등 전문 단체
- 산업별 또는 주제별 전문 포럼
- 대학 및 연구 기관 연계 네트워크

비공식적 학습 커뮤니티

- 동료 학습 그룹과 코호트
- 사례 연구 그룹과 슈퍼비전 서클
- 온라인 커뮤니티와 소셜 네트워크

하이브리드 학습 생태계

- 온라인과 오프라인을 결합한 블렌디드 커뮤니티
- 프로젝트 기반 임시 학습 집단
- 멘토링 네트워크와 실천 연합

15.3.2 실천 커뮤니티 참여와 기여
효과적인 커뮤니티 참여 전략
발달 단계별 참여 방식

- **초기 단계**: 적극적 관찰과 학습 중심 참여

- **중간 단계:** 지식 공유와 기여 확대
- **고급 단계:** 리더십과 커뮤니티 구축 역할

가치 있는 기여 방법
- 실제 사례와 경험 공유
- 도구와 방법론의 적용 통찰 제공
- 새로운 개념과 아이디어 소개

바람직한 참여 자세
- 겸손하고 개방적인 학습 태도
- 비판적 사고와 건설적 질문
- 상호 존중과 다양성 인정

자신만의 실천 커뮤니티 구축

커뮤니티 설계와 육성
- 명확한 목적과 가치 정의
- 참여와 기여의 규범 설정
- 리더십과 촉진 역할 분배

지속가능한 커뮤니티 운영
- 정기적인 상호작용과 활동 촉진
- 새로운 멤버 유입과 통합 지원
- 집단 지식의 문서화와 접근성 확보

커뮤니티 성장과 진화
- 변화하는 요구와 맥락에 적응
- 외부 전문가와 관점의 정기적 초청
- 성과와 영향력 측정 및 축하

15.3.3 상호 학습의 고급 방법

동료 코칭과 슈퍼비전

동료 코칭(Peer Coaching)
- 상호 신뢰와 존중에 기반한 파트너십
- 정기적인 세션과 구조화된 프로세스

- 상호 피드백과 도전적 질문

그룹 슈퍼비전
- 집단 지혜를 활용한 사례 분석
- 다양한 관점과 접근법 탐색
- 집단 역학을 통한 심층적 통찰

전문 슈퍼비전
- 숙련된 수퍼바이저의 지도 수용
- 정기적인 세션과 발전 목표 설정
- 블라인드 스팟과 성장 영역 발견

협력적 탐구와 연구
액션 러닝(Action Learning)
- 실제 문제를 중심으로 한 학습 프로젝트
- 실행-성찰-학습의 순환 과정
- 집단 문제 해결과 상호 지원

협력적 실무 연구
- 실천 기반 연구 질문 설정
- 데이터 수집과 분석 협력
- 발견과 통찰의 문서화와 적용

지식 공동 창조
- 워크숍과 해커톤 방식의 협력
- 새로운 도구와 방법론 공동 개발
- 집단 저작과 출판 활동

디지털 시대의 확장된 학습 생태계
온라인 학습 플랫폼 활용
- 가상 학습 그룹과 커뮤니티
- 지식 관리 시스템과 위키
- 소셜 러닝과 큐레이션 도구

글로벌 전문가 네트워크 구축

- 국제적 연결과 다문화적 관점
- 원격 멘토링과 협력 관계
- 글로벌 트렌드와 실천의 교류

기술 활용 상호 학습

- 인공지능과 데이터 분석 도구 활용
- 가상 현실과 시뮬레이션 기반 학습
- 디지털 포트폴리오와 학습 여정 추적

15.4 CoachSultant로서의 평생 성장

CoachSultant로서의 여정은 결코 완성되지 않는 지속적인 성장 과정이다. 전문성의 최고 단계에 이른 CoachSultant도 다음과 같은 원칙을 통해 계속해서 발전해 나간다.

지속적인 학습 마인드셋
- 호기심과 탐구심 유지
- 편안함의 영역을 벗어나는 용기
- 실패를 학습 기회로 보는 관점

통합적 전문성의 심화
- 다양한 분야의 지식 연결과 통합
- CoachSulting 접근법의 지속적 혁신
- 복잡한 문제에 대한 통찰력 개발

자기 갱신과 웰빙 추구
- 전문적 열정과 목적 유지
- 균형 잡힌 삶과 지속가능한 실천
- 자기 성찰과 자기 관리의 모범

마무리: CoachSultant로서의 여정

CoachSultant로 성장하는 과정은 단순한 기술 습득이나 경력 발전을 넘어서는 변혁적 여정이다. 이는 지속적인 학습, 실험, 성찰을 통해 자신의 전문성을 끊임없이 재창조하는 과정이다.

진정한 CoachSultant는 전문적 지식과 도구를 넘어, 깊은 자기 인식과 타인에 대한 공감, 그리고 시스템적 통찰을 통합하는 존재이다. 이러한 통합적 전문가로 성장하기 위해서는 의도적인 학습 계획, 다양한 경험의 축적, 그리고 풍부한 상호 학습 기회가 필요하다.

CoachSulting의 영역은 계속해서 진화하고 있으며, 이 분야의 전문가들은 변화하는 환경과 요구에 적응하면서도 핵심 가치와 원칙을 지켜나가야 한다. 이 장에서 소개한 역량 개발 경로, 지식과 경험 축적 방법, 그리고 실천 커뮤니티와의 상호 학습 전략은 여러분의 CoachSultant로서의 여정에 유용한 안내가 될 것이다.

무엇보다 중요한 것은, CoachSultant로서의 성장이 단순한 직업적 발전이 아닌 더 나은 세상을 만들어가는 기여의 여정이라는 점을 기억하는 것이다. 조직과 개인의 잠재력을 깨우고 지속 가능한 변화를 이끌어내는 CoachSultant로서, 여러분의 성장은 곧 더 많은 이들의 성장과 연결된다.

이제 여러분만의 독특한 CoachSultant 여정을 시작하거나 계속해 나가시길 바란다. 이 여정에서 끊임없이 배우고, 성장하며, 기여하면서 CoachSulting의 예술과 과학을 더욱 풍요롭게 발전시켜 나가길 바란다.

제6부 CoachSulting 프로세스, 도구, CoachSultant

16장 CoachSulting 프로세스

- CoachSulting 프로세스
- AUDIT 프로세스
- CoachSulting 성과 평가

16.1 CoachSulting 프로세스

16.1.1 CoachSulting 프로세스

CoachSulting에서는 다양한 모델을 활용하여 고객의 문제를 해결하고 성과를 향상시킨다. CoachSulting에서는 고객의 상황과 목적에 맞는 구체적인 방법론을 적용하여 문제를 해결한다. 이를 위해 아래와 같은 CoachSulting 프로세스를 제안하고자 한다.
프로세스는 "CoachSulting" 영문자 각 스펠의 순서와 같다.

C - Clarify the Goal

고객의 목표를 명확히 이해하고 정의한다. 이를 위해 CoachSultant는 고객과 함께 목표를 구체화하고 명확히 설정한다. "Clarify the Goal"은 목표를 명확하게 정의하고 이를 달성하기 위한 계획을 세우는 것을 의미한다. 이는 목표를 설정하는 과정에서 명확하지 않은 부분을 파악하고, 그 부분을 명확하게 만들어 목표를 달성하기 위한 방법을 구체적으로 계획하는 것을 의미한다. 이를 위해서는 자신이 원하는 것이 무엇인지, 왜 그것이 중요한지, 그리고 이를 달성하기 위해서는 어떤 계획이 필요한지 등을 고민하고 파악해야 한다. 이를 통해 목표를 명확하게 정의하고 이를 달성하기 위한 계획을 세울 수 있으며, 이를 통해 목표 달성에 대한 성공 확률을 높일 수 있다.

O - Outline the Current Reality

고객의 현재 상황과 문제를 파악하고 이를 분석한다. 이를 위해 CoachSultant는 고객과 함께 현재 상황과 문제를 명확히 이해하고 분석한다. "Outline the Current Reality"는 상황을 명확히 이해하기 위한 단계 중 하나이다. 이 단계에서는 현재 상황을 전반적으로 파악하고 문제가 발생한 원인과 그로 인한 영향을 파악한다. 구체적으로는 다음과 같은 내용이 포함된다.

(1) 현재 상황에 대한 자세한 설명
이 단계에서는 문제가 발생한 상황에 대한 상세한 설명을 기록한다. 이 설명은 문제가 발생한 위치, 시간, 이유, 결과 등을 다룰 수 있다.

(2) 원인 분석

이 단계에서는 문제가 발생한 원인을 파악한다. 이 과정에서는 일반적으로 5W1H 방식을 사용하여 문제가 발생한 이유를 파악한다. 예를 들어, 문제가 발생한 위치, 시간, 인원, 물품 등을 파악한다.

(3) 영향 분석

이 단계에서는 문제가 발생한 상황이 조직이나 프로젝트에 미친 영향을 분석한다. 이를 통해 문제가 조기에 해결되지 않으면 발생할 수 있는 위험을 파악할 수 있다.

(4) 현재 상황에 대한 평가

이 단계에서는 문제가 발생한 상황에 대한 전반적인 평가를 수행한다. 이 평가를 통해 문제를 완전히 해결하는 데 필요한 조치와 개선 사항을 파악할 수 있다.

A - Assess the Options

고객이 달성하고자 하는 목표를 달성하기 위해 어떤 옵션이 있는지 파악하고 이를 검토한다. 이를 위해 CoachSultant는 고객과 함께 가능한 옵션을 식별하고, 이를 비교하고 평가하여 최선의 옵션을 찾아낸다. "Assess the Options"는 문제 해결 프로세스의 세 번째 단계로, 가능한 대안을 평가하고 선택하는 단계이다. 이 단계에서는 가능한 대안을 발견하고, 이전 단계에서 수집한 정보를 사용하여 각 대안의 장단점을 분석한다. 대안을 평가할 때는 다음과 같은 질문을 고려할 수 있다.

(1) 각 대안은 해결하려는 문제에 얼마나 적합한가?
(2) 각 대안의 장점과 단점은 무엇인가?
(3) 각 대안을 선택했을 때 발생할 수 있는 위험과 기회는 무엇인가?
(4) 각 대안을 실행하기 위해 필요한 비용과 시간은 얼마나 되는가?

이러한 질문을 고려하면서 대안을 평가하고 선택함으로써 가장 적합한 해결책을 찾을 수 있다.

C - Create the Action Plan

고객이 선택한 옵션을 구체화하고 실행 계획을 수립한다. 이를 위해

CoachSultant는 고객과 함께 구체적인 실행 방안을 수립하고, 실행 계획을 세운다. "Create the Action Plan"은 목표를 이루기 위해 행동 계획을 수립하는 단계로, 다음과 같은 구체적인 내용을 포함한다.
(1) 목표 달성을 위한 구체적인 행동 계획 수립
"Assess the Options" 단계에서 도출한 대안을 바탕으로 구체적인 행동 계획을 수립한다. 이 단계에서는 어떤 일을, 어떤 방법으로, 언제, 누가, 어디서 할 것인지 등 구체적인 내용을 포함하여 계획을 수립한다.
(2) 일정 수립
각 행동 계획에 대한 기간과 일정을 정확히 수립한다. 이 때, 각 일정이 서로 충돌하지 않도록 고려해야 한다.
(3) 책임과 역할 분담
각 행동 계획에 대한 책임과 역할을 분담한다. 이 때, 각 팀원의 강점과 약점을 고려하여 효율적인 역할 분담이 이루어져야 한다.
(4) 자원 할당
목표를 달성하기 위해 필요한 자원(예: 인력, 재료, 예산 등)을 할당한다. 이 때, 자원 할당에 따라 목표 달성이 가능한지 여부를 고려해야 한다.
(5) 평가 기준 설정
목표 달성을 평가하기 위한 기준(예: 성과 목표, 일정, 예산 등)을 설정한다. 이를 통해 목표 달성에 대한 평가 및 피드백을 받을 수 있다.
이러한 과정을 통해 목표 달성을 위한 구체적인 행동 계획이 수립된다.

H - Hold Accountability
고객이 계획을 실행하고 목표를 달성하기 위해 필요한 지속적인 지원을 제공한다. 이를 위해 CoachSultant는 고객과 함께 목표 달성을 위한 적극적인 지원을 제공하며, 고객의 성과를 추적하고 평가한다.
"Hold Accountability"는 목표 달성을 위해 필요한 행동 계획을 추진하는 데 있어서 책임감과 꾸준한 노력이 필요한 과정을 의미한다. 이 단계에서는 계획을 추진하는 동안 발생할 수 있는 문제를 예측하고, 문제 해결 전략을 수립하며, 진척 상황을 모니터링하고 이를 수정할 필요가 있다.
이를 위해서는 계획을 세우는 단계에서 정해놓은 목표와 행동 계획을 토대로 실제 행동을 실행하는 과정에서 책임감을 가지고, 노력하여 계획이 원활하게 수행될 수 있도록 해야 한다. 또한, 문제가 발생했을 경우 적극적으로 해결 방안을 모색하고, 계획 수정이 필요한 경우 적절히 대처하여 목표 달성에 집중해야 한다.

이를 위해 피드백 과정을 통해 진척 상황을 확인하고, 목표 달성에 대한 책임성을 공유하는 것이 중요하다. 또한, 타인의 도움과 지원을 받을 수 있도록 소통하고 협력하는 능력을 갖추는 것도 중요하다. 이를 통해 계획을 성공적으로 수행하고 목표를 달성하는 데 필요한 책임감과 노력을 가질 수 있다.

S - Scope the Problem

문제의 범위와 규모를 파악하고 분석한다. 이를 위해 CoachSultant는 고객과 함께 문제를 명확히 이해하고, 문제의 규모와 범위를 분석한다.

"Scope the Problem"는 문제를 깊이 이해하고 해결하기 위해 문제의 범위와 영향을 파악하는 것을 의미한다. 이 단계에서는 문제의 핵심 요소와 해당 문제가 미치는 영향을 파악하고 문제를 해결하기 위해 필요한 정보를 수집한다.

구체적으로는 다음과 같은 내용을 포함한다.
(1) 문제가 발생한 상황과 배경을 이해한다.
(2) 문제가 발생한 원인을 파악한다.
(3) 문제가 미치는 영향과 영향을 받는 이해관계자를 파악한다.
(4) 문제의 범위와 규모를 파악한다.
(5) 문제 해결을 위해 필요한 정보와 자료를 수집한다.

문제를 깊이 이해하고 범위와 영향을 파악하는 것은 문제 해결에 있어 매우 중요한 과정이다. 이를 통해 문제의 본질을 파악하고 효과적인 대처 방안을 마련할 수 있다.

U - Understand the Current Situation

기업이나 조직의 현재 상황을 파악하고 분석한다. 이를 위해 CoachSultant는 고객과 함께 현재 상황을 분석하고, 이를 바탕으로 문제의 원인을 찾아낸다.

"Understand the Current Situation"은 문제를 해결하기 전에 현재 상황을 이해하는 단계이다. 이 단계에서는 문제가 발생하는 배경, 주요 요소, 영향을 미치는 사람들, 그리고 이전에 시도해본 해결책 등을 파악하는 것이 중요하다. 이를 위해서는 주어진 문제와 관련된 정보를 수집하고, 이를 분석하여 문제의 본질과 그 원인을 파악해야 한다.

이를 위해 다음과 같은 작업이 수행될 수 있다.

(1) 문제의 배경과 관련된 문서, 보고서, 통계 자료 등을 수집하여 문제의 성격을 파악한다.

(2) 문제가 발생한 시기, 장소, 주요 인물, 사건 등과 관련된 정보를 수집하여 문제의 범위를 좁힌다.

(3) 문제를 해결하는데 영향을 미치는 인자들을 파악하고, 이들 간의 상호작용을 분석하여 문제의 원인을 찾는다.

(4) 이전에 시도해본 해결책들을 살펴보고, 그 결과와 이유를 분석하여 새로운 해결책을 제안하는 데 활용한다.

위와 같은 작업을 통해 현재 상황을 깊이 이해하고, 문제의 본질과 원인을 파악하여 더욱 효과적인 해결책을 도출할 수 있다.

L - Leverage Solutions

다양한 솔루션을 검토하고, 문제를 해결하기 위한 최적의 솔루션을 찾아낸다. 이를 위해 CoachSultant는 고객의 요구사항과 목표를 고려하여, 다양한 솔루션을 검토하고 비교 평가하여 최적의 솔루션을 찾아낸다. "Leverage Solutions"는 문제 해결 과정에서 가능한 해결책을 파악하고, 이를 적용하여 문제를 해결하기 위한 절차를 의미한다. 이 과정은 다음과 같은 내용을 포함한다.

첫째, 가능한 모든 해결책을 찾는다. 이를 위해서는 창의적인 사고를 요구한다. 이 과정에서는 각각의 해결책의 장단점을 고려하여 최상의 해결책을 찾아낸다.

둘째, 선택한 해결책을 구체화한다. 이 과정에서는 구체적인 계획을 수립하여 문제 해결에 필요한 모든 단계와 리소스를 식별한다.

셋째, 구체화한 계획을 실행하기 위한 구체적인 단계를 수립한다. 이를 위해서는 각각의 단계가 어떻게 수행될지에 대한 구체적인 계획이 필요하다. 넷째, 문제 해결에 대한 추적 및 모니터링을 수행한다. 이를 통해 계획이 성공적으로 실행되고 있는지를 확인하고, 문제 해결을 위한 새로운 조치가 필요한지를 결정할 수 있다.

T - Transform the Organization

선택한 솔루션을 구체화하고, 실행 계획을 수립한다. 이를 위해 CoachSultant는 고객과 함께 구체적인 실행 방안을 수립하고, 이를 실행하기 위한 계획을 세운다. "Transform the Organization"는 조직 전반적인 변화와 발전을 위한 과정을 말한다. 이를 위해서는 조직의 비전과 미션, 목표, 문화 등을 재검토하고 적극적으로 변화와 혁신을 추진해야 한다.

구체적으로는 다음과 같은 절차를 거친다.

(1) 비전 및 미션 재정립
조직의 목적과 방향성을 재정립하고 명확하게 표현한다.

(2) 문화 개선
조직 내부의 문화를 분석하고 필요한 개선 사항을 도출한다.

(3) 프로세스 혁신
업무 프로세스를 개선하고, 업무 효율성을 높이는 방안을 모색한다.

(4) 기술 적용
디지털 기술 등 최신 기술을 적극적으로 도입하여 업무 프로세스 및 생산성을 개선한다.

(5) 조직 구조 재설계
업무 수행 및 의사결정 구조를 재설계하고 조직의 미래 방향성에 따라 인력 배치 등을 조정한다.

(6) 변화 관리
조직 변화에 대한 이해도를 높이고, 변화에 대한 저항을 극복하며, 조직 구성원들이 변화에 적극적으로 참여할 수 있도록 변화 관리를 수행한다.

조직을 변화시키는 것은 쉽지 않은 일이지만, 지속적인 혁신과 발전을 위해서는 필수적인 과정이다. 따라서 변화를 추진하는 리더십과 조직 구성원들의 적극적인 참여가 필요하다.

I - Implement the Plan (Leverage)

고객이 선택한 옵션을 구체적으로 실행하기 위한 계획을 수립하고, 실제 실행에 참여한다. 이를 위해 고객의 현장에서 직접적으로 지원하며, 추가적인 개선점이 도출되는 경우 해당 내용을 반영하여 계획을 수정한다. "Implement the Plan"은 계획을 실행하기 위해 구체적인 단계를 수행하는 단계이다. 이 단계에서는 계획을 구체화하고 실행할 리소스와 절차를 결정하며, 실행을 지원하고 추적하면서 문제가 발생하면 이를 해결한다.

구체적으로, 이 단계에서는 다음과 같은 단계를 따른다.

(1) 실행할 계획을 세부적으로 구체화한다. 이를 통해 실행할 리소스와 절차를 식별하고 실행 계획을 작성할 수 있다.

(2) 실행할 때 발생할 수 있는 위험과 문제를 식별한다. 이를 위해 위험 관리 계획을 작성하고 실행 중에 문제가 발생하면 이를 신속하게 대처한다.

(3) 실행 리소스를 확보한다. 이를 위해 예산, 인력 및 장비를 확인하고 필요한 조치를 취한다.

(4) 실행을 지원한다. 이를 위해 일정 및 프로세스를 모니터링하고 실행에 필요한 교육 및 교육을 제공한다.

(5) 실행을 추적하고 문제를 해결한다. 이를 위해 진행 상황을 추적하고 문제가 발생하면 이를 신속하게 대처한다.

(6) 결과를 모니터링하고 보고서를 작성한다. 이를 위해 성과 지표를 설정하고 결과를 모니터링하며 보고서를 작성한다.

위 단계들을 따라 실행을 효과적으로 수행하여 계획이 성공적으로 실행되도록 한다.

N - Nurture the Process (Nurturing)

계획의 구체적인 실행에 대한 지속적인 평가와 개선을 수행한다. 이를 위해 프로젝트 관리 및 컨설팅 서비스를 제공하며, 고객의 성과 향상을 위한 추가적인 개선점을 도출한다.

"Nurture the Process"는 변화와 성장을 지속시키기 위해 일관된 지원과 유지 보수가 필요하다는 개념을 강조하는 단계이다. 이 단계에서는 이전 단계에서 수립한 계획과 실행 방안을 평가하고 보완하여 지속 가능한 변화와 성장을 달성한다.

이를 위해 조직은 변화를 지속시키기 위한 적극적인 관리와 리더십, 리소스 및 투자, 그리고 지속적인 평가와 개선을 수행해야 한다. 이를 통해 조직은 변화를 수용하고 성장을 지속시키며, 고객과 시장의 요구에 대응하는 유연하고 적응성 있는 조직문화를 구축할 수 있다.

G - Guarantee Results (Guarantee)

결과에 대한 보장을 제공한다. 이를 위해 성과 보증 계약을 체결하며, 계약 내용에 따라 결과에 대한 책임을 부담한다. "Guarantee Results"는 문제 해결 계획의 실행과 결과를 보장하기 위한 단계이다. 이 단계에서는 실행에 대한 책임과 결과를 추적하고, 문제 해결 결과에 대한 피드백을 제공하여 향후 개선할 수 있도록 한다.

구체적인 내용으로는 다음과 같은 것이 있다.

(1) 실행 책임 확립

문제 해결 계획의 실행 책임을 정확히 확립하고, 각 실행자가 자신의 책임을 이해하고 준수할 수 있도록 한다.

(2) 결과 추적 및 보고

실행 중인 문제 해결 계획의 결과를 추적하고, 주기적으로 상위 관리자 및 이해관계자에게 결과를 보고한다. 이를 통해 계획이 제때에 실행되고, 예상한 결과가 나오는지 확인할 수 있다.

(3) 결과 분석 및 피드백:

문제 해결 계획의 결과를 분석하고, 향후 개선을 위한 피드백을 제공한다. 문제 해결 과정에서 얻은 교훈과 성공적인 요인을 도출하여, 비슷한 문제가 발생했을 때 빠르게 대처할 수 있도록 한다.

(4) 문제 해결 문화 확산

문제 해결의 중요성과 문제 해결 접근법을 조직 내에 확산한다. 이를 통해 조직 구성원들이 문제 해결 능력을 향상시키고, 미래에 발생할 문제를 예측하여 미연에 대처할 수 있도록 한다.

16.1.2 CoachSulting 프로세스

고객 요구사항 평가: 목표와 문제점 파악

고객 요구사항 평가는 CoachSulting 과정의 첫 번째 단계이다. 이 과정에서는 고객의 목표와 문제점을 파악하고 분석하여 해결책을 도출한다.

먼저, CoachSultant는 고객과의 첫 만남에서 고객의 요구사항을 파악하고 목표를 설정한다. 이를 위해 고객과 대화를 나누고, 고객의 업무, 조직문화, 역량 등에 대한 이해를 높인다. 이후, 고객의 문제점과 니즈를 파악하기 위해 인터뷰, 설문조사, 자료 분석 등 다양한 방법을 활용한다.

다음으로, 고객의 문제점과 니즈를 정리하여 목표를 설정한다. 목표는 구체적이고 측정 가능하며, 현실적이어야 한다. 코치나 컨설턴트는 고객과 함께 목표를 설정하고, 목표를 달성하기 위한 계획을 수립한다.

마지막으로, 현재 상황에 대한 분석을 통해 문제점을 파악하고, 문제점 해결을 위한 대안을 제시한다. 이를 통해 코치나 컨설턴트는 고객의 요구사항을 파악하고, 목표를 설정하며, 문제점 해결을 위한 전략을 제시할 수 있다.

맞춤형 계획 작성: 코칭과 컨설팅 전략 결합

"맞춤형 계획 작성: 코칭과 컨설팅 전략 결합" 단계는 고객의 요구사항과 목표를 파악한 후에 그에 맞는 맞춤형 계획을 작성하는 단계이다. 이를 위해 다음과 같은 과정을 거친다.

먼저, 고객의 목표와 요구사항을 바탕으로 적절한 컨설팅 전략을 결정한다. 이때, 고객이 가지고 있는 문제점과 현재의 상황을 고려하여 컨설팅 전략을 선정한다.

다음으로, 코칭을 통해 목표를 달성할 수 있는 계획을 작성한다. 이때, 목표를 세부적으로 분해하고 구체적인 일정과 결과물을 설정하여 목표 달성에 대한 구체적인 계획을 수립한다. 또한, 목표 달성을 위해 필요한 역량과 능력을 파악하고, 이를 향상시키기 위한 코칭 전략을 수립한다.

마지막으로, 컨설팅과 코칭 전략을 결합하여 최종적인 맞춤형 계획을 작성한다. 이때, 고객과의 협업을 통해 계획을 검토하고 수정하는 과정을 거치며, 최종적으로 합의된 계획을 수립한다.

이러한 맞춤형 계획 작성을 통해 고객의 요구사항에 적합한 전략을 수립하고, 목표 달성에 필요한 계획을 구체화하여 효과적으로 실현할 수 있다.

계획 실행: 고객과 함께 결과 달성

"계획 실행: 고객과 함께 결과 달성"은 CoachSulting 프로세스의 세 번째 단계이다. 이 단계에서는 고객과 함께 계획을 실행하고 목표를 달성하기 위한 행동 계획을 수립한다.

먼저, 고객과 함께 목표를 이루기 위한 구체적인 행동 계획을 수립한다. 이때, CoachSulting의 코칭 접근 방식을 활용하여 고객의 역량과 성취감을 강화시키면서 계획을 실행할 수 있도록 도와준다.

다음으로, 행동 계획을 실행하면서 생기는 문제점이나 어려움을 함께 고민하고 해결해 나간다. 고객의 상황에 따라 추가적인 조치나 수정이 필요할 수 있다. 이때, CoachSulting의 컨설팅 접근 방식을 활용하여 전문적인 조언과 해결책을 제공한다.

또한, 고객의 성취감을 높이기 위해 중간 평가를 실시한다. 이를 통해 목표에 대한 진행 상황을 파악하고 문제점을 조기에 발견하여 수정할 수 있다.

마지막으로, 계획을 실행하고 목표를 달성한 후에는 결과에 대한 회고를 실시한다. 고객과 함께 달성한 성과를 공유하고, 성취감을 높이며 앞으로의 계획에 대한 방향성을 재정립한다.

성공 평가: 진행 상황과 결과 측정

"성공 평가: 진행 상황과 결과 측정"은 CoachSulting 과정의 마지막 단계이다. 이 단계에서는 고객의 목표가 달성되었는지, 그리고 CoachSulting 과정이 고객에게 어떤 영향을 미쳤는지를 평가한다.

먼저, 고객과 함께 목표 달성에 대한 평가 기준을 설정한다. 이는 고객의 요구에 맞게 정확하게 설정되어야 하며, 고객이 원하는 결과를 달성하기 위해 CoachSulting 과정에서 수립한 계획과 목표를 기반으로 한다.

다음으로, CoachSulting 과정이 진행됨에 따라 고객의 진행 상황을 평가한다. 이를 통해 문제가 발생했는지, 진행이 원활했는지 등을 파악할 수 있다. 만약 문제가 발생했다면, 새로운 전략을 수립하고 문제를 해결할 수 있도록 고객과 함께 논의한다.

마지막으로, 고객과 함께 결과를 측정한다. 이를 통해 목표 달성에 대한 성공 여부를 평가하고, CoachSulting 과정이 고객에게 어떤 영향을 미쳤는지를 파악할 수 있다. 만약 목표 달성에 실패한 경우에도, CoachSulting 과정에서 얻은 지식과 경험을 토대로 다시 계획을 세우고 고객과 함께 새로운 전략을 수립할 수 있다.

따라서, CoachSulting 프로세스의 마지막 단계에서는 고객과 함께 목표 달성에 대한 평가를 수행하고, 결과를 측정하여 CoachSulting 과정이 성공적으로 수행되었는지를 확인한다.

16.1.3 CoachSulting 과정과 프레임워크

CoachSulting 과정은 크게 4단계로 구성된다.

첫 번째 단계는 "**고객 요구사항 파악**" 단계이다. CoachSulting은 고객의 요구사항에 따라 맞춤형 솔루션을 제공하는 것이 중요하다. 이를 위해 고객의 현재 상황과 목표, 그리고 고객이 직면한 문제와 과제 등을 파악한다.

두 번째 단계는 "**상황 진단**" 단계이다. CoachSulting을 통해 문제를 해결하기 위해서는 문제의 원인과 상황을 정확히 파악하는 것이 중요하다. 따라서 CoachSultant는 고객과 함께 상황을 분석하고 진단하는 과정을 거치게 된다.

세 번째 단계는 "**솔루션 개발**" 단계이다. 고객의 요구사항과 상황 진단을 바탕으로 CoachSultant는 맞춤형 솔루션을 개발한다. 이 과정에서 CoachSultant는 고객과 함께 협력하여 최상의 결과를 얻을 수 있도록 노력한다.

네 번째 단계는 "**솔루션 실행**" 단계이다. CoachSultant는 고객과 함께 솔루션을 실행하고, 실행 결과를 평가한다. 만약 실행 결과가 원하는 대로 나오지 않는다면, 다시 상황 진단과 솔루션 개발 과정을 거치면서 문제를 해결해 나간다. 이러한 과정을 통해 고객과 코치 또는 컨설턴트는 함께 성장하며, 최종적으로 원하는 결과를 얻을 수 있다.

16.1.4 CoachSulting 프레임워크: 단계별 가이드

"CoachSulting 프레임워크: 단계별 가이드"는 총 7개의 단계로 구성되어 있다.

목표 설정

고객이 원하는 목표를 설정하는 단계이다. 이를 통해 고객이 목표 달성을 위해 어떤 도움을 필요로 하는지 파악할 수 있다.

현실 확인

현재 상황을 파악하고 문제점을 찾는 단계이다. 이를 통해 목표와 현실 간의 차이를 파악하고, 목표 달성을 위한 계획을 수립할 수 있다.

원인 분석

문제의 원인을 찾는 단계이다. 이를 통해 문제를 해결하기 위한 핵심 요인을 파악할 수 있다.

해결책 도출

문제를 해결하기 위한 다양한 대안을 모색하고, 각 대안의 장단점을 분석하는 단계이다.

계획 수립

선택한 대안을 바탕으로 구체적인 계획을 수립하는 단계이다. 이를 통해 목표 달성을 위한 구체적인 방안을 마련할 수 있다.

실행

수립한 계획을 실행하는 단계이다. 이를 통해 목표 달성을 위한 실질적인 노력을 기울일 수 있다.

평가

실행한 결과를 평가하고, 문제점을 파악하며, 보완점을 도출하는 단계이다. 이를 통해 목표 달성에 대한 성과를 측정하고, 개선할 방안을 마련할 수 있다.

이러한 프레임워크를 따르면 CoachSulting 과정에서 목표 달성을 위한 구체적인 방법을 제시할 수 있으며, 고객과의 신뢰 관계를 유지하면서 최적의 해결책을 찾을 수 있다.

16.1.5 CoachSulting 추천 모델

CoachSulting은 코칭과 컨설팅을 결합한 혁신적인 비즈니스 모델이다. 이 모델은 고객의 필요에 맞게 유연하게 조정할 수 있는 맞춤형 접근 방식을 채택한다. 이를 바탕으로, 추천해줄 만한 모델로는 다음과 같은 것들이 있다.

코칭 모델
CoachSulting에서는 코칭 모델을 적용함으로써, 고객의 역량 개발과 성과 향상을 위해 개인화된 계획을 제공한다. 이를 위해 CoachSultant는 고객과의 대화를 통해 목표를 설정하고, 결과를 달성하기 위한 계획을 수립한다.

컨설팅 모델
CoachSulting에서는 컨설팅 모델을 활용함으로써, 고객의 문제를 해결하고 비즈니스 성과를 향상시킨다. 이를 위해 CoachSultant는 고객과의 대화를 통해 문제를 파악하고, 해결책을 제시한다.

맞춤형 모델
CoachSulting에서는 고객의 요구사항에 따라 코칭과 컨설팅을 조합하여 맞춤형 솔루션을 제공한다. 이를 위해 CoachSultant는 고객의 요구사항을 파악하고, 필요한 방법론과 도구를 결합하여 문제를 해결한다.

계약 모델
CoachSulting에서는 계약 모델을 적용하여, 고객과의 계약서를 작성하여 계약 조건을 명확하게 한다. 이를 위해 CoachSultant는 고객과의 계약서 작성 및 계약 이행을 통해 투명한 프로세스를 유지한다.

결과지향 모델
CoachSulting에서는 결과지향 모델을 활용하여, 고객의 목표 달성에 초점을 맞춘다. 이를 위해 CoachSultant는 고객의 목표를 설정하고, 결과를 측정하여 최종 성과를 분석한다.

위 모델들은 CoachSulting에서 활용 가능한 여러 가지 모델 중 일부에 불과한다. CoachSulting은 고객의 요구사항에 따라 다양한 모델을 조합하여 맞춤형 솔루션을 제공하며, 이를 위해 CoachSultant는 고객의 상황에 따라 적절한 방법론과 도구를 선택하여 문제를 해결한다. 또한, CoachSulting은 고객과의 신뢰 관계를 바탕으로 진행되며, 고객이 스스로 문제를 해결하고 성장할 수 있는 지속적인 지원을 제공한다. 이를 통해 CoachSulting은 고객의 역량 개발과 성과 향상을 지원하며, 비즈니스 성공에 기여할 수 있는 혁신적인 비즈니스 모델이다.

16.2 AUDIT 모델

A - Achieve Results

실행 계획을 통해 솔루션을 실행하고, 목표를 달성한다. 이를 위해 CoachSultant는 고객과 함께 실행 결과를 모니터링하고, 성과를 평가한다. "Achieve Results"는 결과를 달성하기 위해 CoachSulting 방법론을 실행하는 마지막 단계이다. 이 단계에서는 계획이 실행되고 성과가 실제로 달성되는 것을 확인하고 평가한다.

이 단계는 성과를 달성하는 프로세스를 감시하고 성과를 개선하기 위한 추가적인 개입을 수행한다. 이를 위해 다음과 같은 단계를 수행한다.

성과 평가

계획 실행 후 실제로 어떤 성과가 달성되었는지를 확인한다. 이를 위해 지표를 설정하고 효과적인 성과 평가 방법을 사용한다.

결과 개선

성과가 기대치에 미치지 못할 경우, 이를 해결하기 위해 추가 개선 계획을 수립한다.

성과 유지

달성한 성과를 유지하고 지속 가능한 결과를 보장하기 위해 유지보수 계획을 수립한다.

이러한 단계를 수행하여 CoachSulting 프로세스의 성과를 평가하고 개선함으로써 클라이언트의 목표 달성을 보장한다.

위의 모델을 활용하여 기업이나 조직의 문제를 해결하고, 성과를 향상시키는 데에 CoachSultant는 매우 유용한 도구가 될 수 있다. CoachSulting은 고객의 요구사항에 맞는 맞춤형 솔루션을 제공하여 비즈니스 성과를 극대화한다. 코칭과 컨설팅의 전문성과 현장 경험을 기반으로, 고객의 문제를 근본적으로 파악하고 적극적인 대처 방안을 제시한다. 이를 통해 고객은 보다 효율적이고 전략적인 의사결정을 할 수 있으며, 기업의 경쟁력을 높일 수 있다. CoachSulting은 이러한 컨설팅 서비스에 더하여, 코칭과 같은 집중적인 개인 지도를 통해 고객이 실제로 문제를 해결하고 목표를 달성할 수 있도록 지원하는 것이 특징이다. 따라서, CoachSulting은 일반적인 코칭이나 컨설팅보다 더 맞춤화된 솔루션을 제공하고, 고객의 역량을 강화하여 지속적인 발전을 돕는 것을 목표로 한다.

U - Understand the Options (Understanding)

고객의 상황과 목표에 대한 이해를 바탕으로, 적절한 해결책과 옵션을 제시한다. 이를 위해 경험이 풍부한 전문가들이 참여하여, 다양한 시나리오를 고려한다. "Understand the Options"은 문제를 해결하거나 목표를 달성하기 위해 가능한 모든 옵션을 평가하고 선택하는 것을 의미한다. 이 단계에서는 문제 또는 목표와 관련된 가능한 모든 옵션을 찾고 분석하여 각 옵션의 장단점을 신중히 평가한다.

먼저 문제 또는 목표와 관련된 가능한 모든 옵션을 식별한다. 그러기 위해서는 이전 단계에서 정의한 상황을 고려하고, 다른 사람들과 이야기하며, 인터넷 검색 등을 통해 관련된 모든 정보를 수집해야 한다. 이후에는 모든 옵션을 가능성과 효과에 따라 분류하고 각각의 장단점을 분석한다.

각 옵션의 장단점을 파악하기 위해서는 정확한 정보를 수집하고, 전문가나 지식이 있는 사람들과 이야기하며, 경험이 있는 사람들에게 조언을 구해야 한다. 각 옵션의 장단점을 파악하기 위해서는 다음과 같은 질문을 고려할 수 있다.

- 이 옵션은 어떻게 문제 또는 목표를 해결할 수 있는가?
- 이 옵션은 어떤 비용과 시간이 드는가?
- 이 옵션은 어떤 위험이 있는가?
- 이 옵션을 선택할 경우 어떤 결과를 얻을 수 있는가?

모든 옵션을 신중히 평가한 후 가장 적합한 옵션을 선택한다. 선택한 옵션은 향후 계획을 수립하고 실행할 때 중요한 역할을 한다.

D - Define the Situation (Situation)

고객의 상황을 분석하고, 문제와 목표를 명확하게 정의한다. 이를 위해 세부적인 데이터 수집과 분석이 이루어지며, 고객과의 인터뷰를 통해 전반적인 이해도를 높이다. "Define the Situation"은 문제 해결 과정에서 첫 번째 단계이며, 문제 상황을 명확하게 정의하고 분석하는 것을 의미한다.

이 과정에서는 문제의 본질을 파악하고, 문제의 범위와 규모를 결정하며, 문제의 영향을 받는 모든 측면을 고려한다. 문제가 발생한 원인과 그로 인한 결과, 문제 해결의 필요성과 긴급성 등을 분석하며, 문제의 세부 요소와 상관 관계를 파악한다.

이러한 분석을 통해 문제 해결을 위한 목표와 전략을 수립할 수 있으며, 효과적인 해결책을 찾을 수 있다. 따라서 "Define the Situation" 단계는 문제 해결 과정에서 가장 중요하고 필수적인 단계 중 하나이다.

I - Implement the Plan (Leverage)

고객이 선택한 옵션을 구체적으로 실행하기 위한 계획을 수립하고, 실제 실행에 참여한다. 이를 위해 프로젝트 관리 및 컨설팅 서비스를 제공하며, 고객의 현장에서 직접적으로 지원한다. "Implement the Plan"은 문제를 해결하기 위해 수립된 계획을 실행하는 단계이다. 이 단계에서는 계획의 구체적인 세부사항을 실제로 실행하고, 실행 가능성을 검토하며 조정을 수행한다. 이를 위해서는 조직 내의 각 구성원들이 계획에 대한 자신의 역할과 책임을 이해하고, 그들의 역할에 대한 투명한 커뮤니케이션과 협업이 필요하다. 구체적으로는, 실행 계획을 작성하고, 계획의 각 단계별로 책임과 기간을 할당한다. 그리고, 각 단계에서 발생하는 문제를 신속하게 파악하고 조치를 취하여 일정에 미치는 영향을 최소화 한다. 또한, 계획이 제대로 실행되고 있는지 주기적으로 모니터링하고, 이를 통해 변경된 상황에 대한 대응 계획을 수립한다.

실행 과정에서는 이전에 수행된 단계에서 얻은 정보와 결과를 기반으로 조정이 필요한 경우 수정을 가하고, 문제점을 해결한다. 이를 통해 최종적으로 목표 달성을 위한 실행 가능한 계획을 수립하고, 실행하여 원하는 결과를 얻을 수 있다.

T - Track Progress and Results (Tracking)

실행 후에는 결과를 추적하고 성과를 분석한다. 이를 통해 고객의 성과를 높이기 위한 추가적인 개선점을 도출하며, 지속적인 성장과 발전을 지원한다. "Track Progress and Results"는 목표를 달성하기 위해 중요한 단계

중 하나이다. 이 단계에서는 목표 달성을 위한 계획을 수립하고 실행하는 동안 진행 상황을 추적하며 결과를 측정한다.

먼저, 이 단계에서는 목표 달성을 위한 계획을 세우고 실행한다. 이 계획은 세부적인 단계와 일정, 책임, 리소스 등을 명확하게 정의하여 실행 가능하도록 해야한다.

그 다음으로, 추적 및 측정 도구를 사용하여 진행 상황을 추적하고 결과를 측정한다. 이를 통해 목표 달성에 대한 진행 상황을 파악하고 예상되는 결과와 실제 결과 간의 차이를 확인할 수 있다. 이를 토대로 추가적인 조치를 취하거나 계획을 수정할 수 있다.

마지막으로, 이 단계에서는 결과에 대한 보고서를 작성한다. 이 보고서는 결과와 진행 상황을 요약하고, 성공적인 결과에 대한 이유와 잠재적인 개선점 등을 기술한다. 이 보고서를 통해 모든 이해관계자들이 목표 달성을 위한 노력과 결과를 파악하고 평가할 수 있다.

16.3 CoachSulting 성과 평가

성과를 평가한다는 것은 곧 피드백을 의미하며 그 본질과 목적은 성장과 발전에 있다고 하겠다. 이때 고객과 코치 모두의 성장과 발전을 고려해야 한다. 이러한 관점에서 무엇을 평가해야 할지가 결정된다. 코치의 성장과 발전을 위해서는 코칭 만족도를 평가할 수 있다. 고객의 성장과 발전을 위해서는 실행 성찰 및 실행 만족도를 평가할 수 있다. 이러한 과정을 통해 최종 목표로 하는 바는 CoachSulting 시작 전과 종료 후에 측정하는 사전 및 사후 진단 수준의 변화가 유의미하게 높아지는 것이다.

이 목표 즉, CoachSulting의 높은 성과를 위해서는 그 과정이 중요하다. 이를 위해서는 코칭 만족도와 실행 성찰 만족도의 변화를 매 회기마다 모니터링하고 적극적으로 관리해야 한다. 이러한 평가 방식은 일반적인 코칭 프로그램과 다른 점이면서 차별점이다.

코치는 코칭 만족도가 높아질 수 있도록 지속적으로 자신의 코칭을 성찰하고 노력해야 한다. 고객은 실행 성찰 만족도가 높아질 수 있도록 지속적으로 자신의 실행을 성찰하고 목표를 되새기면서 노력해야 한다. 노력은 구체적이어야 한다. 예를 들어, 코치의 경우 무엇을 하지 말아야 하고, 무엇을 감소해야 하는지 또, 무엇을 더 강화할 것인지, 무엇을 새롭게 해야 할 것인지를 명확한 아이디어를 가지고 다음 회차를 진행하는 것이다.

각각의 평가 항목에 대해 조금 더 자세히 설명하고자 한다.

16.3.1 코칭 만족도 평가

코칭 만족도 평가는 CoachSulting 첫 회기부터 마지막 회기까지 매 회기 종료 후에 고객이 평가한다.

기본적인 평가 항목으로는 내용 만족도, 대화 만족도, 자율성 만족도, 인식 전환도를 평가한다. 내용 만족도는 컨설팅 도구 선정의 적절성, 학습 콘텐츠의 유익성 등을 평가한다. 대화 만족도는 대화 몰입도, 질문의 적절성, 피드백 및 피드포워드의 유익성 등을 평가한다. 자율성 만족도는 과제 선정의 주도성, 책임감 마인드 수준 등이다. 인식 전환도는 인지 수준 변화도, 긍정적 감정의 수준 등이다. 고객의 평가 결과는 코치로 하여금 자신이 진행한 코칭 과정을 성찰하고 더 나은 코칭이 될 수 있도록 노력하게 한다.

각 항목 평가 결과의 평균값이 코칭 만족도가 되며, 6점 척도로 평가한다. 이는 고객이 중간 수준으로 평가하려는 현상을 배제하기 위함이다.

16.3.2 실행 성찰 만족도 평가

실행 성찰 만족도 평가 또한 코칭 만족도 평가와 함께 CoachSulting 첫 회기부터 마지막 회기까지 매 회기 고객이 평가한다. 다른 점은 코칭 세션이 시작되면서 평가한다는 점이다. 고객은 코치와 함께 실행 기간 즉, 지난 코칭 세션 이후부터 당 회차 코칭 세션이 시작되기 전까지 자신이 선정한 실행 과제들의 이행 현황을 스스로 평가하는 것이다.

기본적인 평가 항목으로는 실행 충실도, 실행 만족도, 현업 적합성을 평가한다. 실행 충실도는 고객이 자기 주도적으로 선정한 실행 과제들을 어느 정도 이행했는지를 평가한다. 실행 만족도는 실행 과제를 이행하면서 느낀 주관적 만족감을 평가한다. 현업 적합성은 선정한 실행 과제가 현업 개선에 얼마나 도움이 되는지 등을 평가한다. 코치는 고객의 평가 결과를 보고 무엇보다 과제 이행 과정을 칭찬해야 한다. 고객이 그동안 하지 않았던 새로운 도전을 했다는 점을 코치는 반드시 기억해야 한다. 한편 평가 결과를 통해 실행 과제가 적합했는지, 이행 과정에 장애요인이 있었는지, 특히 장애요인은 외적인 요인과 내적인 장애요인을 모두 확인해야 한다. 고객이 직접 극복 방안을 찾도록 함으로써 향후 실행 충실도와 만족도를 높일 수 있다.

평가 척도와 방법은 코칭 만족도와 동일하다.

16.3.3 사전 진단 및 사후 진단 수준 변화 평가

사전 진단은 Pre-Session 단계에서 진행하며 사후 진단은 Main-Session 마지막 회기 종료 직후에 진행하는 것을 원칙으로 한다. 그러나 대상 기업 또는 코칭 대상자의 상황이나 세션 운영에 따라 변동될 수 있다. 진단 설문의 내용은 사전과 사후가 서로 동일하다.

기본적인 평가 항목은 CoachSulting Honey Cell 모델(그림17-1)에 따라 ISO 품질경영 7대 원칙과 Mckinsey 7S 조직역량의 수준을 통합적으로 측정한다. 사전 진단을 통해 각 항목별 수준을 확인하고 이를 토대로 코칭 주제와 목표를 정하면서 코칭이 시작된다. 다 회기로 코칭을 진행한 후에 다시 한번 동일한 진단을 사후에 진행한다. 사후 진단의 수준이 사전 진단과 어떤 변화를 보이는지 분석해 보면 Main-Session에서 코칭이 얼마나 효과적으로 진행되었는지 알 수 있다. 코칭이 효과적으로 진행되기 위해서는 앞서 살펴본 코칭 만족도와 실행 성찰 만족도가 코칭 과정 중에 잘 관리되어야 한다. 이처럼 CoachSulting은 코치가 과정에 최선을 다하도록 평가 시스템이 구조적으로 설계되어 있다.

이를 견고히 하는 또 하나의 구조는 다 회기 코칭 과정을 진행하는 방식이다. ISO 품질경영시스템의 PDCA 프로세스에 따라 체계적으로 진행하면서 코칭 목표 달성에 영향을 주는 제반 환경을 점검하고 개선해가도록 컨설팅하기 때문이다.

진단 수준에 대한 평가 척도 또한 6점 척도를 사용한다.

16.3.4 중간 평가

CoachSulting의 준비 단계에서 계약서를 통해 진행 기간이 확정된다. 기업 담당자 및 이해관계자와의 인터뷰, 사전 진단 결과 분석을 통해 코칭 대상자와 진행 방법, 진행 기간이 결정되고 계약서에 명시하는 것이다. CoachSulting의 진행 기간은 이처럼 기업의 이슈와 상황에 따라 다르지만 보통 6개월 이상인 경우가 많다.

계약 기간에 맞춰 코칭이 진행되면서 중간 시점에 그동안의 성과를 종합 평가하는 것이 중요하다. 중간 평가를 통해 얻을 수 있는 유익함은 다음과 같다. 코칭 대상자 또는 그룹이 정한 목표 진도율을 확인하여 속도를 조절할 수 있다. 조직의 이슈 해결을 위한 의미 있는 결과물들이 나오고 있는지 확인하고 방향을 바로잡을 수 있다. 대상 기업에서 함께 활동을 시작한 코치들 간에 그동안의 성과를 공유하고 앞으로 남은 기간의 활동에 전략적 방향성을 반영할 수 있다. 중간 성과 보고서를 작성하여 기업의 이해관계자와 공유함으로써 공감대를 형성하고, 기업의 니즈를 재확인할 수 있으며 추가 니즈를 확인하여 반영할 수 있다. 중간 성과 보고서에 담을 내용은, 조직의 이슈, 부문별 이슈, 팀별 이슈, 개인 또는 그룹의 코칭 주제 및 목표, 목표 진도율, 컨설팅 도구를 활용한 산출물, 코칭 만족도 추이, 실행 성찰 만족도 추이, 향후 일정 및 추진 계획 등이다. 중간 성과 보고회 일정을 계약서에 명시한 경우, 오프라인으로 진행하는 것이 바람직하며 기업의 상황에 따라 온라인으로 진행할 수 있다.

16.3.5 최종 평가

최종 평가의 시점은 Main-Session 마지막 회기 종료 직후이다. 이때 고객은 매 회기 종료 직후에 실시한 코칭 만족도 평가 대신 최종 평가 설문을 작성한다. 마지막 회기에서 코치는 고객과 함께 그동안의 코칭 과정을 성찰하고 성과를 공유하는 시간을 갖는다. 이 시간을 통해서 코치는 고객에게 다음과 같은 질문을 하는 것이 필요하다. 처음 시작했을 때보다 자신에게서 배운 점이 있다면 무엇인지, 그동안의 기간을 통해 발견한 자신의 강점은 무엇인지, 내재화된 역량들은 무엇이고 앞으로 내재화하고 싶은 역량은 무엇인지, 자신의 리더십이 어떤 모습으로 변화했는지, 향후 꼭 해보고 싶은 것은 무엇인지 등이다. 이어서 회기를 종료하고 최종 평가 설문을 작성하는 것이다. 코치는 최종 성과 보고서를 작성하여 고객 개인 및 기업의 이해관계자에게 공유한다. 최종 성과 보고서에 담을 내용은, 중간 성과 보고서의 대부분의 항목과 고객의 소감 및 코치의 소감 등을 포함한다. 계약서에 명시한 최종 성과 보고회 일정에 맞춰 오프라인으로 보고회를 진행한다. 이때 CEO 또는 주무 부서장이 총평과 함께 지속적인 실천과 제도 정착 등을 위해 환경을 조성하고 후원을 약속하는 것이 중요하다. 이를 위해서는 CoachSulting 초기 제안 단계부터 사례와 코칭 과정에서의 대상자들의 니즈를 꾸준히 공유하고 강조하는 것이 필요하다.

17장 CoachSulting 도구
- CoachSulting 기본 도구
- CoachSulting 전문 도구
- CoachSulting 분야와 진행

CoachSulting을 실행하기 위해서는 다양한 도구들이 활용될 수 있다. 여기에 몇 가지 예시를 들어보고자 한다.

가. SWOT 분석

SWOT 분석은 Strengths(장점), Weaknesses(약점), Opportunities(기회), Threats(위협)를 파악하는 분석 도구로, 기업의 전략 수립이나 문제 해결에 유용하게 활용된다.

1) 강점(Strengths): 조직의 내부적인 강점이나 우위 요인을 파악한다. 내부 조직의 역량, 경쟁력, 자원, 브랜드 가치 등이 해당한다.

2) 조직의 내부적인 약점이나 불리한 요인을 파악한다. 조직의 내부적인 한계나 결점, 장애물 등이 해당한다.

3) 기회(Opportunities): 조직의 외부적인 기회나 유망요인을 파악한다. 외부환경에서 발생하는 변화나 경제성장, 시장 확대, 기술혁신 등이 해당한다.

4) 위협(Fears/Threats): 조직의 외부적인 위협이나 위험요인을 파악한다. 외부환경에서 발생하는 위험, 경쟁, 법규제 등이 해당한다.

SWOT 분석은 조직이나 개인이 어떤 상황에서 어떤 전략을 수립할지 결정하는데 도움을 준다. 이를 통해 강점을 최대한 활용하고 약점을 보완하여 기회를 창출하며, 위험을 대처하고 경쟁력을 강화할 수 있다. SWOT 분석은 전략 수립의 기초적인 단계로 활용되며, 조직이나 개인이 나아갈 방향을 결정할 때 중요한 참고 자료로 활용된다.

	내부 (긍정/부정)	외부 (긍정/부정)
강점 (Strengths)	• 우수한 제품 품질 • 전문가의 높은 기술력 • 지역 내 점유율이 높음	• 성장하는 시장 • 경쟁사의 부재 • 정부의 지원 정책
약점 (Weaknesses)	• 인력 부족 및 낮은 생산성 • 관리체계 미흡 및 취약한 내부 관리 시스템	• 고객 불만족 및 불신 • 경영진의 불만족
기회 (Opportunities)	• 새로운 제품 출시 기회 • IT 기술 적용을 통한 업무 효율화	• 해외 시장 진출 기회 • 국내외 투자 기회
위협 (Threats)	• 시장 진입장벽 낮음 • 산업 규제의 강화	• 경쟁 업체의 진출 및 확대 • 경기 변동 및 대외 금리 상승

나. OKR

OKR(Objectives and Key Results)은 목표와 핵심 성과 지표를 설정하는 방법론으로, 기업이나 조직의 목표 달성을 위한 방향성을 제시해준다. OKR은 Objective and Key Results의 약자로, 목표와 주요 성과 지표를 정하는 프레임워크이다. OKR은 조직 전략과 개인 목표를 설정하고 추적하는 데 도움이 되는 간단하면서도 강력한 방법이다.

1) Objective는 명확하고 측정 가능한 목표를 의미하며, 특정 기간 동안 달성하고자 하는 결과를 요약한다. Objective는 보통 구체적이며, 측정 가능하며, 도전적이며, 중요한 목표로 설정된다. 예를 들어, "매출을 20% 증가시키기"나 "제품 개발 기간을 50% 단축하기"와 같은 것이 있다.

2) Key Results는 Objective를 달성하기 위해 추적하는 주요 성과 지표이다. Key Results는 구체적이며, 측정 가능하며, 경쟁력 있는 결과로 설정된다. Objective마다 보통 3~5개의 Key Results가 있으며, 이러한 Key Results는 주기적으로 평가하여 Objective를 달성하는 데 도움을 준다.

OKR은 목표와 성과를 중심으로 집중하고, 달성 가능성이 높은 목표와 결과를 수립하며, 지속적인 모니터링과 피드백을 통해 조직과 개인의 성과를 측정하고 개선할 수 있다는 장점이 있다. OKR은 기업이나 조직에서 뿐만 아니라 개인적인 목표를 수립할 때에도 유용하게 활용될 수 있다.

다. GROW 모델

GROW 모델은 목표 설정 및 달성을 위한 방법으로, Goal(목표), Reality(현실 파악), Options(대안 검토), Way Forward(행동 계획)으로 구성된다. GROW 모델은 목표 달성을 위한 컨설팅 및 코칭 프로세스에서 사용되는 일반적인 프레임워크 중 하나이다.

1) Goal(목표): 이 단계에서는 고객이 달성하고자 하는 목표를 구체적으로 설정한다. 이 단계에서 목표는 최종 결과물에 대한 큰 그림으로 설명된다. 목표는 SMART(구체적, 측정 가능, 달성 가능, 현실적, 시간 제한적) 기준을 충족시켜야 한다.

2) Reality(현실 파악): 이 단계에서는 현재 상황과 제한 사항, 문제 및 가능성 등을 조사한다. 이 단계에서는 목표를 달성하기 위해 필요한 리소스, 기

술 및 인력 등을 평가한다. 이 단계는 목표를 이루기 위한 현재 위치를 파악하기 위한 과정으로, SWOT 분석이나 기타 도구를 사용해 문제점을 파악할 수 있다.

3) Options(대안 검토): 이 단계에서는 문제를 해결하는 방법을 제안하고, 각 옵션의 장단점을 평가한다. 이 단계에서는 목표를 달성하기 위한 대안적인 해결책들을 고려하여, 가장 적합한 옵션을 선택하게 된다.

4) Way Forward(행동 계획): 이 단계에서는 선택된 해결책을 구체적으로 계획하고 실행한다. 이 단계에서는 목표를 달성하기 위해 필요한 전략, 계획 및 구체적인 행동을 수립한다. 이 단계는 구체적인 작업 계획과 리소스 할당 계획을 수립하는 단계이며, 이를 통해 목표를 달성하기 위한 구체적인 행동 계획을 수립할 수 있다.

GROW 모델은 코칭 및 컨설팅 활동에서 많이 사용되며, 목표 달성에 있어서 명확한 방향성을 제시하고, 구체적인 계획을 수립하고, 이행과 진행을 추적할 수 있는 프레임워크를 제공한다.

라. 피드백 도구

피드백 도구는 개인이나 조직이 발전할 수 있도록 돕는 도구로, 360도 피드백, 상사와의 면담, 직원 만족도 조사 등이 있다. 피드백 도구는 개인이나 조직이 발전할 수 있도록 돕는 도구로 다양한 형태가 있다.

1) 먼저, 360도 피드백은 해당 인물이 일하는 조직의 상사, 동료, 하급자, 외부 전문가 등이 모두 참여하여 해당 인물의 업무 능력, 인격, 리더십 등을 종합적으로 평가하는 방식이다. 이를 통해 해당 인물의 강점과 개선점을 파악하고, 조직에서 개인의 역량 개발에 대한 방향성을 제시할 수 있다.

2) 또한, 상사와의 면담은 상사가 직원에게 직접 피드백을 제공하는 방식으로, 업무에 대한 성과, 역량, 발전 방향 등을 소통하며 개인의 역량 개발과 조직의 목표 달성을 위한 방향성을 제시한다.

3) 또 다른 방법으로는 직원 만족도 조사가 있다. 이는 조직 내 직원들의 만족도, 업무 환경, 리더십, 교육/훈련 등에 대한 평가를 통해 조직의 문제점과 개선점을 도출할 수 있다. 또한, 직원의 의견 수렴과 만족도 개선을 통해 직원들의 업무 의욕과 조직의 생산성을 높일 수 있다.

이처럼 피드백 도구는 개인과 조직의 성장을 위한 중요한 요소 중 하나이며, 다양한 형태로 활용되고 있다.

마. 커뮤니케이션 도구

커뮤니케이션 도구는 멀티플랫폼에서 공동 작업 및 의사소통이 가능한 도구로, Slack, Teams, Google Drive 등이 있다. 커뮤니케이션 도구는 팀 내부 또는 다른 팀원과의 협업을 위한 소통 도구이다. 팀원들 간의 정보 전달, 업무 공유, 회의 등 다양한 상황에서 사용된다.

1) 슬랙(Slack)은 팀 채팅 및 파일 공유 등 다양한 협업 기능을 제공하는 도구이다. 채널(Channel)을 통해 특정 주제에 대해 대화하거나, 개별적인 DM(Direct Message)을 통해 개인적인 대화를 할 수 있다. 팀 전체 회의를 할 수 있는 기능도 제공하며, 다양한 앱을 연동하여 사용할 수 있다.

2) 팀즈(Teams)는 마이크로소프트에서 제공하는 커뮤니케이션 도구로, 비디오 회의, 채팅, 파일 공유 등 다양한 협업 기능을 제공한다. 마이크로소프트 오피스와 통합되어 있어 워크플로우를 더욱 효율적으로 관리할 수 있다. 팀즈는 비디오 회의에서의 화면 공유, 화이트보드 기능 등을 제공하여 원격 회의에서도 효율적인 커뮤니케이션을 가능케 한다.

3) 구글 드라이브(Google Drive)는 구글에서 제공하는 클라우드 기반의 문서 및 파일 저장, 공유 도구이다. 문서 편집, 스프레드시트, 프리젠테이션 등의 온라인 문서 작성 기능을 제공하며, 다른 팀원과 공유하여 동시에 작업이 가능한다. 또한 구글 드라이브 내에서 파일을 공유하거나, 링크를 통해 다른 사람들이 파일에 접근할 수 있도록 설정할 수 있다.

위 도구들은 CoachSulting을 실행하는 데 있어서 유용하게 활용될 수 있는 도구들이다. 하지만, 각각의 상황과 문제에 따라 적합한 도구를 선택하고 활용해야 하며, 상황에 따라 새로운 도구를 개발하거나 적용하는 것도 가능하다.

17.1 CoachSulting 기본 도구

CoachSulting 프로그램을 운영할 때는 여러 가지 도구들이 활용된다. 이 도구들은 크게 기본 도구와 전문 도구로 나눌 수 있다. 기본 도구는 프로세스 운영에 필요한 도구들을 포함하며, 전문 도구는 CoachSulting 진행에 필수적인 도구들을 말한다. 이 두 가지 유형의 도구들이 조화롭게 활용되어, CoachSulting 프로그램이 성과를 거두도록 한다. 마치 컴퓨터를 예로 들면 기본 도구는 운영 프로그램, 전문 도구는 응용 프로그램이라고 할 수 있다, 또 기본 도구가 하드웨어라면 전문 도구는 소프트웨어라고 할 수 있을 것이다. 프로세스 운영 관련 기본 도구는 CoachSulting 프로그램이 원활히 추진될 수 있도록 프로세스를 작동시키는 도구들로서 기본적인 운영체계(Operating System)와 이때 사용되는 양식들이다. 반면 CoachSulting 전문 도구들은 CoachSulting이 진행되는 과정에서 고객이 목표 달성을 위한 Solution을 직접 찾을 수 있도록 과정의 각 단계에서 최적의 Outputs를 도출해 내는 전문적인 사고체계(Thinking Framework)와 이때 사용되는 양식들이다.

<표17-1, CoachSulting 도구의 구분>

구분	기능	도구
기본 도구	프로그램의 프로세스 운영	기본적인 운영체계와 양식 • 프로세스 각 단계별 기본 양식
전문 도구	CoachSulting 목표 달성 지원	전문적인 사고체계와 양식 • 코칭 전문 도구 • 컨설팅 전문 도구

CoachSulting 시스템을 한약방의 약제 시스템에 빗대어 설명해 보자면, 한의사가 환자의 증상을 정밀하게 진단하고 약재를 서랍장에서 선별해 처방하는 과정과 유사하다. CoachSultant는 마치 한의사처럼 고객의 상황과 필

요를 깊이 이해하고, 진단 도구와 인터뷰를 통해 고객의 현재 상태와 변화에 대한 욕구, 그리고 목표를 명확히 파악한다. 그 다음, 고객의 목표 달성을 위해 필요한 CoachSulting 전문 도구들을 신중하게 골라 제공하는 역할을 한다. CoachSulting을 한약방에 비유한 것은, 환자의 기력을 회복하고 체질을 개선하는 데 있어서 그 효과 때문이며, 바로 이 점은 기업이 지속 가능한 경영 체계를 구축할 수 있도록 돕는 CoachSulting의 지향점과도 잘 맞아떨어지기 때문이다.

표 17-1에서 확인할 수 있듯이, 기본 도구들은 CoachSulting 프로그램의 운영과 직접 관련되어 있으며, 프로그램 운영은 크게 다섯 단계로 나뉜다. 이 다섯 단계로는 준비 단계, Pre-Session, Main-Session, Post-Session, 그리고 Follow Up 단계가 있다.

각 단계별 내용과 진행 프로세스 그리고 각 단계에서 사용되는 도구들에 대해 살펴보고자 한다.

가. 준비 단계

준비 단계는 CoachSulting 프로그램을 기업이나 단체 등에 제안하거나 의뢰를 받아 수행 여부를 판단하고 계약을 맺는 단계이다.

마케팅 및 홍보를 통해 기업에 CoachSulting을 제안하거나, 마케팅 및 홍보의 결과로서 기업의 의뢰를 받아 기업과의 만남이 이루어진다.

마케팅 및 홍보의 과정에서는 CoachSulting이 일반적인 Consulting과 차별화되는 점을 알리는 것이 중요하다. Consulting의 경우 일반적으로 특정 컨설턴트가 전문적으로 수행하는 정해져 있는 컨설팅 영역과 도구 및 방법을 제안하기 때문에 기업의 문제해결 요구에 정확히 대응하기 어려운 면이 있다. 그러나 CoachSulting은 전문 비즈니스 코치가 비즈니스 코칭을 진행하는 과정에서 기업의 문제해결 요구에 적절히 대응할 수 있는 컨설팅 도구를 활용하는 것이기 때문에 기업의 문제해결 요구에 보다 더 적절히 맞춤식으로 대응할 수 있다.

최초 접촉에서 기업 담당자 또는 이해관계자와의 만남을 통해 기업의 문제해결 요구 등의 니즈를 확인한다. 이때 사전 진단의 내용을 안내하고 기업 담당자와 이해관계자를 대상으로 인터뷰 방식을 활용하여 기업의 수준을 확인한다. CoachSulting의 차별점, 예상 일정, 대상 및 진행 방식, 비용에 대한 안내와 협의를 진행하고, 기업의 니즈와 수준 등을 기반으로 제안서를 작성한다.

제안서 설명회 후에 기업이 채택을 결정하면, 사전 진단을 실시한다. 진단은 주로 온라인 설문지를 활용한다. 사전 진단의 대상자는 기업 구성원 전체를 대상으로 하는 것을 원칙으로 한다. 사전 진단은 기본적으로, 품질경영 시스템(ISO 9001) 기반의 CoachSulting Honey Cell 모델(그림17-1)에 따라 ISO 품질경영 7대 원칙과 Mckinsey 7S 조직역량 수준을 진단한다. 하지만 기업의 상황에 따라 다른 진단 도구가 더 유용하다고 판단될 경우 다른 도구를 사용할 수 있다. CoachSulting Honey Cell 모델에 대해서는 17.2. CoachSulting 전문 도구 편에서 자세히 설명하겠다.

사전 진단 결과를 분석하면 각 진단 항목별 수준에 대해 기업 전체, 각 부문, 각 팀별로 자세히 알 수 있다. 이를 근거로 기업 담당자 또는 이해관계자와의 협의를 통해 참여 대상자와 진행 방법(개인 일대일, 그룹, 팀 등)을 결정한다. 이후 정확한 전체 일정을 결정할 수 있고 이 내용들을 반영하여 계약서를 작성한다.

준비 단계에 필요한 도구는 제안서와 사전 진단 설문, 인터뷰 양식, 계약서이다.

나. Pre-Session 단계

Pre-Session 단계는 계약 이후 실제 CoachSulting이 진행되는 첫 단계로서 CoachSulting 과정 설계 및 오리엔테이션을 진행한다.

사전 진단에 대한 응답 내용을 토대로 기업 담당자 또는 기업에서 선정한 Counterpart와 CoachSulting 과정을 설계한다. 설계에 반영되는 내용들은 기업 전체와 기업 내부의 대상 부문별로 코칭 이슈 도출, 코칭 대상자 확정, 코칭 진행 상황에 대한 조직 내 공유 시스템 확보, 코칭 진행 일정, 특히 중간 성과 보고회 및 최종 성과 보고회 일정을 미리 확보한다. 코칭 진행 상황에 대한 조직 내 공유 시스템을 확보하는 것은 매우 중요하다. 사내에서 진행되고 있는 코칭이 코칭 대상자만의 일이 아니고 구성원 모두와 관계성이 있음을 인식하게 한다. 구성원으로 하여금 코칭 진행 과정에 간접적으로 참여하고 지원하는 후원자로서의 역할을 다할 수 있게 한다.

과정에 대한 설계가 끝나면, 이해관계자를 포함한 참여자 전체를 대상으로 오리엔테이션을 진행한다. 오리엔테이션에서는 CoachSulting에 대한 이해와 함께 사전 진단 결과 및 도출된 이슈를 공유하고, 전체 일정, 중간 성과 보고회 및 최종 성과 보고회 일정, 진행 방법 등을 안내한다. 또, 참여 코치 소개 및 파트너 매칭을 진행하고, 이어서 참여 코치는 매칭된 파트너와 함께 파트너십 합의문을 작성한다. 파트너십 합의문을 작성하면서 향후 코칭 대화의 방식과 일정 특히 첫 만남의 일정을 확실히 하는 것이 중요하다.

Pre-Session 단계에 필요한 도구는 CoachSulting 과정 설계도, 파트너십 합의문이다.

다. Main-Session 단계

Main-Session 단계는 참여 코치와 파트너 고객이 함께 코칭 대화를 나누는 가장 중심이 되는 단계이다.

Pre-Session에서 작성한 파트너십 합의문에 기반하여 다 회기로 진행하면서, 개별 고객과의 일대일 코칭이나 그룹 코칭, 또는 그룹 코칭과 일대일 코칭을 병행하는 하이브리드 방식, 팀 코칭 등 다양한 형태로 진행할 수 있다. 첫 회기부터 마지막 회기까지 보통 10회기로 진행되지만, 기업이나 개별 고객의 상황에 따라 조정이 가능하다.

첫 회기에서 매칭된 코치는 파트너 고객과 함께 코칭 목표합의서를 작성한다. 목표합의서를 작성할 때는, Pre-Session 단계의 오리엔테이션 과정에서 공유한 기업 공통 이슈 및 해당 부문별 공통 이슈를 다시 한번 확인하고, 고객의 코칭 이슈를 정한다. 고객의 이슈는 한 가지 이상 나올 수 있는데, 이때 전체 이슈에 정렬되고 부합하는지 검토하여 우선 집중해야 할 이슈를 정하고, 추가적인 이슈는 코칭이 진행되는 과정에서 다시 확인하고 협의해 간다.

Main-Session 중간 시점에는 이해관계자와 참여자 전체를 대상으로 중간 성과 보고회를 통해 중간 성과를 공유한다. 중간 성과의 결과에 따라 기업 이해관계자 또는 고객의 니즈를 반영하여 진행 방식과 내용을 보완할 수 있다.

다 회기로 진행되는 동안에는 회기별 세션 보고서를 작성하고, 고객 및 이해관계자와 보고서 내용을 공유한다. 매 회기 세션이 진행되면서 CoachSulting 전문 도구들 즉, 코칭 전문 도구들과 컨설팅 전문 도구들이 활용되고, 특히 컨설팅 도구 사용에 따라 결과물들이 도출된다. 예를 들어,

제도적 개선 사항 또는 새로 도입해야 할 사항들인데, 이러한 결과물이 조직 내에 잘 정착될 수 있도록 CoachSultant로서 Follow up 하는 것이 중요하다. 이를 위해서는 앞서 설명한 바와 같이 코칭 대상자뿐 아니라 경영진과 이해관계자는 물론 조직 내 구성원들이 상황 공유 채널을 통해 내용을 공유하고 참여할 수 있도록 환경을 만드는 것이 중요하다.

Main-Session의 마지막 회기에서는 사후 진단과 최종 평가 설문을 진행한다. 사후 진단은 Pre-Session에서 사용한 사전 진단 설문과 동일한 내용으로 진행한다. Main-Session 단계에 필요한 도구는 목표합의서, 세션 보고서, 중간 성과 보고서 및 최종 평가 설문지이다.

라. Post-Session 단계

Post-Session 단계는 CoachSulting을 마무리하는 단계로서 Main_Session 마지막 회기 종료 직후에 진행한 사후 진단 결과를 사전 진단 결과 비교 분석하고, 개별 고객이 작성한 최종 평가 설문의 내용과 함께 최종 성과 보고서를 작성한다.

이 내용을 토대로 최종 성과 보고회를 진행한다. 이때는 경영진과 이해관계자를 포함한 CoachSulting 참여자 모두가 참석하는 것을 원칙으로 한다. 최종 성과 보고회에서는 무엇보다도 과정에 참여한 고객이 자신의 목표에 대한 성과, 산출물, 향후 추진 계획 및 참여 소감을 발표하고 공유하는 것이 중요하다. 이것은 고객의 실행 가능성을 더 높이다. 또 함께 진행했던 파트너 코치도 자신의 경험과 소감 그리고 파트너 고객에게 응원의 메시지를 전한다. 마지막에 경영진이 총평하면서 참여자들의 향후 실행을 위한 환경 조성과 후원의 의지를 표명한다.

CoachSulting의 결과로부터 시사점을 도출하고, 대상 기업이 보완해야 할 점을 확인하고, 필요하다면 추가 CoachSulting 서비스 도입의 필요성을 설명하고 제안한다. Post-Session 이후에 이어지는 Follow Up 단계의 진행 방법 및 일정을 공유하면서 보고회를 마무리한다.

Post-Session 단계에 필요한 도구는 최종 성과 보고서이다.

마. Follow Up 단계

Follow Up 단계는 CoachSulting 과정을 통해 개별 고객이 수립한 실행 계획을 고객 스스로 이행해 가는 과정 초기에 이행에 필요한 역량을 내재화하고 직무에 적용할 수 있도록 코칭하는 단계이다.

CoachSulting에서 이와 같은 후속 코칭은 과정 중에 도출된 컨설팅 결과를 고객이 지속적으로 이행해 갈 수 있도록 이행력을 높이는 데 초점을 둔다. 이행력을 높이기 위해서는 이행에 필요한 역량들이 직무 중에 발휘될 수 있도록 내재화되어야 한다. Main-Session에서 고객이 컨설팅 결과물과 실행 계획을 수립하고 이행을 위해 필요한 역량을 찾아 실천하였으나 이것으로 충분하지 않다. 코치는 일정 기간의 Follow Up 코칭을 통해서 고객의 실천 상황을 공유하고, 적절한 피드백(Feedback)과 피드 포워드(Feed Forward)를 제공하여 고객이 지속해나갈 수 있도록 Follow Up 한다. 이것은 실질적으로 고객과 기업에 도움이 된다.

Follow Up 코칭 세션(F/U 세션)이 진행되는 과정에서는 현업 적용도 평가를 동시에 진행한다. 향후 실행 계획을 명확히 하고, 필요한 역량을 구체화하고, 현재의 수준부터 내재화 수준과 실행 빈도 등을 확인한다. 변화된 점, 추후 보완하고 싶은 점 및 실행 과정에 마주한 방해 요소가 무엇인지 확인하고 대안을 찾도록 한다.

Follow Up 단계에 필요한 도구는 Follow Up 세션 보고서와 현업 적용도 평가 설문지이다.

CoachSulting 기본 도구를 단계별로 정리하면 다음과 같다.

<표17-2. CoachSulting 기본 도구>

단계 구분	내용	도구
준비	• 프로그램 제안 및 계약 • 사전 진단 및 인터뷰	• 제안서 • 사전 진단 설문지

		• 인터뷰 양식 • 계약서
Pre-Session	• CoachSulting 과정 설계 • 오리엔테이션	• 과정 설계도 • 파트너십 합의문
Main-Session	• CoachSulting 목표 합의 • 다 회기 CoachSulting 대화 • 전문 도구를 활용한 세션 운영 • 중간 성과 보고회 • 개별 고객과의 성과 공유 • 사후 진단	• 목표합의서 • 세션 보고서 • 중간 성과 보고서 • 최종 평가 설문지 • 사후 진단 설문지
Post-Session	• 최종 성과 보고회	• 최종 성과 보고서
Follow Up	• 실행 역량 내재화 • 직무 적용도 제고	• 세션 보고서 • 현업 적용도 평가 설문지

바. 기본 도구 구성 내용

기본 도구에 포함되는 주요 구성 내용에 대해 도구별로 정리해 보면 다음과 같다.

1) 제안서
- CoachSulting의 개념 및 차별점
- 진행 프로세스 및 프로세스별 핵심 활동 내용 요약
- 사전/사후 진단 설문 내용
- CoachSulting 기본 도구와 전문 도구 소개
- 비용(안)
- 기대효과
- 참여 CoachSultant 프로필
- 기타

2) 사전 진단 및 사후 진단 설문지
① 품질경영 7대 원칙 수준 진단 (ISO 9000)
- 고객 중시: 고객의 요구와 기대를 충족시키기 위한 노력
- 리더십: 목표와 방향성 통일, 구성원을 참여시키기 위한 노력
- 조직의 적극 참여: 구성원이 역량과 권한을 갖고 참여하는 정도
- 프로세스 접근법: 일관된 시스템과 상호 관련된 프로세스로 활동
- 개선: 지속적인 개선 활동
- 증거 기반 의사결정: 데이터 등 정보 분석 및 평가 기반 의사결정
- 관계 관리 / 관계 경영: 이해관계자와의 지속적인 관계 관리

② 7S 조직역량 수준 진단 (Mckinsey)
- Shared Value(공유가치): 기업의 핵심 신념 및 열망
- Strategy(전략): 외부 환경 변화에 대한 대응 및 계획
- System(시스템): 측정, 보상 및 자원 할당의 절차
- Structure(구조): 조직 활동의 분배, 통합, 조정
- Staff(구성원): 인적자원 및 육성, 개발, 보호 등에 필요한 자원
- Skills(스킬): 핵심 역량, 고유 기능 및 새로운 기술 개발
- Style(스타일): CEO와 경영진, 관리자, 전문가 그룹의 행동 패턴

3) 인터뷰 양식
- 전략 및 방향성 관련 강점 / 약점
- 조직 문화 관련 강점 / 약점
- 제도 및 시스템 관련 강점 / 약점
- 기타 더 강화하거나 개선이 필요한 사항

4) 계약서
- 목적
- 의무
- 대상 범위 및 내용
- 계약 기간
- 금액 및 지급 방법
- 조정 및 해지
- 비밀보장

- 소유권 및 분쟁 조정
- 기타

5) CoachSulting 과정 설계도
- 코칭 이슈 도출: 회사 공통 이슈 및 각 부문 공통 이슈
- 코칭 대상자 선정
- 코칭 대상자별 코칭 방식
- 진행 상황에 대한 조직 내 공유 시스템 확인
- 코칭 진행 일정
- 중간 성과 보고회 및 최종 성과 보고회 일정 확보
- 기타

6) 파트너십 합의문
- 비밀유지 및 준수
- 세션 일정 / 방식
- CoachSulting에 대한 이해
- 고객의 역할
- 코치의 역할
- 공동의 노력
- 연락처 및 서명
- 기타

7) 목표합의서
- 회사와 부문 공통 주제
- 개인 주제 또는 그룹/팀 공통 주제
- 바람직한 결과
- 실행 목표(비즈니스 관점 / 조직 관점 / 개인 관점) 및 수준
- 기타

8) 세션 보고서(Main-Session 및 Follow Up)
- 목표 대비 진도율
- 지난 세션 실행 내역과 고객 성찰
- 당 세션 주제 및 내용
- 당 세션 고객 성찰

- 다음 실행 계획
- 코치 코멘트
- 일정 관련
- 기타

9) 성과 보고서(중간 및 최종)
- 목표 진도율 및 달성도 평가
- 사전 및 사후 진단 결과 수준 변화 평가 (최종)
- 실행 내역 요약
- 컨설팅 결과 추진 현황
- 코칭 과정에 대한 평가
- 고객 자신에 대한 평가
- 고객 소감 및 코치 소감
- 향후 실행 계획
- 기타

10) 현업 적용도 평가
- 향후 실행 계획 확인 및 확정: F/Up 1차 세션
- 향후 실행 계획에 필요한 요구 역량 선정: F/Up 1차 세션
- 선정한 요구 역량의 현재 수준 평가: F/Up 1차 및 마지막 세션
- 실행 계획 달성도: F/Up 마지막 세션
- 내재화 수준 및 실행 빈도 확인: F/Up 마지막 세션
- 추후 보완해야 하거나 보완하고 싶은 점: F/Up 마지막 세션
- 현업 적용 후 직무 수행에 변화된 점: F/Up 마지막 세션
- 현업 적용과 활용 과정에서의 방해 요소: F/Up 마지막 세션

17.2 CoachSulting 전문 도구

CoachSulting 전문 도구는 프로그램의 Main-Session 단계에서 주로 활용되며, 이는 고객이 Main-Session의 첫 회기에서 코치와 합의한 목표를 효과적으로 달성할 수 있도록 지원하는 전문적인 사고체계와 접근 방법을 제공하는 양식들이다. (표17-1)

CoachSulting의 Main-Session 단계는 CoachSulting Honey Cell 모델(그림17-1)에 따라 체계적이고 구조적으로 진행되는데, 이는 국제표준화기구 ISO(International Organization for Standardization)의 국제규격(IS)에서 채택하고 있는 표준 경영 시스템의 HLS(High Level Structure)[1]를 따르며, 특히 CoachSulting에서는 ISO 9001 즉, 품질경영시스템(Quality Management System: QMS)의 PDCA 순환 프로세스를 기반으로 체계적으로 진행된다. (표17-3)

앞서 언급한 Pre-Session 단계의 사전 진단 설문과 Post-Session 단계의 사후 진단 설문은 Honey Cell 모델에서 품질경영 7대 원칙과 7S 조직역량에 대한 기업의 수준을 사전 및 사후에 진단하고 비교 분석하는 데 활용된다. 이를 통해 Main-Session 단계에서 품질경영시스템(QMS)을 기반으로 한 CoachSulting의 효과성을 파악할 수 있다.

따라서 Main-Session 단계에서 CoachSulting이 효과적으로 진행되어야 하며 이를 위해서는 프로세스의 과정별로 절차와 전문 도구들이 적절히 사용되는 것이 중요하다.

[CoachSulting Honey Cell모델]

아래에 이어지는 그림 17-1에서 보는 바와 같이, Honey Cell 모델은 3개의 육사각형이 서로 연결된 형태이며 마치 그 모양이 벌집을 닮아 있어서 붙

---

[1] ISO(International Organization for Standardization)의 HLS(High Level Structure)는 ISO 경영 시스템 표준의 기본 틀로, 모든 경영 시스템 표준에 공통적으로 적용되는 구조이다. HLS는 조직이 여러 ISO 표준을 통합적으로 운영할 수 있도록 설계되었으며, 표준화와 간소화를 통해 경영 시스템의 효율성을 높이는 데 기여한다. HLS 공통 구조는, 조직의 상황, 리더십, 기획, 지원, 운용, 성과 평가 및 개선이다.

이게 된 명칭이다. 3개의 육사각형은 각각 품질경영 7대 원칙(ISO 9000), Mckinsey 7S 조직역량 및 품질경영시스템(ISO 9001) PDCA 구성 요소이다. 각각의 육사각형 내부 중심에는 가장 핵심이 되는 요소가 자리잡고 있다. 품질경영 7대 원칙의 중심에는 고객 중시(Customer Focus), 7S 조직역량의 중심에는 공유가치(Shared Value), 품질경영시스템에는 리더십(Leadership)이 중심을 잡고 있다.

이 모델의 작동 원리와 기대하는 바는, 품질경영 7대 원칙과 7S 조직역량의 사전 진단 수준이 CoachSulting이 진행된 다음에 다시 측정하면 그 수준이 향상될 것이라는 점이다. 물론 CoachSulting은 품질경영시스템 PDCA 프로세스에 따라 체계적으로 진행된다.

CoachSulting Honey Cell 모델의 사전 및 사후 진단 측정에서 품질경영 7대 원칙과 7S 조직역량 프레임을 결합하여 진단하는 것은 각기 객관적으로 검증된 방법으로 서로의 특성을 균형 있게 보완할 수 있기 때문이다.

타당성 측면에서, 두 프레임워크 모두 각 분야에서 검증된 모델로서 이론적 기반이 견고하다. ISO 품질경영 원칙은 운영 효율성에, McKinsey 7S는 조직 효과성에 초점을 맞추고 있어 상호보완적이다. 또한 품질과 조직역량이라는 두 가지 중요한 측면을 동시에 통합적으로 고려함으로써 기업의 현 상태를 더 포괄적으로 진단할 수 있다. 그뿐만 아니라 기술적/프로세스 측면(ISO)과 인적/구조적 측면(7S)을 균형 있게 다룰 수 있어서 효과적이다.

신뢰성 측면에서, 두 프레임워크 모두 오랜 기간 많은 조직에서 테스트 되고 적용됨으로써 검증되었다. 또한 두 프레임워크가 제공하는 구체적인 평가 지표들은 주관적 판단보다 객관적인 진단을 가능하게 한다. 이러한 진단 방식은 감정이나 직관이 아닌 체계적인 데이터를 바탕으로 하는 의사결정을 지원한다.

이상 살펴본 CoachSulting Honey Cell 모델을 기반으로 CoachSulting은 장기간에 걸쳐 진행된다. 이 과정이 효과적으로 진행되기 위해서는 코칭의 전문적인 도구와 컨설팅의 전문적인 도구를 유기적으로 활용하는 것이 특히 중요하다. 컨설팅적 요소(진단과 전략 수립)와 코칭적 요소(실행 지원과 내재화)를 결합함으로써 제안된 변화의 실행 가능성이 높아진다. 이것이 바로 CoachSulting이 지향하는 핵심 방향이라고 볼 수 있다.

코칭과 컨설팅이 유기적으로 작동할 때 그 결과가 효과적인 이유에 대해서 일상생활 속의 비유를 통해 조금 더 설명해 보고자 한다.

환자가 몸이 아파 병원에 가서 전문의를 통해 약을 처방받아 그 약을 복용하는 상황을 보고자 한다. 이때 의사가 환자의 몸 상태를 정확하게 파악하고 적절한 약을 처방하는 것은 컨설팅에 해당한다고 볼 수 있다. 그런데, 약을 처방받은 환자가 바쁜 일상 중에 처방받은 약을 제때 복용하지 못하고 거르거나 불규칙적으로 복용한다면 약효를 제대로 볼 수 없게 된다.

이런 경우가 많기 때문에 제약회사에서는 환자의 복약 순응도(Compliance)를 높이는 방향으로 약을 개발한다. 예를 들어 하루 세 번 복용하는 것을 하루 한 번만 복용하도록 개선하거나, 약의 크기를 작게 만들어서 복용하는데에 환자의 부담감을 낮추는 등의 방법이다. 이렇게 개선된 약을 선택하여 처방하는 것도 환자의 상황에 맞춰 최적의 결정을 내리는 컨설팅의 영역이라고 할 수 있겠다. 그러나 그것만으로 환자의 복약 순응도가 올라가지 않는 경우가 많다. 이때 필요한 것이 바로 코칭이며, 컨설팅을 할 수 없는 코칭의 역할이라고 할 수 있겠다.

모든 환자가 일상이 바쁘다는 이유로 약 복용을 거르거나 불규칙하게 복용하지는 않는다. 약을 잘 복용하지 못하는 환자가 자신의 생활 습관을 개선하기 위해 코치에게 코칭을 받는 경우를 보고자 한다. 코치는 코칭 대화를 통해서 생활 습관과 관련하여 환자 자신에게 변화가 필요한 부분이 무엇인지, 변화가 이루어진 바람직한 모습은 어떤 모습인지 생각해 보면서, 자신을 돌아보게 하는 과정이 거친다.

또, 약을 처방받고 복용을 잘하는 것은 나에게 얼마나 중요한 일인지, 약을 잘 먹어서 아픈 몸이 정상적으로 회복된다면 어떤 유익함이 있는지, 나 자신이 몸을 회복하는 것은 나를 아끼고 사랑하는 주변의 지인들에게 어떤 의미가 있겠는지, 약을 잘 먹지 못하는 상태가 지속되면 어떤 영향들이 있을 것인지, 약 먹는 것을 방해하는 생활 습관들은 무엇인지, 어떤 환경적인 요인들이 있는지, 그 요인을 제거하기 위해 할 수 있는 방안은 무엇인지, 내가 약 먹는 일은 거르지 않도록 누구에게 도움을 요청해 볼 수 있겠는지 등의 대화를 나눈다. 이러한 코칭 대화는 환자가 약 먹는 일을 최우선으로 여길 수 있도록 근본적인 마음의 힘을 부여하고 복약의 동기를 강화하게 된다.

이렇듯이 컨설팅을 통해 기업의 상황에 맞는 최적의 Solution을 도입했더라도 하나의 제도와 시스템으로서 온전히 정착하고 시행하기 위해서는 기업 내에 관련된 모든 사람이 이 제도나 시스템을 온전히 받아들이고 능동적으로 이행하려는 자세가 필요하다. 이때 코칭을 통해 내적인 동기를 강화하고 자기 주도적인 실행력을 높임으로써 그 효과를 발휘할 수 있게 된다. 바로 이것이 컨설팅에 코칭이 결합 되어야 하는 이유이며, CoachSulting이 목적하는 바이다.

우선 코칭의 전문 도구에 대해 살펴본 다음 이어서 컨설팅 전문 도구들을 알아보자.

<표17-3, 그림17-1, CoachSulting Honey Cell 모델>

사전 진단	표준 경영 시스템 순환구조 (High Level Structure)				사후 진단
	Plan	Do	Check	Act	
품질경영 7대 원칙	조직상황(P1) 리더십(P2) 기획(P3)	지원(D1) 운용(D2)	성과 평가 (C)	개선 (A)	품질경영 7대 원칙
7S 조직역량					7S 조직역량

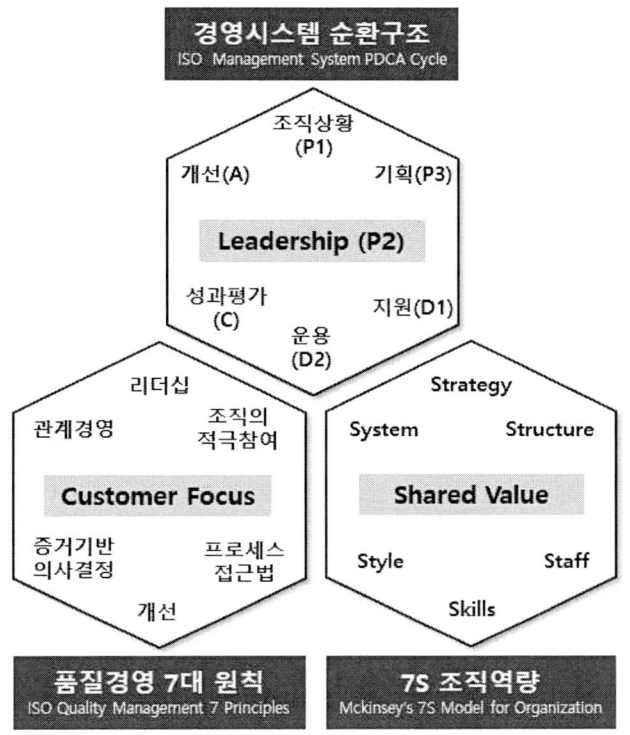

가. 코칭 전문 도구

CoachSulting에서 코칭 전문 도구는 코칭의 핵심 스킬들을 말한다. 즉, 라포 형성, 목표 설정, 경청, 질문, 피드백 및 피드 포워드 그리고 동기 강화를 위한 방법들이다. 이러한 코칭 기술은 고객으로 하여금 합의한 목표를 달성하기 위해 컨설팅 도구를 사용하여 도출한 각종 실행 계획과 이때 필요 역량들을 이행하고 내재화할 수 있도록 지원한다.

코칭 전문 도구를 적절하게 사용하기 위해 코치에게 요구되는 것은 무엇보다 전문 코치로서 고객을 대하는 자세와 마인드라고 생각된다. 코칭 철학과 원리를 신뢰하고, 고객을 진심으로 돕고자 하는 이타적인 마인드를 가지고 호기심으로 다가가야 할 것이다.

고객을 리드하는 수직적 관계가 아니라 수평적 파트너가 되어 동행하면서

Pre Session	Main-Session (Coaching Session + Doing Session)				Post Session
	Plan	**Do**	**Check**	**Act**	
조직진단 **Before**	1. 조직상황 • 조직의 대내외 상황 • 이해관계자의 니즈 및 기회 • 경영시스템 적용 및 프로세스 2. 리더십 [P2] • 리더십과 의지표명 • 방침 • 조직의 역할, 책임 및 권한 3. 기획 [P3] • 리스크 및 기회에 대한 조치 • 목표 및 목표달성을 위한 기획 • 경영시스템 변경의 기획	4. 지원 [D1] • 경영시스템 실행을 위한 구성 원 및 기반구조 • <u>프로세스 운용 환경</u> • 모니터링 및 측정자원 • 조직의 지식 • 역량 및 적격성 • 방침, 목표, 경영시스템에 대한 구성원의 인식 • 내/외부 의사소통 5. 운용 [D2] • 운용 기획 및 관리 • 제품 및 서비스에 대한 요구사 항 검토 및 변경관리 • 제품 및 서비스의 설계와 개발 • 생산, 불출, 산출물 관리 • 외부 공급자 관리	6. 성과평가 • 경영시스템의 성과 및 효과성 평가 • 경영시스템의 상시 점검 • 경영시스템의 지속적인 적절성, 충족성, 효과성, 전략과의 정렬 성 검토 • 개선, 변경 및 자원에 대한 필 요성	7. 개선 • 고객만족 증진을 위한 조치 • 현재 및 미래의 니즈와 기대를 고려한 개선 • 경영시스템의 성과 및 효과성 개선 • 경영시스템의 적절성, 충족성 및 효과성에 대한 지속적 개선	조직진단 **After**
경영 시스템 PDCA 순환구조					품질경영 7대 원칙 & 7S 조직역량
단계별 과제					
품질경영 7대 원칙	• 고객중시 • 조직의 적극참여 • 리더십 • <u>프로세스 접근법</u> • 증거기반 의사결정	• 조직의 적극참여 • 관계 경영 • <u>프로세스 접근법</u> • 증거기반 의사결정	• 증거기반 의사결정 • 개선	• 개선	
7S 조직역량	• Shared Value • Strategy • Style	• System • Structure • Skills	• System • Style	• System • Strategy	

각별한 관계를 유지해야 한다. 고객은 수평적 관계 속에서 자율성을 확보할 수 있고, 창의성을 발휘할 수 있다.

각각의 코칭 전문 도구에 대해 자세히 알아보자.

1) 라포 형성

라포(Rapport)란 상호 신뢰와 정서적 유대감을 바탕으로 한 조화로운 관계를 의미한다. 사전적으로는 '서로 간의 조화롭고 친밀한 관계' 또는 '상호 이해와 신뢰에 기반한 공감대'로 정의된다. 이는 단순한 친밀감을 넘어 깊은 이해와 존중이 바탕이 된 관계 상태를 나타낸다.

비즈니스 코칭 과정에서 코치와 고객 간의 라포 형성은 성공적인 코칭의 첫걸음이자 토대이다. 이는 단순한 인사말이나 예의를 넘어서는 깊은 연결의 시작점이다. 코치와 고객 사이에 형성된 탄탄한 라포는 다음과 같은 이유로 코칭 과정 전반에 결정적인 영향을 미친다.

- **신뢰 형성의 기반**

라포는 상호 신뢰의 토대가 된다. 고객이 코치를 신뢰할 때, 자신의 약점, 두려움, 목표를 솔직하게 공유할 수 있으며, 이는 효과적인 코칭을 위한 필수 조건이다.

- **적극적 참여 유도**

강한 라포가 형성되면 고객은 코칭 과정에 더 적극적으로 참여하게 된다. 이는 단순히 코치의 지시를 따르는 것이 아니라, 자발적으로 자신의 성장에 투자하는 자세를 갖게 한다.

- **개방적 의사소통 촉진**

라포가 잘 형성된 관계에서는 양방향 소통이 원활하게 이루어진다. 고객은 코치의 피드백을 더 수용적으로 받아들이게 되어, 코치는 더 효과적으로 코칭 대화를 이어갈 수 있다.

- **변화에 대한 저항 감소**

새로운 행동 방식이나 사고방식을 받아들이는 것은 쉽지 않은 과정이다. 강한 라포가 있을 때, 고객은 변화에 대한 두려움과 저항을 극복하고 코치의 제안과 자신의 결정을 시도할 가능성이 높아진다.

- **지속적인 성장 동력**

라포는 단기적 성과뿐 아니라 장기적인 코칭 관계와 지속적인 성장을 위한 동력이 된다. 고객은 어려움이 있을 때도 포기하지 않고 코칭 과정에 헌신할 수 있다.

CoachSulting의 성공은 코치와 고객 간에 서로를 충분히 신뢰할 수 있는 파트너십이 형성되었는가에 달려있다고 해도 과언이 아니다. 코치와 고객 간의 라포는 모든 코칭 기법과 도구가 효과적으로 작동할 수 있는 환경을 조성한다. 따라서 코칭의 첫 단계에서 라포 형성에 충분한 시간과 노력을 투자하는 것은, 향후 코칭 과정 전체의 성공을 결정짓는 중요한 기초 작업이라 할 수 있다.

비즈니스 코칭에서 코치가 고객과의 라포 형성을 위해 무엇보다도 우선 확인하고 준비해야 할 사항은 해당 기업에 대한 이해이다. 기업의 미션 비전 등 기업의 장기 목표, 핵심 가치, 업력, 성과 및 규모의 변화 추이, 산업의 특성, 경쟁 상황, 동종 업체 현황, 다양한 외부 이해관계자에 대한 이해, 기업의 현재 이슈 등 해당 기업을 종합적으로 이해함으로써 공감의 기반을 만드는 것이 중요하다. 코치는 이 부분에 대한 사전 학습을 게을리하지 말고 참여해야 한다. 이러한 노력은 고객을 만나는 데에 있어서 자신감을 부여한다. 기업에 대한 이해와 공감은 고객과 라포를 형성하는 데에 있어서 마치 건축물을 견고히 쌓아 올리기 위한 토목공사와 같다고 할 수 있다.

2) 목표 설정

목표를 설정하는 것은 CoachSulting의 성공과 실패를 결정하는 가장 핵심적인 과정이라고 해도 과언이 아니다. 무엇을 목표로 설정해야 하는지, 어떻게 해야 잘 설정할 수 있는지, 얼마나 구체적으로 설정해야 하는지 등을 고려해야 한다.

목표 설정이 잘 되었는지 확인해 볼 수 있는 좋은 방법 중 하나는, 자신의 목표를 설정한 고객이 목표를 확정해 가는 과정과 최종 목표를 확정한 후에 가슴 뛰는 감정을 느꼈는지 코치가 질문해 보는 것이다. 이것이 원동력이 되어 고객은, 직무 수행으로 바쁜 일상에서도 CoachSulting 과정에 기꺼이 즐거운 마음으로 참여할 수 있다. 이 열정은 CoachSulting 과정이 끝난 이후에도 실행을 유지하는 에너지가 된다.

바람직한 목표 설정을 위해서 다음의 항목들을 이해하고 적용할 필요가 있다.

- **사전 진단 결과**

코치는 고객으로 하여금 자신의 사전 진단 응답 내용과 자신이 속한 부문의 평균 응답 결과 및 회사 전체 평균 응답 결과를 종합적으로 비교해 볼 수 있도록 안내한다. 이를 통해 고객은 각 설문 영역에 대해 회사 및 부문의 수준 그리고 자신의 수준을 상대적으로 파악하게 된다. 고객은 이 과정에서 자신이 무엇에 집중할 필요가 있는지 생각하게 된다.

Pre-Session 단계의 오리엔테이션 과정에서 소개한 회사 및 각 부문의 이슈들 즉, CoachSulting을 통해 개선해야 할 회사의 이슈와 부문의 이슈를 재확인한다. 개별 고객이 자신의 코칭 이슈를 정하는 데에 있어서 이런 상위 이슈들과 정렬(Alignment)되는지 고려할 수 있도록 안내한다.

이처럼 사전 진단 결과를 확인하는 것은 고객이 코칭 목표를 정하기 위한 토대가 된다.

- **역할과 책임 재점검(R&R Refind)**

고객이 자신의 직무에 있어서 그 역할(Roles)과 책임(Responsibilities)을 명확히 하는 것은 개인 및 조직의 성과는 물론이고, 조직의 역할과 책임으로 이어지게 된다. 고객은 앞서 사전 진단 결과와 회사 및 부문의 이슈, 자신의 이슈를 확인함으로써 자연스럽게 자신의 역할과 책임을 재점검하는 과정을 이해하게 된다.

Responsibility(책임)는 Role(역할)에 반응(Response)하는 능력(Ability)이라고 할 수 있다. 자신의 역할을 명확히 해야 그 역할을 다하기 위해 무엇을 해야 하는지 그 방법과 목표를 구체화할 수 있다. 역할이란 자신의 고객에 대한 역할을 말한다. 즉, 그 고객이 자신에게 바라는 바가 자신의 역할이라고 할 수 있다. 이를 위해서는 자신의 고객이 누구인지를 확인하는 것부터 시작해야 한다. 고객은 외부 고객과 내부 고객으로 구분한다. SPICE(외부 고객: Society, Partner, Investor, Customer 및 내부 고객: Employee 등)[2]를 생각해 보도록 고객에게 안내한다. 외부 고객 및 내부 고객 확인하기, 각각의 고객들이 나에게 바라고 기대하는 역할, 그 역할을 다하기 위해 내가 해야 할 일(Tasks) 또는 하고 싶은 일들을 정리해 보도록 한다. 직무에 대해 역할과 책임을 정의하는 것은 직무 분석의 기본 작업이다. 기존에 담당 직무가 있기 때문에 그것을 재점검(Refind) 하는 것이다.

역할과 책임은 다르게 설명하자면 미션(역할)과 비전(책임)이라고 할 수 있다. 그러니까 역할은 내가 존재하는 이유, 목적 곧 사명(Mission)에 해당하고, 책임은 사명을 완수하기 위한 목표, 비전(Vision)에 해당한다. 회사 전체적으로만 미션과 비전이 있는 것이 아니라 각 부문, 각 팀, 각 개인까지 이러한 가치체계가 정렬되는 것이 중요하다.

- **목표 구체화 및 목표합의서**

고객이 사전 진단 결과를 확인하고 자신의 직무에 대한 역할과 책임을 재점검하고 나면, 코칭의 목표를 구체화할 수 있게 된다.

CoachSulting의 주제를 계층(Hierarchy) 방식으로 기록한다. 회사 및 소속

---

[2] SPICE는 기업에서 외부 고객뿐만 아니라 다양한 이해관계자들을 고려할 때 사용하는 모델이다. 이 모델은 이해당사자 관계 관리 이론에 기반하며, 기업이 단순히 주주 가치를 극대화하는 것을 넘어 모든 이해관계자의 욕구와 가치를 충족시키는 것을 목표로 한다. 이를 통해 기업은 지속 가능성과 경쟁력을 강화하며 사회적 책임을 다할 수 있다.

부문의 주제와 이어서 자신의 코칭 주제를 한눈에 볼 수 있도록 작성한다. 자신의 코칭 주제는 현재 상황에서 느끼는 자신의 변화와 성장 욕구라고 할 수 있다. 앞선 과정들을 통해 고객은 현재 자신에게 요구되는 변화와 성장의 욕구를 발견하게 된다. 이 욕구를 키워드 또는 짧은 문장으로 기록하도록 안내한다.

이어서 작성할 것은 바람직한 모습과 결과이다. 즉, 자신의 코칭 주제인 변화 성장의 욕구를 달성함으로써 이루게 되는 자신의 이미지를 고객으로 하여금 구체적으로 상상하도록 안내하고, 이렇게 상상한 이루고 싶은 자신의 바람직한 모습을 문장으로 기록하는 것이다. 이때 목표 기술 방식으로 기록하도록 안내한다. 무엇을, 어느 수준까지, 언제까지 등의 내용을 포함하는 방식이다. 이것이 코칭의 목표가 된다. 이 목표를 달성하기 위해 무엇에 집중해야 할지 과제를 선정할 수 있다면 잘 작성되었다고 할 수 있다. 이렇게 자신이 이루고 싶은 바람직한 모습을 목표로 작성한 직후, 코치는 고객에게 이 목표를 다시 읽어 보면 가슴이 뛰는 것을 느끼는지, 얼마나 에너지를 느끼는지 질문하여 고객이 목표 선정 과정에 얼마나 진솔하게 집중했는지 확인할 수 있다.

이어서 목표 구체화를 위해 추가로 작성할 것은, 이 목표를 달성하기 위한 실행 계획들이다. 보통 비즈니스 코칭에서는 실행 계획을 세 가지 관점으로 세분한다. 첫 번째는 실제 비즈니스 관점, 두 번째는 조직 관점, 세 번째는 자신의 개인 관점이다.

첫 번째 실제 비즈니스 관점의 실행 계획은, 현재 자신의 직무에서 변화하거나 새롭게 도입하고 싶은 직무를 선정하는 것이다. 두 번째 조직 관점의 실행 계획은, 첫 번째 비즈니스 관점의 실행 계획을 실천하는 과정에서 조직 차원에서 변화해야 할 점을 선정하는 것이다. 마지막 세 번째 개인 관점의 실행 계획은, 앞서 수립한 비즈니스 관점과 조직 관점의 실행 계획이 잘 진행되기 위해서 자신이 변화해야 할 또는 변화하고 싶은 점을 선정하는 것이다.

이 세 가지 실행 계획에서 가장 핵심적인 역할을 하는 것은 무엇보다도 실제 비즈니스 관점의 실행 계획이다. 이러한 비즈니스 관점의 실행 목표는 다른 두 가지 관점의 실행을 이끌어 가는 원동력으로 작용한다. 비즈니스 관점의 목표를 달성하는 과정에서 조직 차원의 리더십이 개발되고, 나 자신이 변화를 이루게 된다. 이 점을 고객에게 설명하고 공감하는 것이 필요하다.

이상의 내용을 목표합의서에 기록하고, 코치와 고객이 서명한 후 공유한다.

- **SMART 목표 기술**

SMART 목표란, 목표에 대한 실행력을 높이고 효과적으로 달성할 수 있도록 하는 목표 기술 방법이다.

S,M,A,R,T는 각각 영어 단어의 앞 글자로서 Specific, Measurable, Achievable, Relavant, Time-bound을 말한다. 즉, 목표는 구체적이고, 측정 가능하며, 달성할 수 있고, 상위 목표와 연관성이 있어야 하고, 달성 시점을 정해야 한다는 의미이다.

고객과 목표합의서를 작성할 때 SMART 목표 기술의 관점에서 작성하도록 고객에게 안내한다.

- **직접 목표와 성과 목표**

직접 목표(Direct Goals)와 성과 목표(Performance Objectives)는 코칭 목표를 설정하는 과정에서 반드시 구분하고 명확히 해야 하는 작성 원칙이다.

직접 목표는 고객이 자신의 영향력 범위 내에서 직접 수행하고 달성할 수 있는 목표를 말한다. 즉, 나 자신이 컨트롤할 수 있는 범위 내에서 목표를 정하는 것이다. 목표합의서 작성에서, 세 가지 관점의 실행 계획을 정할 때 직접 목표인지 반드시 확인해야 한다. 이 범위를 벗어나는 실행 계획은 실행하지 못할 가능성이 매우 높다.

예를 들어 개인 관점의 실행 계획을 수립할 때, '건강한 삶'이라는 코칭 주제 하에 '친구와 함께 운동하기'라는 목표를 정했다면 이것은 실행을 담보할 수 없다. 현실적으로 친구를 내가 컨트롤할 수 없는 경우가 많기 때문이다. 이런 경우 직접 목표로서 '수면 시간 7시간 확보하기'처럼 내가 직접 수행하고 달성할 수 있는 목표를 실행 계획으로 정해야 한다. 반면 성과 목표는 '건강한 삶'에 해당한다. 건강이라는 것은 내가 컨트롤하지 못하는 경우가 있다. 목표합의서에 작성한 코칭 주제가 이에 해당한다. 즉, 자신의 성과 목표인 변화 성장의 욕구로서의 코칭 주제를 달성하기 위해 내가 직접 수행할 수 있는 직접 목표인 실행 계획을 구체화한 다음, 한 걸음 한 걸음 실천해 가는 것이다. 이것을 명확히 구분하지 않으면, '건강한 삶'이 자신의 어깨에 무거운 짐으로 다가올 수 있다.

내가 수행할 수 있는 직접 목표에 최선을 다할 때 후회 없이 홀가분한 마음으로 성과 목표를 향해 나아갈 수 있다.

3) 경청 도구

코칭 전문 도구로서의 경청은 CoachSulting의 성공을 약속하는 강력한 장치(Mechanism)라고 할 수 있다.

나의 멘토 코치가 했던 말이 기억난다. '코치는 질문하기 위해 경청하고, 경청하기 위해 질문한다.' 여기서 질문과 경청 중 무엇이 먼저인지 생각해 보면, 그 출발은 경청이라고 생각한다. 처음 코치가 고객을 만날 때 반갑게 맞이하는 태도를 보임으로써 고객은 자신을 수용하고 이야기를 들으려고 하는 코치를 만나게 된다. 코치의 경청은 이때부터 시작된다고 해도 과언이 아니다. 이렇게 경청은 CoachSulting이 시작되면서부터 시종일관 고객과의 대화의 흐름을 이어주는 강력한 장치로서 작동하고 있다.

경청이 코칭의 전문 도구가 되기 위해 숙지하고 활용해야 할 몇 가지 개념과 방법들을 살펴보면 다음과 같다.

- **적극적 경청**

적극적 경청(Active Listening)은 코치가 고객이 말하고 있는 이야기를 열심히 듣고 있다는 것을 고객이 알 수 있도록 표현하는 것을 말한다. 상대방의 말을 듣는 것을 넘어 온전히 주의를 기울이고, 말하는 사람의 메시지를 정확히 이해하며, 공감과 존중을 표현하는 의사소통 기술이다. 이는 상대방의 언어적, 비언어적 메시지를 모두 포착하고, 판단을 유보한 채 상대방의 관점을 이해하려는 노력을 포함한다.

코치의 적극적 경청으로 고객은 마음의 문을 열고, 심리적 안전감(Psychological Safety)을 느끼며[3], 코치를 더 신뢰하게 된다. 심리적 안전감은 하버드 경영대학원의 Amy Edmondson 교수가 정의한 개념으로, "팀 내에서 대인관계 위험을 감수해도 안전하다는 공유된 믿음"을 의미한다. 즉, 조직 구성원이 자신의 생각, 질문, 우려 사항, 실수를 자유롭게 표현해도 거부당하거나 처벌받지 않을 것이라는 확신을 갖는 상태이다. 이러한 안전감은 팀의 학습, 혁신, 성과에 긍정적인 영향을 미치는 것으로 알려져 있다.

코치가 고객을 적극적으로 경청하기 위해 효과적으로 활용할 수 있는 방법을 몇 가지 살펴보고자 한다.

비언어적인 주의 집중

이 방법은 눈 맞춤, 고개 끄덕임, 적절한 표정과 자세 등을 통해 상대방에게 집중하고 있음을 보여주는 것이다.

판단 보류

고객의 말을 평가하거나 판단하지 않고, 열린 마음으로 듣는다. 이는 고객이 자신의 생각을 자유롭게 표현할 수 있는 안전한 환경을 조성한다.

반영적인 응답과 명확화

---

[3] Edmondson의 심리적 안전감 연구(1999): Amy Edmondson 교수의 "Psychological Safety and Learning Behavior in Work Teams"라는 연구논문에 따르면, 리더가 적극적 경청 기술을 보여줄 때 팀원들은 자신의 의견을 더 자유롭게 표현하고 실수를 인정하는 경향이 있었으며, 이는 팀의 학습과 성과 향상으로 이어졌다.
   Google의 Project Aristotle(2012-2015): 구글은 효과적인 팀의 특성을 연구한 프로젝트에서 심리적 안전감이 성공적인 팀의 가장 중요한 요소임을 발견하였고, 적극적 경청은 심리적 안전감을 구축하는 핵심 행동으로 확인되었으며, 이러한 팀은 혁신적인 아이디어 제안과 문제해결에 더 뛰어난 성과를 보였다.

고객의 말을 코치가 자신의 말로 다시 표현하거나, 정확하게 이해하기 위해 확인하는 질문을 함으로써 적극적으로 이해하려는 노력을 보여준다.

감정 알아차림과 공감 표현

고객의 감정을 알아차리고 인정함으로써 감정적 공감을 형성한다. 이는 고객이 심리적으로 안전함을 느끼고 앞으로 나아가게 하는 중요한 역할을 한다.

CoachSulting의 과정에서 CoachSultant가 코치로서의 역할보다 컨설턴트로서의 역할에 치우치면, 이러한 적극적 경청을 소홀히 하기 쉽다. 진행의 속도보다 중요한 것은 고객이 자발적으로 참여하고, 참여 동기를 잃지 않도록 하는 것이 더 중요하다고 하겠다. CoachSultant는 코치의 모자와 컨설턴트의 모자를 적절히 바꿔 쓰고 균형을 유지하기 위해 감각을 키워야 한다.

- **공감적 경청**

적극적 경청으로써 고객과 공감하는 것은 조금 더 구체적으로 세분하여 적용하는 것이 필요하다.

고객을 공감할 때 세 가지 영역으로 구분하여 공감하는 것이다. 첫째, 고객의 이야기에서 사실 그 자체를 공감하고, 둘째, 그 상황에서 고객이 느낀 감정에 공감하고, 마지막으로 그때 고객이 가지고 있었던 의도 또는 욕구를 공감하는 것이다. 공감적 경청을 위해서 코치는 고객의 이야기를 듣고 이 세 가지 관점에서 질문하거나 반영한다.

공감적 경청을 통해 고객은 코치에게 더 몰입하며 자신을 더 잘 이해하게 되고, 코치는 고객의 맥락과 배경 그리고 존재(Being)에 대해 더 잘 이해하게 된다.

- **반영적 경청**

반영적 경청(Reflective Listening)은 앞서 이야기한 적극적 경청으로써 반영적 응답 및 명확화에 해당하며 더 자세히 알아볼 필요가 있다.

반영적 경청(Reflective Listening)은 코칭에서 코치가 고객의 말을 단순히 듣는 것을 넘어, 그 내용과 감정을 깊이 이해하고 이를 다시 고객에게 반영해 주는 고급 의사소통 기술이다. 이 방법은 1950년대 인본주의 심리학자 칼 로저스(Carl Rogers)4)가 개발한 내담자 중심 상담 접근법에서 발전되었다.

반영적 경청은 단순한 기술이 아니라 고객을 진정으로 이해하고 존중하려는 태도에서 비롯되며, 코치와 고객 사이에 신뢰 관계를 구축하고, 고객이 자신의 생각과 감정을 더 깊이 탐색할 수 있는 안전한 공간을 제공하게 된다.

구체적인 몇 가지 방법을 살펴보면 다음과 같다.

단순 반영(Simple Reflection)

고객의 말을 거의 그대로 반복하거나 약간 다른 단어로 바꾸어 표현한다. 이는 고객의 말을 주의 깊게 듣고 있다는 것을 보여주는 가장 기본적인 방법이다.

고객: "이번 프로젝트는 정말 어렵게 느껴져요."

코치: "프로젝트가 상당히 어렵고 도전적으로 느껴지시는군요."

바꿔 말하기(Paraphrasing)

고객의 말을 코치의 언어로 바꿔서 요약하거나 간략하게 설명한다. 이는 고객의 말을 코치가 어떻게 이해했는지 보여주는 방법으로, 고객은 코치의 반영을 통해 자신의 이야기를 객관적으로 보게 된다.

---

4) 칼 로저스 Carl Rogers는 인본주의 심리학의 선구자로 인간 중심 치료(Person-Centered Therapy)를 개발한 심리학자로서 인간의 본질을 긍정적으로 바라보며, 모든 사람이 성장과 자기실현의 잠재력을 가지고 있다고 믿었다. 상담 과정에서 내담자의 경험과 감정을 존중하며, 상담자가 내담자에게 무조건적인 긍정적 존중, 공감적 이해, 그리고 진실성을 제공함으로써 내담자가 자신의 문제를 스스로 해결할 수 있는 능력을 키우는 데 초점을 맞췄다.

고객: "팀원들이 각자 자기주장만 하고 협력이 잘 안 돼요."

코치: "팀원 간의 소통과 협력에 어려움을 겪고 계신 것 같네요."

요약 반영(Summarizing Reflection)

대화의 주요 내용을 종합하여 핵심을 요약한다. 이는 대화의 방향을 정리하고 다음 단계로 나아가거나 이야기를 전환하는 데 도움이 된다.

코치: "지금까지 말씀하신 내용을 정리해 보면, 업무량은 늘어났지만, 자원은 부족하고, 이로 인해 스트레스를 많이 받고 계신 것 같다. 또한 이 상황이 가족 관계에도 영향을 미치고 있어 걱정하고 계시는군요."

감정 반영(Reflection of Feeling):

고객이 표현한 감정을 인식하고 이를 언어로 표현해 준다. 이는 고객이 자신의 감정을 인정하고 이해하도록 돕는다.

고객: "팀원들이 내 의견을 무시하는 것 같아요."

코치: "팀에서 존중받지 못한다고 느끼시는 것 같다. 그것이 실망스럽고 답답하게 느껴지시나요?"

의미 반영(Reflection of Meaning)

고객의 말 속에 담긴 더 깊은 의미나 가치를 반영한다. 이는 고객이 자신의 행동, 생각과 가치를 연결하도록 돕는다.

고객: "일은 잘되고 있지만, 가족과 함께할 시간이 너무 없어요."

코치: "성공적인 커리어도 중요하지만, 가족과의 관계가 당신에게 더 큰 가치를 가지고 있는 것 같다."

4) 질문 도구

코칭 전문 도구로서의 질문은 경청과 함께 CoachSulting의 성패를 좌우하는 강력한 도구이다.

도로시 리즈[5]는 저서 '질문의 7가지 힘'에서, 질문이 개인과 조직의 사고, 관계, 그리고 삶을 변화시키는 데 중요한 역할을 한다고 강조하였다. 질문의 7가지 힘은 다음과 같다. '질문을 하면 답이 나온다, 질문은 생각을 자극한다, 질문을 하면 정보를 얻는다, 질문을 하면 통제가 된다, 질문은 마음을 열게 한다, 질문은 귀를 기울이게 한다, 질문에 답하면 스스로 설득이 된다.'

코칭에서 질문은 단순한 정보 수집 도구가 아닌 고객의 자기 인식과 성장을 촉진하는 핵심 수단이다. 코치에게 질문 역량은 아무리 강조해도 지나치지 않다. CoachSulting 과정에서 코치가 사용해야 하는 질문의 종류는 매우 많지만 어떤 고객, 어떤 상황에서도 반드시 사용해야 하는 핵심 질문의 유형을 살펴보고자 한다.

- **강력한 질문(Powerful Questions)**

강력한 질문은 고객의 사고를 깊게 하고 내면의 변화를 촉진하는 질문이다. 이러한 질문은 고객이 자신의 가치관, 신념, 동기에 대해 깊이 성찰하도록 유도하며, 문제의 핵심을 파악하고 새로운 가능성을 발견하는 데 기여한다.

강력한 질문에는 다음과 같은 특징이 있다.

도전성을 돕는다: 고객의 기존 사고방식이나 가정에 도전하여 새로운 관점을 갖도록 유도한다.

심오함을 갖게 한다: 고객의 내면 깊숙한 곳을 탐색하여 근본적인 변화를 이끌어낸다.

간결하다: 짧고 명확하지만 깊은 사고를 유발한다.

---

[5] 도로시 리즈 Dorothy Leeds는 미국 콜롬비아대학교를 졸업한 뉴욕 출신의 동기 부여 강사이자 커뮤니케이션 컨설턴트로, 특히 유방암 진단 후 치료 과정에서 질문의 중요성을 깨닫고 이를 계기로 질문의 힘에 관해 깊이 탐구하게 된다. 그녀는 커뮤니케이션과 리더십 교육을 진행하며, 개인과 조직의 성장을 위한 강력한 도구로서 질문의 가치를 제시한다.

행동 지향적이다: 고객이 구체적인 행동을 취하도록 동기를 부여한다.

강력한 질문은 다음의 예시와 같은 질문들이다.

"당신이 진정으로 원하는 것이 무엇인가요?"

"이 상황에서 가장 중요한 것은 무엇인가요?"

"당신이 가장 두려워하는 것은 무엇인가요?"

"이 결정이 당신의 가치관과 어떻게 일치하나요?"

"만약 실패할 가능성이 전혀 없다면, 당신은 무엇을 하고 싶나요?"

"당신의 이야기는 사실인가요 해석인가요?"

- **열린 질문(Open Questions)**

열린 질문은 '예/아니오'로 답할 수 없는 질문으로, 고객이 자신의 생각과 감정을 자유롭게 표현하도록 한다. 이런 질문은 대화의 폭을 넓히고 고객이 자신의 경험, 생각, 감정을 탐색하도록 도와준다.

열린 질문의 특징은 다음과 같다.

확장성이 있다: 대화를 확장시키고 고객의 다양한 관점을 이해하는 데 유용하다.

탐색적이다: 보통 '무엇', '어떻게', '왜' 등으로 시작하여 고객이 자신의 생각을 더 깊이 탐색하도록 유도한다.

표현을 촉진한다: 고객에게 자유롭게 생각을 표현할 기회를 제공한다.

비 판단적이다: 고객의 답변에 대해 판단하지 않고 경청하게 한다.

열린 질문은 다음과 같은 질문들이다.

"이 상황에서 어떤 감정을 느끼셨나요?"

"지금까지 어떤 대안들을 고려해 보셨나요?"

"이 문제에 대해 어떻게 생각하나요?"

"당신의 목표에 대해 더 이야기해 줄 수 있나요?"

"이 경험에서 무엇을 배우셨나요?"

- **중립 질문(Neutral Questions)**

중립 질문은 코치의 편견이나 가치관이 반영되지 않은 질문이다. 이러한 질문은 고객이 자신의 관점에서 문제를 객관적으로 바라보고 스스로 해답을 찾도록 돕는 데 매우 중요하다.

중립 질문의 특징은 다음과 같다.

객관성을 유지한다: 코치의 주관적인 의견이나 감정이 배제된다.

공정성을 유지한다: 특정한 방향이나 평가를 유도하지 않고, 객관적인 정보를 얻기 위해 사용된다.

안전한 공간을 제공한다: 고객이 자신의 생각을 자유롭게 표현할 수 있는 안전한 환경을 조성한다.

균형을 유지한다: 긍정적 또는 부정적 방향으로 치우치지 않는다.

중립 질문의 예시로는 다음과 같은 질문들이 있다.

"이 상황에 대해 당신의 느낌은 어떤가요?"

"현재 상황에 대해 설명해 줄 수 있나요?"

"이 상황에서 어떤 요소들이 영향을 미치고 있나요?"

"당신에게 성공이란 어떤 의미인가요?"

"이 문제와 관련된 다른 사람들의 생각은 무엇입니까?"

- **관점 전환 질문(Perspective-Shifting Questions)**

관점 전환 질문은 고객이 문제나 상황을 다른 각도에서 바라보도록 유도하는 질문이다. 이러한 질문은 고객이 고정된 사고 패턴에서 벗어나 창의적인 해결책을 찾는 데 기여한다.

관점 전환 질문의 특징은 다음과 같다.

창의성을 유발한다: 고객이 새로운 아이디어를 떠올리도록 자극한다.

유연성을 갖게 한다: 고객이 다양한 가능성을 고려하도록 돕는다.

확장성을 확보한다: 고객의 시야를 넓혀 문제해결 범위를 확장한다.

고정관념을 탈피한다: 문제를 다른 각도에서 바라보게 하여 창의적인 해결책을 찾도록 돕는다.

관점 전환 질문의 예시는 다음과 같다.

"이 문제를 다양한 이해관계자의 입장에서 본다면 어떻게 보일까요?"

"이 상황을 다르게 바라본다면 어떻게 해결할 수 있을까요?"

"만약 당신이 이 문제와 전혀 관련이 없는 사람이라면, 어떤 조언을 해 주시겠어요?"

"5년 후에 이 결정을 돌아본다면 어떻게 느끼실 것 같나요?"

"이 사안이 문제가 아니라 기회라면, 어떤 기회일까요?"

- **미래 질문(Future-Oriented Questions)**

미래 질문은 고객이 원하는 미래를 상상하고 그것을 향해 계획을 세우도록 돕는 질문이다. 이러한 질문은 고객이 장기적인 목표를 설정하고, 그 목표를 달성하기 위한 구체적인 행동 계획을 세우는 데 유용한다.

미래 질문의 특징은 다음과 같다.

목표 지향적이다: 고객이 미래에 달성하고 싶은 목표를 명확히 한다.

계획성을 돕는다: 고객이 목표 달성을 위한 구체적인 계획을 세우도록 돕는다.

동기를 강화한다: 고객이 미래에 대한 열정과 의지를 갖도록 고취한다.

긍정적 변화 방향 설정하게 한다: 현재의 문제에서 벗어나 가능성과 해결책에 초점을 맞추도록 한다.

미래 질문의 예시는 다음과 같다.

"5년 후의 당신은 어떤 모습일까요?"

"이 목표를 달성하기 위해 어떤 단계를 밟아야 할까요?"

"1년 후에 이상적인 상황은 어떤 모습일까요?"

"이 목표를 달성했을 때, 어떤 변화를 경험하게 될까요?"

"당신이 꿈꾸는 이상적인 삶은 어떤 모습인가요?"

"훗날 당신은 사람들에게 어떻게 기억되고 싶습니까?"

5) 피드백과 피드 포워드

코칭에서 코치가 고객에게 제공하는 피드백(Feedback)과 피드 포워드(Feed Forward)는 본질적으로 고객의 성장에 초점을 두고 있다.

피드백이 고객의 실행 결과에 대해 코칭하는 것이라면, 피드 포워드는 고객이 실행하기 전 즉, 다음 실행을 위해 코칭하는 것이라고 생각할 수 있다.

피드백과 피드 포워드는 앞서 살펴본 코칭 전문 도구들 즉, 라포 형성, 경청 도구, 질문 도구들이 모두 종합적으로 사용되는 높은 수준의 의사소통 기술이다.

코치가 피드백과 피드 포워드를 적절히 사용할 때 코칭은 더욱 효과적으로 진행될 수 있다. 조금 더 자세히 살펴보고자 한다.

- **피드백(Feedback)**

피드백은 과거의 행동과 결과에 초점을 맞추는 방식이다. 효과적인 피드백을 제공하기 위해서는 다음의 원칙들을 따를 필요가 있다.:

구체적으로 제시: "좋았어요"보다는 "회의에서 고객의 우려 사항을 명확히 요약해 주셔서 효과적이었습니다."와 같이 구체적인 행동을 언급하는 것이다.

균형 잡힌 접근: 강점과 개선점 모두를 다루되, 긍정적인 측면으로 시작하고 마무리하는 '샌드위치 기법'을 활용하는 것이다.

행동에 초점: 개인의 성격이나 특성이 아닌 관찰 가능한 행동에 집중해서 피드백한다. "당신은 너무 수동적이에요"보다 "미팅에서 의견을 더 적극적으로 제시했다면 논의가 더 풍부해졌을 것 같다"라고 표현하는 방식이다.

적시성: 상황이 생생할 때 즉시 피드백을 제공해야 한다. 시간이 지날수록 효과가 감소한다.

존중과 공감: 상대방의 입장을 이해하고 존중하는 태도로 피드백할 때 고객은 방어적인 태도에서 벗어난다. "저라면 이렇게 했을 것입니다"라는 표현보다 "다른 접근 방식도 고려해 보면 어떨까요?"와 같은 질문을 활용하는 것이다.

위의 균형 잡힌 접근에서 샌드위치 피드백 기법을 조금 더 알아보고자 한다. 샌드위치 기법은 그 이름에서 알 수 있듯이 샌드위치처럼 세 개의 층으로 구성된다. 긍정적 피드백으로 시작하고, 개선 영역을 언급하고, 긍정적인 메시지로 마무리하는 방식이다. 다음과 같은 예를 생각해 볼 수 있다.

첫 번째 층(긍정적 시작): "오늘 프레젠테이션에서 데이터를 시각적으로 매우 효과적으로 표현하셨고, 핵심 메시지를 명확하게 전달하셨습니다. 특히 복잡한 개념을 쉬운 비유로 설명하신 부분이 인상적이었습니다."

중간층(개선 영역): "한 가지 제안하자면, 질문 시간에 좀 더 여유를 가지고 답변하시면 좋겠습니다. 몇몇 질문에 다소 방어적으로 응답하셨는데, 이런 반응은 청중과의 신뢰 구축에 영향을 줄 수 있다. 질문을 재확인하고, 잠시 생각한 후 응답하는 방식을 시도해 보시는 건 어떨까요?"

마지막 층(긍정적 마무리): "전반적으로 오늘 워크숍은 매우 성공적이었고, 참가자들의 높은 참여도가 이를 증명한다. 당신의 전문성과 열정이 잘 전달되었으며, 앞으로의 세션에서도 이런 강점을 바탕으로 더욱 발전된 모습을 보여주실 것이라 확신한다."

- **피드 포워드(Feed Forward)**

피드 포워드는 미래 지향적인 접근법으로, 앞으로 어떻게 행동하고 싶은지에 초점을 맞춘다. 다음의 기준과 방법을 따를 필요가 있다.

구체적인 행동 제안: "다음에는 회의 전에 핵심 논점 3가지를 미리 정리해 오시면 논의가 더 효율적일 것 같다"와 같이 실행 가능한 제안을 제시하는 방법이다.

가능성 확장: "이 상황에서 다른 어떤 접근법을 시도해 볼 수 있을까요?"와 같은 질문으로 고객이 스스로 해결책을 모색하도록 유도한다.

성장 비전 제시: "이 역량을 발전시키면 리더십 측면에서 어떤 변화가 있을 것으로 보이는지" 등 성장의 방향성을 함께 그려본다.

자원 연결: "이런 상황에서 도움이 될 만한 책/워크숍/인맥을 추천해 드릴게요"와 같이 실질적인 자원을 연결해 줄 수 있다.

실행 계획 수립 지원: "다음 단계로 무엇을, 언제, 어떻게 실천할 계획인지" 구체적인 액션 플랜을 함께 설계하도록 한다.

효과적인 피드 포워드의 한 가지 방법으로, 'KISS 기법'을 소개해 본다. K는 Keep의 앞 글자로 계속 유지해야 할 것이 무엇인지 생각하게 하는 것이다. I는 Improve의 앞 글자로 더욱 증가시켜야 할 것은 무엇인지 생각하게 하는 것이다. S는 Stop의 앞 글자로 앞으로 하지 말아야 할 것은 무엇인지, 마지막 S는 Start의 앞 글자로 새롭게 시작하거나 도입해야 하는 것은 무엇인지 생각하도록 하는 것이다. 코치가 고객을 전적으로 신뢰하고 지지를 보낸다는 마음으로 고객에게 사랑의 KISS를 보낸다고 생각하면 어떨까?

- **지지적 피드백과 교정적 피드백**

피드백은 잘못한 행동을 바로 잡는 것이라는 의미가 크게 다가오기 때문에 피드백을 하는 사람이나 피드백을 받는 사람 모두가 어렵고 부담스러운 느낌을 갖게 된다. 그러나 피드백을 자세히 구분해 보면, 잘한 행동에 대한 피드백과 잘못한 행동에 대한 피드백으로 나뉜다. 고객이 실행한 결과와 그 과정을 보면 잘한 점도 있고 잘못한 점도 있다.

코치는 고객에게 균형 잡힌 피드백을 해야 한다. 잘한 점에 대한 피드백(지지적 피드백)과 잘못한 점에 대한 피드백(교정적 피드백) 모두 제공하겠다는 생각으로 피드백하는 것이 방법이다.

지지적 피드백과 교정적 피드백은, 세계적인 비즈니스 컨설턴트로 활동하는 리처드 윌리엄스 Richard L. Williams가 그의 저서 '사람을 움직이는 피드백의 힘'에서 소개한 내용이다.

지지적 피드백: 지지적 피드백은, 잘한 행동에 대해 '나는 당신의 그 행동을 계속 지지한다'는 개념이다.

쉽게 생각해 볼 수 있는 것은 바로 인정과 칭찬이다. 그러나 이때 조심해야 할 점은 구체적으로 인정하고 칭찬하지 않으면 오히려 역효과를 불러올 수 있다는 점이다. 소위 영혼 없는 칭찬, 무의미한 피드백이 습관이 되면 신뢰를 잃게 된다. 또, 고객의 실행 결과뿐 아니라 그 과정을 칭찬해야 한다. 과정에 대한 칭찬이 빠지면, 좋은 결과만을 유지하려고 하는 고정 마인드셋(Fixed Mindset)의 함정에 빠지기 쉽다. 고정 마인드셋은 성장 마인드셋(Growth Mindset)[6]의 반대 개념이다. 고객이 성장 마인드셋을 유지하도록 하는 것은 코치가 반드시 신경 써야 하는 코칭의 핵심 주제이다.

결과와 과정에 대한 인정과 칭찬에 더해서 그 행동으로 인해 파급되는 좋은 영향을 언급하고, 끝으로 감사를 표현하면 더없이 좋은 지지적 피드백이고 하겠다.

교정적 피드백: 교정적 피드백은 발전적 피드백이라고도 하며, 잘못한 행동에 대해 '당신의 그 행동에는 교정이 필요하다', '나는 당신이 조금 더 발전하기를 바란다'는 의미를 담고 있다.

교정적 피드백은 고객이 마음에 상처를 입지 않도록 하는 것이 중요하다. 이는 매우 세심한 언어 감각을 요구한다. 우리는 보통 좋은 의도에서 단도직입적으로 잘못된 부분의 핵심을 언급하는 경우가 많다. 이때 피드백을 받는 사람은 마음에 상처를 입게 되는 것이다. 이미 피드백을 받을 것이라는 위축되고 부정적인 감정에 쌓여 있는 상태이기 때문에 피드백을 제공하는 사람의 좋은 의도를 알아차리지 못하는 것이다.

바람직한 교정적 피드백을 위해서는 이야기의 절차가 중요하다. 첫 단계에서는, 잘못한 행동에 대해 평가를 보류하고 무비판적인 자세로 객관적 사실 그 자체만을 확인한다. 이때 고객은 비판받지 않는 대화라는 것을 알아차리면서 마음을 열기 시작한다. 다음 단계에서는, 비록 결과는 잘못되었더라고 그 과정에서 노력한 점을 확인하고 그 점을 인정한다. 그다음 단계에서는, 코치가 자신의 생각과 감정을 I-Message 방식으로 표현한다. 마지막 단계에서는, 고객이 해야 하는 바람직한 행동을 요청한다.

I-Message는 대화 속에서 '나'를 주어로 이야기하는 방식이다. 이는 '너'를 주어로 하여 상대의 잘못을 지적하고 비난하는 You-Message 방식과 반대되는 개념이다. I-Message 대화법은 세 가지 순서를 따른다. 먼저 상대방의 잘못된 행동을 객관적으로 언급하며 확인하고, 다음 그 행동이 나에게 미치는 부정적인 영향을 말하고, 마지막 이로 인해 느끼는 나의 감정을 표현하는 것이다. 이 대화법으로 상대방은 나의 상태와 감정을 잘 이해하게

---

6) 성장 마인드셋(Growth Mindset)은 개인의 능력과 지능이 노력과 학습을 통해 발전할 수 있다고 믿는 사고방식이다. 이는 스탠포드 대학의 사회심리학자 캐롤 드웩 Carol Dweck 교수가 제안한 개념으로, 고정 마인드셋(Fixed Mindset)과 대비된다.

되어 방어심리나 저항감이 줄고, 진실성 있는 대화를 가능하게 한다. 결국 상대방이 자발적으로 행동을 변화시킬 수 있도록 유도한다.

대화의 예를 들어보면, "네가 차 안에서 심하게 장난을 치면(행동) 엄마는 정신이 산만해지고 운전에 집중이 안 되어 위험을 느껴(느낌). 계속 장난을 치면 사고가 날 것만 같아(영향)" 반면에, You-Message는 "이 녀석아 장난 그만해, 너는 왜 이렇게 말썽이니~"가 될 것이다.

코치는 고객과의 대화에서 교정적 피드백에 대한 세심한 언어 감각을 잃지 말아야 할 것이다.

6) 동기 강화 도구

코치는 고객과의 대화를 통해 그가 지금 진행되고 있는 CoachSulting의 과정에 능동적이고 적극적으로 참여하도록 해야 한다.

예를 들어 이 과정에 참여하고 있는 CEO 등 의사결정권자의 태도가 수동적이고 소극적이라면 함께 참여하는 조직의 구성원들은 어떻겠습니까?

CoachSulting 과정에 참여하고 있는 모든 구성원이 자발적으로 참여하고자 하는 동기가 형성되는 것은 성공적인 CoachSulting의 가장 중요한 토대가 된다고 할 수 있겠다.

참여자의 동기를 강화하는 데에는 여러 가지 요인이 복합적으로 작용하지만 이 중에서 핵심 요인 세 가지를 꼽아 본다면, 첫째, 파트너십 합의문을 통한 환경 조성 둘째, 코치와 고객 간의 라포 형성 셋째, 내적 동기 강화 방법으로 코치가 참여자들의 자기 결정성을 강화하는 것이라고 말할 수 있다.

- **파트너십 합의문을 통한 환경 조성**

파트너십 합의문은 앞에 기술한 CoachSulting의 기본 도구 중 하나이며, 고객이 지속적으로 참여할 수 있도록 참여 동기를 유지하게 해 주는 전문 도구로서 기능한다.

파트너십 합의문을 통해 고객과 코치가 함께 약속한 원칙은 코칭 과정 전반에 적용된다. 필요한 경우 코치는 고객에게 이 점을 상기시켜야 한다.

함께 약속한 원칙에는, 무엇보다도 코치가 고객과 나눈 대화의 내용, 고객에 대해 알게 된 사실에 대해 철저히 비밀을 유지하고 보호한다는 점, 고객은 코치의 질문에 성실히 답변한다는 점, 열린 마음으로 적극적으로 참여한다는 점, 세션과 세션 사이의 실행에 대한 약속을 지킨다는 점, 세션에는 반드시 참여하고 부득이한 경우 미리 조정한다는 점 등을 포함한다. 이를 통해 공식적으로 안전한 코칭 환경을 조성하고 행동 원칙을 약속함으로써 참여 동기를 유지하고 강화할 수 있다.

- **자기 결정성 강화**

참여자의 동기를 강화하는 데 필요한 한 가지만 더 꼽아 보라면 주저 없이 참여자의 자기 결정성(Self-Determination)[7]을 강화하는 것이라고 말하고 싶다.

코치가 고객의 자기 결정성을 강화하는 것은 고객의 내적인 동기를 강화하는 매우 강력한 도구이다.

고객의 자기 결정성을 강화하기 위한 방법은 인간의 보편적인 세 가지 기본 욕구 즉, 자율성과 유능감 그리고 관계성을 코칭 과정에서 느끼고 경험하도록 하는 것이다.

코치는 고객과의 코칭 대화를 통해 목표나 실행 계획을 자기 스스로 결정할 수 있도록 선택권을 부여하고(자율성), 한 가지 작은 시도와 작은 성공을 크게 축하함으로써 자신감을 얻게 하며(유능감), 실행 과정을 통해 내부 고객이나 외부 고객과의 관계에서 무언가 보람 있는 일을 했다는 기여감

---

[7] 자기결정성이론(Self-Determination Theory, SDT)은 인간의 동기와 성격 발달을 설명하는 심리학 이론으로, 1970년대에 Edward Deci와 Richard Ryan에 의해 연구되었으며, 인간의 행동이 단순히 외부적 보상이나 처벌에 의해 결정되는 것이 아니라, 내재적 동기와 가치에 의해 크게 영향을 받는다고 주장한다. 인간의 보편적인 기본 심리적 욕구(자율성, 유능감, 관계성)의 만족은 더 자율적인 형태의 동기(예: 확인된 동기와 내재적 동기)를 유발하는 것으로 밝혀졌다.

또는 공헌감을 느끼도록(관계성) 하는 것이 매우 중요하다. 이때 고객은 한 인간으로서의 기본 욕구를 충족하게 된다. 그리고 그 결과 고객은 즐겁고 기쁜 마음으로 자기 주도적으로 실행하며, 목표를 향해 나아가게 된다. 또, 코칭의 철학에서 밝히고 있는 인간의 세 가지 잠재력 즉, 자신의 창의성(Creative)과 내적 자원(Resourceful) 및 전인성(Holistic)을 발휘하게 될 것이다.

나. 컨설팅 전문 도구

컨설팅 전문 도구는 앞서 말씀드린 바와 같이, CoachSulting의 Main-Session 단계에서 CoachSulting Honey Cell 모델(그림17-1)을 기반으로 코치와 고객이 체계적이고 구조적으로 대화를 진행할 때, 컨설팅을 지원하기 위해 사용하는 도구이다.

컨설팅이란, 기업이나 조직 또는 개인을 대상으로 최적화가 필요한 영역에, 컨설턴트가 해당 분야의 전문성을 기반으로 맞춤식 솔루션을 제공하는 활동을 말한다.

CoachSulting에서 컨설팅은, 고객이 코칭 목표를 달성해가는 과정에서 목표 달성을 위한 환경을 최적화시키기 위해 해당 요인들을 확인하고, 전문 도구들을 활용하여 문제를 해결해가는 활동이라고 할 수 있다. 즉, CoachSulting에서 컨설팅은 고객이 자신이 수립한 코칭 목표를 온전히 달성해 낼 수 있도록 돕는 지원 체계이다.

코칭 목표는 앞서 말씀드린 대로, 사전 진단 결과와 관계자 인터뷰 그리고 이를 토대로 고객이 결정하고 코치와 함께 합의하여 정해진다. 이렇게 정한 코칭 목표에는 수많은 배경과 맥락이 있다. 이 목표를 둘러싼 조직의 환경, 개인의 환경, 고객의 리더십 또는 팔로워십 스타일, 전략 및 기획, 필요한 역량 또는 요구되는 지원 사항, 직무 수행 방식, 직무 수행 결과를 평가하고 반영하는 피드백 방식, 피드백 이후 개선을 위한 실행 등 다양한 요인들이 목표 달성에 영향을 주고 있다.

고객이 목표를 제대로 달성하기 위해서는 이를 둘러싼 환경을 제대로 구축해야 한다. 목표를 둘러싼 여러 요인을 구체적으로 점검하고, 목표 달성에 영향을 주는 핵심 요인들을 최적화시키는 것이 병행되어야 한다. 이를 통해 목표 달성을 위한 환경을 조성하는 것이다. 이것이 해결되지 않고 여전히 남아 있다면 목표를 제대로 달성할 수 없다. 이것이 바로 CoachSulting에서 컨설팅이 관여해야 하는 영역이다.

CoachSulting Honey Cell 모델을 기반으로 체계적이고 구조적인 프로세스에 따라 대화가 진행된다는 것은, 국제 표준 경영 시스템(ISO)의 HLS(High Level Structure)인 PDCA 순환 프로세스(Plan→Do→Check→Act→Plan~)를 따라 CoachSulting이 진행된다는 것을 말한다. (그림17-1)

품질경영시스템(ISO 9001, Quality Management System: QMS)은 제품이나 서비스의 품질에 국한하지 않는다. 그 범위는 전반적인 경영의 품질을 다루고 있다. QMS의 P, D, C, A 각 단계에서 요구하고 있는 항목들이 바로 코칭 목표를 둘러싼 환경이라고 할 수 있다. 즉, Plan 단계는 조직상황, 리더십, 기획, Do 단계는 지원, 운용, Check 단계는 성과 평가, Act 단계는 개선이다.

주로 사용되는 컨설팅 전문 도구들 두 가지 관점과 분류에 따라 구분하여 살펴보고자 한다. 첫 번째는, 품질경영시스템(QMS) 각 PDCA 단계별 분류이고, 두 번째는, 기업이나 조직 특히 중소기업 경영의 기능별 분류이다.

경영의 기능별 분류는 전략 및 비전 관리, 마케팅 및 고객관리, 재무 및 성과관리, 인사 및 조직관리, 운영 및 프로세스 관리, 혁신 및 문제해결, 리스크 및 변화관리, 시간 및 자원관리로 분류하였다.

고려해야 할 점은 각 도구가 하나의 단계나 기능에만 적용되지 않고 다른 단계나 기능에서도 얼마든지 사용할 수 있다는 점이다. 예를 들어 Check 또는 Act 단계에서도 Plan 또는 Do 단계에서 사용한 도구들과 그 도출된 결과들을 점검하고 수정해야 하는 경우에 사용할 수 있다. 여러 영역의 컨설팅 도구들은 기업의 다양한 상황에 맞게 복합적으로 사용하는 것이 바람직하다.

자주 사용되는 주요 도구들에 대한 구체적인 세부 내용(개념, 목적, 사용 방법 및 활용)은 CoachSulting Revolution 2 별도의 책으로 구분하여 수록하였다.

1) 품질경영시스템(QMS) PDCA 단계별 컨설팅 전문 도구 분류

가. Plan 단계

품질경영시스템 항목: 조직의 상황, 리더십, 기획

- **Ansoff 매트릭스:** 제품과 시장을 각각 기존 및 신규로 구분하여 성장 전략 수립

- **BCG 매트릭스:** 시장 성장률 및 상대적 시장 점유율을 기준으로 사업과 제품을 평가하는 포트폴리오 분석

- **BMC(비즈니스 모델 캔버스):** 9개 핵심 영역 분석을 통한 비즈니스 모델 설계

- **BSC(블루오션 전략 캔버스):** 경쟁이 덜한 시장 공간 창출 전략

- **BSC(균형성과표):** 전략 목표를 재무 목표와 비재무 목표(고객, 내부 프로세스, 학습/성장) 관점에서 균형 있게 설정

- **Change Readiness(변화 준비도) 평가:** 변화관리 과정에서의 잠재적 장애물을 사전에 식별하여 대응 전략을 수립

- **Chasm 분석:** 혁신 제품의 시장 진입 전략 수립

- **Design Thinking:** 공감, 정의, 아이디어 도출, 프로토타입, 테스트 단계로 구성된 인간 중심 문제해결 접근법

- **Gap 분석:** 현재 상태와 목표 상태 간의 차이 파악

- **Lean 캔버스:** 스타트업 특화 비즈니스 모델 설계
- **Marketing Mix(4P/7P/4C):** 공급자/고객 관점에서 마케팅 전략 수립
- **OKR(Objectives & Key Results):** 목표 설정 및 측정 프레임워크
- **PESTEL 분석:** 외부환경(정치, 경제, 사회문화, 기술, 환경, 법) 분석
- **Positioning 맵:** 시장 내 자사 및 경쟁사 제품/서비스 위치 시각화
- **Priority 매트릭스:** 의사결정 대안들을 평가하여 체계적으로 우선순위를 결정
- **QWM(빠른 성과 매트릭스):** 노력 대비 효과를 기준으로 우선순위 설정
- **Risk Assessment 매트릭스:** 리스크 발생 가능성과 영향도 평가
- **Scenario Planning:** 다양한 미래 상황에 대한 대응 계획
- **Stacey 매트릭스:** 복잡성 이론에 기반한 의사결정 및 문제해결 프레임워크
- **Stakeholder 분석:** 주요 이해관계자 파악 및 영향력 평가
- **STP 분석:** 시장 세분화, 타겟팅, 포지셔닝 분석으로 목표 시장 선정
- SWOT 분석: 조직의 강점(Strengths), 약점(Weaknesses), 기회(Opportunities), 위협(Threats)을 파악하여 전략 수립
- **Value Chain 분석:** 가치 창출에 관여하는 업무 프로세스(본원적, 지원적 활동) 전반의 강약 점 및 문제점/개선점 도출
- **Visioning:** 기업이나 조직의 미래 모습 구체화 및 방향 설정
- **VRIO 분석:** 가치, 희소성, 모방 가능성, 조직 시스템의 관점에서 자원과 역량의 경쟁 우위 요소 식별

- **3C 분석:** 고객, 자사, 경쟁사 분석

- **5 Forces 분석:** 기업 외부의 산업 환경을 분석하여 해당 산업의 매력도와 구조적 특성을 파악

- **6 Boxes 모델:** 조직의 성과에 영향을 미치는, 기대와 피드백, 도구와 자원, 기술과 지식, 역량과 동기, 선발과 배치 상태 분석

나. Do 단계

품질경영시스템 항목: 지원 및 운영

- **ABC(활동 기준 원가계산) 분석:** 자원을 소비하는 조직 내 다양한 활동을 분석하여 원가에 반영

- **Competency 매트릭스:** 직원들의 역량 수준 파악 및 개발 계획 수립

- **CoP(학습조직):** 실행 공동체를 통한 지식관리

- **CSF(핵심성공요인) 평가:** 산업 내 성공을 위한 핵심 요소 평가

- **Executive Time(경영자 시간) 분석:** 경영자 시간 활용 효율성 진단

- **Job Analysis:** 직무 내용, 요구 역량, 성과 기준 등 분석

- **MVP(최소기능제품) 테스트:** 최소한의 기능을 갖춘 제품 빠르게 개발, 출시하여 성공 가능성을 모니터링하는 시장 진입 전략

- **NGT(명목집단기법):** 구조화된 브레인스토밍과 의사결정 방법

- **Process 맵핑:** 업무 프로세스 시각화를 통한 비효율 개선

- **RACI 매트릭스:** 책임(Responsible), 승인(Accountable), 협의(Consulted), 정보제공(Informed) 역할 분담

- **SIPOC 다이어그램:** 공급자(Supplier), 투입물(Input), 프로세스(Process), 산출물(Output), 고객(Customer) 파악

- **Succession Planning 도구:** 조직의 핵심 직책과 역할에 대한 인재 파이프라인을 체계적으로 구축하고 관리

- **Value Stream 맵핑:** 가치 창출 프로세스 시각화

- **5S 방법론:** 정리(Sort), 정돈(Set in order), 청소(Shine), 표준화(Standardize), 유지(Sustain)의 실행으로 작업장 관리 및 개선

- **중소기업 경쟁력 진단 툴킷:** 생산성, 품질, 납기, 원가, 유연성 종합 평가

다. Check 단계

품질경영시스템 항목: 성과 평가

- **Benchmarking 기법:** 동종 업계 우수 기업의 성과 및 Best Practice 비교

- **BEP(손익분기점) 분석:** 수익이 비용을 초과하는 시점 파악

- **Control Charts(관리도):** 프로세스 안정성 및 변동 모니터링

- **CS(고객만족도) 조사:** 고객 피드백 수집 및 분석

- **Decision 매트릭스:** 여러 대안을 다양한 평가 기준에 따라 점수화하여 객관적이고 투명한 방식으로 결정

- **Growth Barrier 분석:** 성장을 방해하는 내외부 요인 파악

- **KPI(핵심성과지표) 대시보드:** 조직의 핵심 성과 측정 지표를 한눈에 파악할 수 있도록 시각화

- **Mckinsey 7S 조직역량 진단:** 7개의 상호 연결된 요소(Shared Values, Strategy, Structure, Systems, Style, Staff, Skills) 간의 일관성과 조화

- **Pareto(80/20 법칙) 분석:** 80/20 법칙을 활용한 주요 원인 파악
- **Performance Management 시스템:** 목표 설정, 피드백, 평가 체계 개선
- **Product Life Cycle 분석:** 제품의 시장 도입, 성장, 성숙 및 쇠퇴의 주기 분석
- **QC(품질관리) 7대 도구:** 체크시트, 히스토그램, 파레토 차트, 특성 요인도, 산점도, 관리도, 층별

라. Act 단계

품질경영시스템 항목: 평가

- **A3 문제해결 방법론:** 문제 정의부터 해결책 구현까지 한 페이지로 정리
- **CAPA(시정조치 및 예방조치) 시스템:** 부적합 사항 관리 및 재발 방지
- **Kaizen 이벤트:** 다기능 팀 중심의 집중적인 문제해결 프로젝트
- **PDCA 개선 사이클 워크시트:** 개선 활동 계획, 실행, 확인, 조치 문서화
- **5 Whys 분석:** 근본 원인 파악을 위한 반복적 질문
- **6시그마 DMAIC 분석:** 다섯 단계(정의, 측정, 분석, 개선, 통제)의 체계적 접근으로 프로세스의 변동성과 결함률을 최소화
- **TOC(제약이론):** 제약이론을 통한 병목현상 파악 및 개선
- **TRIZ(창의적 문제해결론):** 모순 분석을 통한 체계적인 혁신 방법론

2) 경영의 기능별 컨설팅 전문 도구 분류

가. 전략 및 비전 관리
- Ansoff 매트릭스
- BMC(비즈니스 모델 캔버스)

- BSC(블루오션 전략 캔버스)
- BSC(균형성과표)
- Gap 분석
- Lean 캔버스
- OKR(Objectives & Key Results)
- PESTEL 분석
- Scenario Planning
- SWOT 분석
- Visioning
- VRIO 분석
- 3C 분석
- 5 Forces 분석

나. 마케팅 및 고객 관리
- Chasm 분석
- CS(고객만족도) 조사
- Marketing Mix(4P, 7P, 4C)
- MVP(최소기능제품) 테스트
- Positioning 맵
- Product Life Cycle 분석
- STP(시장 세분화, 타겟팅, 포지셔닝) 분석

다. 재무 및 성과관리
- ABC(활동 기준 원가계산) 분석
- BCG 매트릭스
- BEP(손익분기점) 분석
- Growth Barrier 분석
- KPI(핵심성과지표) 대시보드
- Performance Management 시스템
- QWM(빠른 성과 매트릭스)

라. 인사 및 조직관리
- Change Readiness(변화 준비도) 평가
- CoP(학습조직)
- Competency 매트릭스
- Job Analysis
- Mckinsey 7S 조직역량 진단
- Succession Planning 도구
- 6 Boxes 모델

마. 운영 및 프로세스 관리
- A3 문제해결 방법론
- Kaizen 이벤트
- Process 맵핑
- RACI 매트릭스
- SIPOC 다이어그램
- TOC(제약이론)
- QC(품질관리) 7대 도구
- Value Chain 분석
- Value Stream 맵핑
- 5S 방법론
- 5 Whys 분석
- 6시그마 DMAIC 분석

바. 혁신 및 문제해결
- Decision 매트릭스
- Design Thinking
- NGT(명목집단기법)
- Pareto(80/20 법칙) 분석
- Priority 매트릭스

- Stacey 매트릭스
- TRIZ(창의적 문제해결론)

사. 리스크 및 변화관리
- CAPA(시정조치 및 예방조치) 시스템
- Control Charts(관리도)
- PDCA 개선 사이클 워크시트
- Risk Assessment 매트릭스
- Stakeholder 분석

아. 시간 및 자원관리
- Benchmarking 기법
- CSF(핵심 성공 요인) 평가
- Executive Time 분석
- 중소기업 경쟁력 진단 툴킷

17.3 유용한 구조적 사고 도구

앞서 설명한 필수 역량 중 사고방식(Thinking Pattern)에서 구조적 사고와 관련하여 유용한 도구에 대해 조금 더 알아보자.

가. 연역적 사고 및 귀납적 사고

연역적 사고 (Deductive Reasoning)

1) 개념

일반적인 원칙이나 전제에서 시작하여 특정한 결론을 도출하는 사고방식이다. '위에서 아래로(Top-Down)' 접근하는 방식으로, 큰 원칙에서 구체적인 사례로 내려가는 사고 과정이다.

2) 활용 방법

- 산업 분석 시 일반적인 경영 이론이나 프레임워크(예: 포터의 5가지 경쟁요인)를 적용하여 특정 기업의 상황을 분석

- 경영 전략 수립 시 회사의 비전과 미션에서 시작하여 구체적인 실행 계획으로 발전

- 문제해결 시 일반적인 원인 범주를 설정한 후 구체적인 원인을 찾아내는 방식

귀납적 사고 (Inductive Reasoning)

1) 개념

구체적인 관찰이나 데이터에서 시작하여 일반적인 패턴이나 원칙을 도출하는 사고방식이다. '아래에서 위로(Bottom-Up)' 접근하는 방식으로, 개별 사례에서 일반화된 결론을 이끌어내는 과정이다.

2) 활용 방법

- 고객 인터뷰나 시장 데이터를 수집하여 소비자 행동 패턴을 도출

- 기업 내 다양한 부서의 운영 데이터를 분석하여 효율성 향상 방안 제시

- 여러 성공 사례를 분석하여 공통된 성공 요인을 찾아내는 방식

나. MECE 분석 (Mutually Exclusive, Collectively Exhaustive)

1) 개념

MECE는 '상호 배타적이며 총체적으로 완전한' 분석 방식을 의미한다. 어떤 문제나 상황을 분석할 때, 모든 요소가 겹치지 않으면서(상호 배타적) 누락 없이 모든 가능성을 포함(총체적으로 완전한)하도록 체계화하는 접근법이다.

2) 활용 방법

- **문제 분해:** 수익 감소 원인 분석: '매출 감소' vs '비용 증가'로 구분
- **고객 세분화:** 인구통계, 행동 패턴, 니즈 등 겹치지 않는 카테고리로 분류
- **체계적 분석:** 프로세스 분석: 프로세스를 단계별로 나누어 각 단계의 비효율성 분석
- **이해관계자 분석:** 내부와 외부, 또는 직접적/간접적 영향을 받는 그룹으로 구분
- **프레임워크 개발:** 7P 마케팅 믹스를 활용한 마케팅 전략 분석
- 밸류체인 분석을 통한 비즈니스 프로세스 개선

다. 로직 트리(Logic Tree) 분석

1) 개념

로직 트리는 복잡한 문제를 논리적으로 분해하여 계층적 구조로 표현하는 도구이다. 핵심 문제나 질문에서 시작하여 하위 요소나 원인으로 체계적으로 가지를 분지해 나가는 방식으로 그 모양이 나무(Tree)를 닮아서 붙여진 이름이다. 문제해결을 위한 구조화된 접근법을 제공한다.

주요 장점은 복잡한 문제를 구조화하여 명확히 하고, 참여자 간 커뮤니케이션을 용이하게 하며, 분석 과정에서 놓칠 수 있는 중요한 요소나 관계를 파악하는 데 도움이 된다는 점이다.

2) 활용 방법

가) 문제 정의 및 분해

1단계(최상위 레벨): 핵심 문제 또는 비즈니스 질문 설정 (예: "어떻게 수익성을 높일 수 있을까?")

2단계: 주요 구성 요소로 분해 (예: "매출 증대" 또는 "비용 절감")

3단계 이하: 더 구체적인 요소로 세분화 (예: "매출 증대" → "신규 고객 확보", "기존 고객 유지율 향상", "객단가 증가")

나) 다양한 유형의 로직 트리 활용

대표적인 로직 트리로는 컨설팅 분야에서 문제를 체계적으로 분해하고 분석하는 데 사용되는 이슈 트리(Issue Tree)이다. 이슈 트리는 핵심 이슈에서 시작하여 세부 이슈로 분해해 가는 방식으로, 질문의 성격에 따라 What Tree, How Tree, Why Tree로 구분할 수 있다. 각각에 대해 조금 더 살펴보고자 한다.

- What Tree (무엇을 해야 하는가)

개념

What Tree는 목표를 달성하기 위해 무엇을 해야 하는지를 체계적으로 파악하는 데 사용된다. 주로 전략적 목표나 비전을 구체적인 실행 요소로 분해할 때 활용한다. 각 요소는 목표 달성에 필요한 구성 요소를 나타낸다.

활용 방법

최상위 목표 정의: 달성하고자 하는 명확한 목표를 설정한다. (예: "시장 점유율 15% 달성")

MECE 원칙 적용: 목표를 상호 배타적이면서 총체적으로 완전한 요소들로 분해한다. (예: "신규 고객 확보", "기존 고객 유지", "객단가 증가")

세부 요소 분석: 각 요소를 더 구체적인 행동 항목으로 분해한다. (예: "신규 고객 확보" → "타겟 시장 확대", "마케팅 채널 다변화", "제품 라인업 확장")

우선순위 설정: 자원 제약을 고려하여 가장 영향력이 큰 요소에 집중한다.

- How Tree (어떻게 할 것인가)

개념

How Tree는 특정 목표나 전략을 어떻게 실행할 것인지를 단계별로 구체화한다. 주로 실행 계획이나 운영 전략을 수립할 때 활용된다. 각 가지는 목표 달성을 위한 방법이나 프로세스를 나타낸다.

활용 방법

핵심 전략 정의: 달성하고자 하는 전략적 목표를 명확히 한다. (예: "디지털 마케팅 강화")

실행 방안 도출: 전략을 실행하기 위한 구체적인 방법을 나열한다. (예: "SNS 마케팅 확대", "콘텐츠 마케팅 강화", "디지털 광고 최적화")

실행 단계 구체화: 각 방법을 단계별 실행 계획으로 세분화한다. (예: "SNS 마케팅 확대" → "플랫폼 선정", "콘텐츠 전략 수립", "성과 측정 지표 설정")

자원 할당: 각 실행 방안에 필요한 인력, 예산, 시간 등의 자원을 할당한다.

- Why Tree (왜 발생했는가)

개념

Why Tree는 특정 문제나 현상이 왜 발생했는지 원인을 체계적으로 파악하는 데 사용된다. 주로 문제해결이나 원인 분석에 활용된다. 각 가지는 가능한 원인 또는 원인 군을 나타낸다.

활용 방법

문제 정의: 분석하고자 하는 명확한 문제나 현상을 정의한다. (예: "고객 이탈률 증가")

원인 카테고리 설정: 문제의 가능한 원인을 주요 카테고리로 분류한다. (예: "제품 관련 이슈", "서비스 품질 문제", "가격 경쟁력 약화", "경쟁사 요인")

근본 원인 탐색: 카테고리별로 더 구체적인 원인을 파악한다. (예: "제품 관

련 이슈" → "품질 저하", "기능 부족", "디자인 노후화")

가설 검증: 데이터와 증거를 통해 각 원인의 타당성을 검증한다. (고객 피드백, 시장 데이터, 내부 성과 지표 등 활용)

다) 로직 트리 활용의 주요 팁

- 명확한 질문 설정: What, How, Why 중 어떤 유형의 질문에 답하고자 하는지 명확히 한 후 시작한다.

- MECE 원칙 준수: 모든 분지(Branch)가 상호 배타적이면서 총체적으로 완전하도록 구성한다.

- 깊이와 균형: 모든 분지를 동일한 수준의 세부 사항으로 발전시킨다.

- 가설 기반 접근: 초기에는 가설로 시작하고, 검증 과정을 통해 정교화한다.

- 시각화: 이슈 트리를 시각적으로 표현하여 참여자 간의 커뮤니케이션과 이해를 촉진한다.

이런 다양한 유형의 이슈 트리를 상황에 맞게 활용함으로써, CoachSultant는 복잡한 비즈니스 문제를 구조화하고 효과적인 해결책을 도출할 수 있다. 각 유형은 서로 다른 관점에서 문제에 접근하므로, 종합적인 분석을 위해 여러 유형을 함께 활용하는 것이 효과적이다.

라) 실행 및 검증

- 각 가지(Branch)에 대한 분석 계획 수립

- 가장 중요하거나 영향력이 큰 요소에 우선순위 부여

- 데이터 수집 및 분석을 통해 각 요소의 타당성 검증

마) 해결책 도출

- 검증된 원인이나 요소를 기반으로 실행 가능한 해결책 개발

- 로직 트리 구조를 활용하여 해결책의 논리적 연결성 확보

이상의 세 가지 구조적 사고 도구(연역적 사고 및 귀납적 사고, MECE 분석, 로직 트리 분석)는 상호보완적으로 활용될 수 있으며, CoachSultant가 이들을 능숙하게 활용할 경우 문제해결 능력과 커뮤니케이션 효과성이 크게 향상될 수 있다.

18장 CoachSultant

- CoachSultant의 역할과 책임
- CoachSultant의 필수 역량
- CoachSulting 분야와 진행

18.1 CoachSultant의 역할과 책임

CoachSultant는 무엇보다 고객에 대한 역할과 책임을 다하는 것이 중요하다. 그리고 이 책임을 다하기 위해서는 필수적인 기술과 능력을 갖추어야 한다. 이러한 활동의 과정에서 기본이 되어야 할 것은 윤리와 규범을 준수하는 것이다. 이처럼 바람직한 CoachSultant가 되기 위해서는 자격을 인증받고 유지해야 한다.

역할과 책임은 고객으로부터 나온다. 역할과 책임을 생각하기 위해서는 우선 CoachSultant가 자신의 고객이 누구인지 정의하고, 그 고객이 원하는 바가 무엇인지 생각해야 한다. 고객이 CoachSultant에게 기대하는 바 즉, 고객인 자신에게 코치가 어떤 역할이 되어 주길 바라는지 알아야 한다. 이렇게 코치가 고객에 대한 자신의 역할(Role)을 알아야 그 역할에 맞는 책임(Responsibility)을 다할 수 있다. Responsibility(책임)는 Role(역할)에 Response(대응) 할 수 있는 Ability(능력)이라고 할 수 있다. 고객을 명확하게 정의해야 그에 맞는 역할을 찾을 수 있고, 그 역할을 다하기 위해 책임을 구체화할 수 있게 된다.

결국 역할은 CoachSultant의 목적, 사명, 존재 이유이고, 책임은 역할을 다하기 위한 목표, 비전, 전략, Task로 이해할 수 있다.

가. 고객

고객은 좁은 의미에서 보면 코칭 대상자라고 생각할 수 있다. 그러나 넓은 의미에서 고객을 정의하면 그 역할과 책임의 범위가 확대된다. CoachSultant는 기업이나 조직 경영의 의사결정에 간접적으로 영향을 미치고 있는 점을 고려해야 한다. 이런 의미에서 고객의 범위를 확대하여 역할과 책임을 폭넓게 생각할 필요가 있다.

넓은 의미에서 고객을 생각할 때는 SPICE 모델[8]을 고려하는 것이 유용한

---

[8] SPICE 모델: Society, Partner, Investor, Customer, Employee의 앞 글자로, 이 모델은 기업의 ESG 경영과 밀접하게 연관되어 있고, 각 이해관계자 그룹이 기업의 지속 가능성과 장기적 가치 창출에 중요한 역할을 한다. 모델에 따르면, 기업은 이러한 다양한 이해관계자들과의 상호작용을 통해 ESG 가치를 강화하고 장기적인 지속 가능성을 확보할 수 있다.

다. 기업이나 조직의 경영자들은 경영 활동을 통해 주주나 투자자를 중심의 재무적 목표뿐 아니라 이해관계자 중심의 비재무적 목표를 고려해야 한다. 이것은 특히 최근 ESG 경영[9]의 필요성이 대두되면서 더 강조되고 있는 점이다.

Society는 사회, 정부, 사회단체, 지역사회, NGO, 언론 등을 고려해야 한다. Partner는 협력업체, 공급업체, 판매업체 등 상·하위 국내외 협력사를 말한다. Investor는 투자자, 주주 등이다. Customer는 고객, 소비자이며, Employee는 직원, 종업원, 임직원을 고려해야 한다.

나. 역할

SPICE 모델에 따라 확장된 역할(Role)을 생각해 보자.

- **Society (사회)**

윤리적이고 지속 가능한 비즈니스 관행을 장려하는 안내자, 조직이 사회적 책임을 다할 수 있도록 돕는 조언자, 리더들이 더 넓은 사회적 맥락을 이해하고 긍정적인 영향을 미칠 수 있도록 돕는 멘토 등

- **Partner (파트너)**

비즈니스 파트너십 관계를 강화하는 촉진자, 협력적 네트워크 구축을 지원하는 연결자, 전략적 제휴 관계를 발전시킬 수 있는 관계 컨설턴트 등

- **Investor (투자자)**

조직의 투자 가치를 높이는 가치 창출자, 리더들이 자원을 효율적으로 활용할 수 있도록 돕는 효율성 전문가, 장기적 투자 전략을 개발하도록 안내하는 전략 컨설턴트 등

---

9) ESG 경영: 기업의 지속 가능성을 목표로 환경(Environmental), 사회(Social), 지배구조(Governance)라는 세 가지 핵심 요소를 고려한 경영 방식이다. 이는 단순히 재무적 성과를 넘어 기업의 비재무적 가치를 평가하고, 장기적인 생존과 성장을 추구하는 패러다임이다. ESG는 2004년 UN 글로벌 콤팩트 보고서 Who Cares Wins에서 처음 공식적으로 사용되었으며, 이후 지속가능경영과 사회적 책임(CSR)의 진화된 형태로 자리 잡았다.

- Customer (고객)

고객 중심 사고방식을 강화하는 고객 옹호자, 고객 경험을 향상시키는 혁신 촉진자, 고객 니즈를 더 잘 이해하고 충족시키도록 돕는 인사이트 제공자 등

- Employee (직원)

효과적인 인재 관리와 개발을 지원하는 인재 개발자, 건강한 조직 문화를 구축하도록 돕는 문화 조언자, 직원 참여와 동기 부여를 향상시키는 리더십 코치 등

다. 책임

SPICE 모델에 따라 확장된 책임(Responsibility)을 생각해 보자.

- Society (사회)

ESG(환경, 사회, 거버넌스) 기반 리더십 개발 프로그램 설계 및 실행, 분기별 사회적 책임 체크리스트 개발 및 모니터링, 사회적 영향력을 측정하고 강화할 수 있는 연간 전략 수립 지원 등

- Partner (파트너)

파트너십 효율성 평가 도구 개발 및 분기별 검토 세션 진행, 협력적 비즈니스 모델 구축을 위한 월간 워크숍 진행, 핵심 파트너와의 관계 강화를 위한 커뮤니케이션 전략 개발 등

- Investor (투자자)

투자 수익률을 향상시키기 위한 리더십 역량 개발 계획 수립, 자원 최적화 전략 분석 및 분기별 조정 세션 진행, 투자자 대응 능력 향상을 위한 커뮤니케이션 스킬 코칭 등

- Customer (고객)

고객 인사이트를 기반으로 한 서비스 개선 전략 분기별 검토, 고객 경험 향상을 위한 혁신 워크숍 월 1회 진행, 고객 피드백 시스템 구축 및 분석 프로세스 개발 지원 등

- **Employee (직원)**

리더십 팀의 코칭 스킬 개발을 위한 주간 세션 진행, 조직 문화 진단 도구 개발 및 반기별 평가 실시, 인재 유지와 개발을 위한 맞춤형 리더십 전략 수립 등

SPICE 모델 관점의 역할과 책임은 CoachSulting 과정에서 고객과 함께 다루고 점검하며 제도화할 수 있는 풍성한 아이디어를 제공한다.

18.2 CoachSultant의 필수 역량

CoachSultant가 성공적으로 코칭과 컨설팅을 진행하기 위해 갖추어야 할 필수 역량은 다음과 같다. 지식, 기술, 사고방식, 마인드셋 및 태도로 구분해서 알아보자.

이 외에 코칭 전문 도구와 컨설팅 전문 도구를 이해하고 활용하는 역량은 아무리 강조해도 지나치지 않다. 이 내용은 앞서 살펴본 17.2. CoachSulting 전문 도구를 참조해 주시기 바란다.

가. 지식 (Knowledge)

- **산업 전문성:** 해당 산업의 트렌드, 시장 구조, 경쟁 상황에 대한 깊은 이해
- **경영 이론:** 경영 전략, 조직관리, 재무관리, 마케팅 등 경영 전반에 대한 지식
- **데이터 분석:** 정량적 분석과 데이터 기반 의사결정을 위한 통계 지식
- **법률/규제 이해:** 관련 법규와 규제에 대한 이해

나. 기술 (Skills)

- **분석력:** 복잡한 문제를 체계적으로 분해하고 핵심 요소를 파악하는 능력
- **커뮤니케이션:** 복잡한 개념을 명확하게 전달하고 다양한 이해관계자와 소통하는 능력
- **프레젠테이션:** 설득력 있는 자료 작성과 효과적인 발표 능력
- **프로젝트 관리:** 일정, 자원, 이해관계자를 효율적으로 관리하는 능력
- **협상력:** 클라이언트와의 효과적인 협상 및 이해관계 조정 능력

다. 사고방식 (Thinking Pattern)

- **구조적 사고**: 복잡한 문제를 체계적으로 분류하고 접근하는 능력
- **가설 기반 사고**: 문제해결을 위한 가설을 설정하고 검증하는 능력
- **비판적 사고**: 기존 가정에 의문을 제기하고 다양한 관점에서 분석하는 능력
- **창의적 사고**: 혁신적인 해결책을 도출하는 능력
- **통합적 사고**: 다양한 정보와 관점을 종합하는 능력

라. 마인드셋 (Mindset)

- **성장 마인드셋**: 지속적인 학습과 발전을 추구하는 자세
- **고객 중심**: 고객의 실질적 문제해결과 가치 창출에 집중하는 자세
- **결과지향**: 구체적 성과와 실행 가능한 해결책에 초점을 맞추는 자세
- **객관성**: 데이터와 사실에 기반한 객관적 판단을 추구하는 자세

마. 태도 (Attitude)

- **적응력과 유연성**: 변화하는 상황과 요구사항에 신속하게 적응하는 능력
- **끈기와 회복력**: 어려운 상황에서도 지속적으로 노력하는 자세
- **윤리적 자세**: 높은 수준의 직업윤리와 정직성 유지
- **자신감과 겸손함의 균형**: 전문성에 대한 자신감과 배움에 대한 겸손함
- **팀워크**: 다양한 배경과 전문성을 가진 팀원들과 효과적으로 협업하는 자세

18.3 CoachSulting 분야와 진행

CoachSulting의 진행 방법은 앞서 17.1 CoachSulting 기본 도구에서 설명한 바와 같이 준비 단계에서 이해관계자와의 협의를 통해 원칙적으로 결정하게 된다. 그러나 Pre-Session 단계에서 진행하는 사전 진단 결과에 따라 대상자와 방법이 추가되거나 조정될 수 있다.

대상자와 방법은 일반적인 비즈니스 코칭과 동일하다. 기업의 이슈와 사전 진단 결과를 고려하여 대상자를 선정하고 가장 효과적인 방법을 선택하여 진행한다. 방법에는 일대일, 그룹, 팀 단위 또는 그룹, 팀 단위 진행과 일대일 방식을 병행하는 방법이 가능하다. 이점은 일반적으로 컨설팅이 Task Force(프로젝트팀)를 구성하여 그룹으로 진행하는 일관된 방법과 다른 점이며 차별점이라고 할 수 있다.

각 진행 방법과 대상자에 대해 조금 더 알아보고자 한다.

18.3.1 개인 일대일 CoachSulting

CEO, 부문별 의사결정권자, 임원, 부서장, 팀장을 대상으로 일대일 방식으로 진행할 수 있다.

개인별 이슈 또는 코칭 주제를 선정할 때 사전 진단 결과에 따라 도출된 조직의 이슈를 참조하여 정렬(Alignment) 여부를 확인하고 주제를 정한다. 이어서 이 주제를 해결하기 위한 코칭 목표를 결정하고 코치와 합의한다. 이후 대상자의 상황과 필요성에 따라 오프라인 또는 온라인 방식으로 진행한다.

CoachSulting이 진행된다는 점을 구성원들과 공유하는 것이 중요하다. 코치는 대상자가 자신의 구성원들에게 직접 설명할 수 있도록 안내한다. 또, Counterpart 또는 주무 부서 담당자가 사내 네트워크 시스템 등을 통해 공유하도록 해야 한다. 코칭이 진행되면서 합의한 목표를 효과적으로 달성하기 위해서는 구성원들의 협조와 지원이 필요하기 때문이다. 예를 들어, 컨설팅 전문 도구를 활용하여 목표 달성을 위한 환경을 점검하고 조정하거나 새롭게 조성해야 할 경우 내용 전문가(SME: Subject Matter Expert)[10]인 구성원이 참여해야 의미 있는 결과가 나올 수 있다.

18.3.2 그룹 CoachSulting

코칭 주제가 동일하거나 유사성이 많은 대상자를 하나의 그룹으로 구성하여 진행하는 방식이다. 예를 들면, 경영진 또는 임원 그룹, 부서장 그룹, 팀장 그룹, 특정 부문 내 역할자 그룹 등이 있다.

사전 진단 결과를 분석해 보면, 특정 진단 항목의 수준이 평균에 미달하는 유사한 특성을 보이는 집단이 드러나는 경우가 있다. 이러한 데이터가 조직의 비즈니스 맥락에서 이해되지 않는 경우 CoachSulting을 통해 다루어야 하는 조직의 중요한 이슈일 경우가 많다.

그룹의 공통 주제를 선정할 때 사전 진단 결과에 따라 도출된 조직의 이슈를 참조하여 정렬 여부를 확인하고 주제를 정한다. 이어서 그룹 참여자들 각자가 자신의 코칭 목표를 결정하고 코치와 합의한다. 이후 오프라인 방식을 기본으로 하면서 그룹의 상황과 필요성에 따라 참여자 간의 합의를 통해 온라인 방식으로 진행할 수 있다. 그룹 코칭의 방식을 진행할 때 오프라인 방식을 기본으로 하는 이유는 그룹의 역동과 집단 지성의 효과를 활용할 수 있는 큰 장점이 있기 때문이다. 이 경우 또한 그룹 참여자 각자가 자신의 구성원들에게 진행 상황과 내용을 공유할 수 있도록 안내한다.

18.3.3 팀 CoachSulting

사전 진단 결과를 분석해 보면, 특정 팀이 다른 팀에 비해 특정 진단 항목에서 평균 수준 이하이거나 상대적으로 수준이 낮게 나타나는 경우가 있다. 이러한 데이터가 조직의 비즈니스 맥락에서 이해되지 않는 경우

---

10) SME(Subject Matter Expert): 특정 분야나 주제에 대한 전문가를 의미하며, 다음과 같은 특징이 있다.
- 전문 지식: 해당 분야에 대한 깊이 있는 지식과 경험을 보유
- 문제 해결 능력: 특정 영역의 복잡한 문제를 분석하고 해결할 수 있는 역량을 보유
- 조직 내 역할: 기업 내에서 특정 부서나 프로세스에 대한 상세한 이해를 가지고 있어, 컨설팅 과정에서 중요한 인사이트를 제공

CoachSulting을 통해 다루어야 하는 조직의 중요한 이슈일 경우가 많다.

팀의 공통 주제를 선정할 때 사전 진단 결과에 따라 도출된 조직의 이슈를 참조하여 정렬 여부를 확인하고 주제를 정한다. 팀의 코칭 주제를 정하는 과정에서 팀의 진단 결과를 공유하고, 팀 구성원 각자가 생각하는 팀의 변화 욕구와 필요성을 제시한다. 이때 무엇보다 중요한 점은 팀 내에 심리적 안전감(Psychological Safety)[11] 확보를 위해 팀 리더가 각별히 신경 써야 한다는 점을 안내해야 한다. 팀 구성원들이 제시한 내용을 모아 한 사람씩 자신의 의견을 이야기하고 공유한다. 이 과정을 통해 발견할 수 있는 것은 각자 제시한 표면 내용 이면에 구성원들 대부분이 인지하고 공감하는 팀의 공통 욕구이다. 바로 이것이 팀의 공통 주제라고 할 수 있다.

팀의 공통 주제가 정해지면 이 이슈를 해결하기 위한 코칭 목표를 정하고 코치와 합의하게 된다. 이때 목표는 구성원들 각자 자신의 목표를 정한다. 팀 내에서의 역할과 책임이 각자 다르기 때문이다. 팀의 공통 이슈가 해결된 바람직한 팀의 모습을 그려보면서 그 모습을 이루기 위해 구성원 각자가 자신의 목표를 구체화하고 달성함으로써 팀에 기여하게 된다.

진행 방식은 그룹 코칭과 마찬가지로 오프라인을 기본으로 하고, 필요에 따라 온라인을 병행할 수 있다.

---

[11] 심리적 안전감(Psychological Safety)은 조직 내에서 구성원들이 자유롭게 의사소통을 하고, 의견을 제시하며, 실패에 대한 두려움 없이 새로운 시도를 할 수 있는 조직 문화를 의미한다. 또, 심리적 안전감은 조직의 성공을 위한 핵심 요소로, 구성원들의 적극적인 참여와 혁신적인 아이디어 공유를 촉진하여 조직 전체의 성장과 발전을 이끈다. 이 개념은 하버드대학교 경영대학원의 에이미 에드먼슨(Amy C. Edmondson) 박사에 의해 처음 소개되었다.

참고문헌

코칭 및 컨설팅 관련 도서

- 휘트모어, J. (2019). 코칭 리더십: 성과를 이끌어내는 코칭의 원리와 실제. 비즈니스맵. (원서: John Whitmore, "Coaching for Performance")
- 갤웨이, T. (2015). 이너게임: 최고의 성과를 이끌어내는 내면의 게임. 심플라이프. (원서: Timothy Gallwey, "The Inner Game of Work")
- 김창익 (2018). 코칭 백과사전: 코칭의 원리와 실제. 학지사.
- Peterson, D. B., & Hicks, M. D. (2023). Leader as Coach: Strategies for Coaching and Developing Others. Nicholas Brealey Publishing.
- Schein, E. H. (2016). Process Consultation Revisited: Building the Helping Relationship. Addison-Wesley.
- Kubr, M. (2021). Management Consulting: A Guide to the Profession. International Labour Office.
- Passmore, J., & Tee, D. (2021). Coaching in Organizations: Best Coaching Practices from the Ken Blanchard Companies. Kogan Page.
- Kotter, J. (2020). 변화의 리더십: 조직 변화를 성공으로 이끄는 8단계. 메가스터디. (원서: John Kotter, "Leading Change")
- Senge, P. (2019). 학습하는 조직: 지속 가능한 성장을 위한 시스템 사고. 에이지21. (원서: Peter Senge, "The Fifth Discipline")
- Lencioni, P. (2019). 팀의 탄생: 효과적인 팀 구축의 5가지 원칙. 웅진지식하우스. (원서: Patrick Lencioni, "The Five Dysfunctions of a Team")
- Laloux, F. (2023). Reinventing Organizations: A Guide to Creating Organizations Inspired by the Next Stage of Human Consciousness. Nelson Parker.

공식 연구 보고서
International Coach Federation (2023). Global Coaching Study: The Integration of Coaching and Consulting Practices. ICF Research Paper.

기타 참고할 만한 공식 미디어/채널
TED Talks, HBR IdeaCast 등(코칭·컨설팅 관련 에피소드 및 강연)

에필로그: 경계를 넘어 통합으로

CoachSulting의 여정은 경계를 넘어 통합으로 나아가는 과정이다. 오랫동안 코칭과 컨설팅은 별개의 영역으로 발전해왔다. 컨설턴트는 "내가 답을 알고 있으니 따라오라"라는 접근을, 코치는 "당신이 답을 찾도록 도와주겠다"라는 접근을 취해왔다. 두 관점 모두 가치가 있지만, 현실의 복잡한 문제들은 종종 이 두 가지 접근의 융합을 요구한다.

CoachSulting이 단순히 새로운 방법론을 추가하는 것에 그치지 않길 바란다. 이는 근본적으로 우리가 변화와 성장을 바라보는 관점의 전환을 의미한다. 전문성과 해답을 제공하는 것과 질문을 통해 자발적 성찰을 유도하는 것 사이에서, 각 상황에 가장 적합한 균형점을 찾아가는 지혜가 필요하다.

미래의 조직과 사회는 더욱 복잡하고 예측 불가능한 도전에 직면할 것이다. 이러한 환경에서는 단순한 처방이 아닌, 시스템적 이해와 인간 중심적 접근이 필요하다. CoachSulting은 이러한 시대적 요구에 부응하는 하나의 답이 될 수 있을 것이다.

여러분이 CoachSulting의 원리를 실천하며 개인과 조직의 변화를 이끄는 여정에서, 이 가이드북이 유용한 동반자가 되기를 진심으로 바란다. 변화는 외부에서 주어지는 것이 아니라 내면에서 시작되며, 진정한 통합은 서로 다른 관점들 사이의 대화에서 비롯된다.

마지막으로, 이 책에서 배운 것들을 토대로 여러분의 성공을 위한 새로운 시작을 하기를 바란다. CoachSulting을 통해 조직이나 개인이 성장하고 발전하는 것을 지속적으로 돕는 일은 매우 의미 있는 일이다. 여러분은 CoachSulting을 통해 많은 사람에게 도움을 주고, 더 큰 영향력을 행사할 수 있을 것이다. 이제 여러분의 손으로 이 책에서 배운 것들을 실천에 옮길 차례이다. CoachSulting의 세계로 여러분을 초대한다. 함께 경계를 넘어, 더 나은 미래를 향해 나아갑시다.

- 유용린

비즈니스 분야에서는 조직의 성과 향상과 생산성 증대를 위해 컨설팅을 도입하는 사례는 이제 일반화된 상황이다. 기업이나 조직에서 경영 전반 또는 경영의 특정 영역에서 컨설팅을 통해 비효율을 제거하고 최적화하려는 노력은 많은 결실을 맺어 왔다고 평가할 것이다. 다만 그 실효성 면에서 아쉬움이 남는 점 또한 분명히 존재한다. 컨설팅을 통해 새롭게 도입된 제도나 시스템을 정착시키고 이행하는 과정에서 그 이행률이 기대에 미치지 못하는 현상을 볼 수 있다. 컨설팅 과정 중에 예상하지 못했던 장애요인이 나중에 발견되거나 환경 변화로 새로운 장애요인이 발생하는 경우 등 다양한 원인이 작용하는 것이다. 이로 인해 발생하는 비용 손실을 고려하면 컨설팅 도입을 재고하게 된다. 비효율이 발생한 상태에서의 기업 운영은 성과 향상과 생산성 증대라는 목표와 더 거리감이 발생한다. 이러한 이유 등으로 컨설팅과 비즈니스 코칭의 결합에 대한 필요성과 노력은 그동안 꾸준히 이루어져 왔다. 컨설팅이 제도나 시스템 등 기업 운영의 하드웨어에 초점을 맞춘다면, 코칭은 제도나 시스템 운영의 소프트웨어 즉, 운영의 주체인 사람에 초점을 맞춘다. 코칭을 통해 새로 도입된 제도나 시스템을 정착시키고 목표를 달성할 수 있도록 사람의 이행력을 높이는 것이다. 코칭을 통해 이행 역량이 높아진다는 것은 예상하지 못한 다양한 장애요인을 거뜬히 넘길 수 있는 힘이 내재화된다는 것을 뜻한다. CoachSulting이 지향하는 바가 바로 이점이다. CoachSulting은 기업 운영의 비효율을 제거하고 최적화할 수 있는 가장 효율적인 방안이다. 책의 본문에서 제시하고 있는, 구조화되고 체계적인 CoachSulting 방법은 비즈니스 코치, 경영 컨설턴트 여러분들에게 유용함과 더 큰 자신감을 부여할 것이다. CoachSulting을 통해 기업이나 조직이 균형 있게 성장함으로써 목표와 비전을 달성하고 지속 가능한 경영을 이루어갈 수 있도록 CoachSultant 여러분을 열렬히 응원한다.

- 최광면

저자 소개

유용린

유용린은 작가, 전문 코치, 교수로 활동하는 다재다능한 지식인이다. 작가로서는 2021년에 '100일 동안 작가가 되는 꿈을 꾸다"를 시작으로 2022년에 "긍정라이프를 위한 5가지 스킬"을 공저하여 긍정 인생 워크숍을 진행하였으며, 2023년에는 그림 시집 "어느 날 하루", 전자책 "두 번째 인생의 정점에 오르는 법", "코치되어 코칭하기"를 출간, 한국디지털문인협회 회원으로서 2022년부터 "내 인생의 위로", "내 인생 최고의 여행", "내 인생 최고의 동행", "내 인생 최고의 선물", "내 인생 최고의 용기" 문집에도 기고하고 2024년에는 "개인과 조직을 위한 7R Renewal"을 공역, 2025년에는 "MYSELF부터 STARTUP까지"를 공저, "연구윤리 가이드라인"을 저술하는 등 왕성한 저작 활동을 하고 있다.

슈퍼바이저 코치로서 (사)한국코치협회 사업위원장과 국제코칭연맹 코리아 챕터 회원관리위원장을 역임하였으며, 현재는 한국기업코칭협회(유) 대표이사, Y2R Solutions 대표, 국제코칭연맹 코리아 챕터 기획위원장, 한국FT코칭연구원의 DEIB 이사와 심사위원으로 코치 양성에도 적극적으로 활동하고 있다. 또한 국민대학교 산학협력단 전임 연구교수로서 연구윤리, 자동차공학경영모델링, 친환경자동차문제연구 등의 강의를 통해 다양한 관점과 창의적 사고를 지닌 미래 글로벌 인재 양성에 기여하고 있다.

자신의 삶을 통해 꿈을 향해 꾸준히 도전해 가면서 꿈을 이루는 과정은 가치 있고 즐거운 것이라고 말하면서 자신의 경험과 지식을 공유하고, 재능을 기꺼이 나누며, 다른 사람들의 꿈을 응원하고, 함께 성장하고자 하는 마음을 가지고 있다. 오늘도 책을 쓰고, 코칭을 하고, 강의를 통해 자신만의 꿈을 꾸고 있는 사람들에게 영감과 긍정 에너지를 주고 있다. 전문 CoachSultant인 저자 유용린은 꿈을 꾸는 사람들의 진솔한 친구이자, 진정한 멘토이자, 함께 하고 싶은 동반자이다.

최광면

전문 CoachSultant인 최광면은 우리나라 대표 제약 기업에서 마케팅, 영업, 전략, 물류, 고객 만족, 기업교육 등의 직무를 수행하며 실무 및 관리에서부터 임원 활동까지 다양한 비즈니스 경험을 가지고 있다. 특히 기업교육 분야에서의 경험은 그를 코칭의 세계로 이끌었다. 기업 또는 크고 작은 조직에서의 성과는 그 구성원의 잠재력과 그 잠재력 발휘의 크기에 비례한다는 것을 발견하고, 코칭에 매진하여 전문 경영자 코치가 되었다. 지금, 이 순간에도 불철주야 매진하고 있는 비즈니스 현장의 수많은 동료와 후배들이 코칭을 통해 동기를 강화하고 잠재력을 발휘할 수 있도록 노력하고 있다. 이를 위해 다양한 코칭 프로젝트에 참여하여 실전 역량을 깊게 쌓아가고 있다. "Coaching for Sustainable Future" 코칭으로 지속 가능한 미래를 위해 헌신한다는 슬로건과 함께 지속 가능한 가치(Sustainable Value)를 사람들과 공유해가고 있다.